미국은 대통령을 어떻게 선출하는가?

미국은 대통령을 어떻게 선출하는가?

예비선거에서 선거인단 투표까지

김동영 지음

한울
아카데미

서문

미국 대통령 선거는 전 세계적으로 가장 주목받는 선거이며 가장 복잡한 선거이기도 하다. 미국 대통령 선거가 복잡한 이유는 그것이 간접선거일뿐만 아니라 미국의 독특한 정치제도인 연방주의에 의거해 각 주의 정부가 대통령 선거 절차의 대부분을 결정하기 때문이기도 하다. 특히 정당별 전당대회에서 대통령 후보를 지명하게 될 대의원들을 선출하는 예비선거가 각 주별로 다른 방식과 기간에 걸쳐 실시되는 것도 미국 대통령 선거를 더욱 복잡하게 만드는 원인이다. 따라서 대통령 선거의 해 초부터 예비선거가 시작되어 그다음 해 1월 미국 의회에서 최종 당선자가 선언되기까지 약 1년간에 걸친 미국 대통령 선거의 모든 과정과 절차를 정확히 파악하고 이해하는 일은 미국인으로서도 쉽지 않은 일이다.

우리나라에서도 미국 대통령 선거에 관한 관심은 매우 높은데 약 20년 전에 비해 그 제도와 과정에 대한 지식과 이해가 많이 향상된 것은 사실이다. 그럼에도 불구하고 대통령 선거에 대한 이해가 언론이 가장 관심을 많이 보이는 일부 과정에 국한되어 있다는 것은 아쉬운 점이다. 아이오와 코커스 첫날 정당별로 승리한 대통령 후보가 예측되어 발표되지만, 그 후 약 4개월간에 걸쳐 계속 진행되는 코커스의 마지막 날 전당대회에 참가할 대의원이 최종 결정된다는 것은 별로 관심을 끌지 못한다. 그리고 정당별로 전당대회 참가하는 대의원의 수가 어떠한 기준과 공식에 의해 각 주에 할당되고 선출되는지도 자세히 알려져 있지 않다. 더욱이 주마다 다른 예비선거의 방식과 절차 그리고 결과에 대한 자세한 자료는 매우 방대한 양이기 때문에 미국에서는 물론 우리나라에서 책으로 출판하기도 쉽지 않아 미국 대통령 선거과정 중 각 주별 프라이머리 또는 코커스의 전 과정에 대해 자세히 설명한 문헌은 사실상 찾아보기 힘들다. 이러한 현실에서 이 책에서는 그동안 다루지 않았던 미국 대통령 선거제도의 과정별 설명, 특히 예비선거의 종류와 방식을 자세히 소개하고 대통령 선거와 미국 정치제도의 특징인 연방주의와의 연관성을 심도 있게 다루었다. 그러지 않고서는 우리의 시각으로 볼 때 오랜 기간에 걸쳐 복잡하게 진행되는 미국의 대통령 선거를 이해하기 어렵기 때문이다.

이 책은 2016년에 울산대학교 출판부에서 출판된 『미국 대통령 선거의 단계별 정리』의 개정판이며 초판의 미흡한 점을 보완하고 2020년 미국 대통령 선거를 과정별로 추가하였다. 개정판인 이 책에서는 미국 대통령 선거제도와 절차에서 중요한 부분이지만 그동안 너무 어렵거나 복잡해 관심을 끌지 못했던 부분, 특히 정당별 각 주의 대의원 수 할당 원칙과 공식, 프라이머리와 코커스의 진행 과정을 2016년 선거뿐만 아니라 2020년 선거의 예를 들어 중점적으로 다루었다. 그러나 적지 않은 주들이 각자의 프라이머리 혹은 코커스를 실시함에 있어 정당의 대의원 선출 규칙에 정확히 따르지는 않기 때문에, 정당이 규정한 일반적 방식에 잘 부합되게 프라이머리 혹은 코커스를 치른 주들을 골라 예로 들었다. 덧붙여 예비선거 중 가장 주목받는 아이오와 코커스와 뉴햄프셔 프라이머리의 전 과정을 정당별로 자세하게 설명하였다.

2016년 선거와 2020년 선거는 같은 대통령 선거이지만 그 성격에 있어 상당히 다르다. 2016년 선거에서는 양당, 즉 민주당과 공화당에서 현직 대통령 후보가 없었기 때문에 후보 지명에 있어 양당 내에서 모두 치열한 경합이 있었던 반면 2020년 선거에서는 현직 대통령이 공화당의 후보로서 재선에 나섰기 때문에 공화당 내에서는 후보 지명에 있어 거의 경쟁이 없었던 것도 이 두 선거가 다른 점의 하나이다. 또한 2020년 선거는 코로나COVID-19의 확산으로 양당이 예비선거뿐만 아니라 전당대회의 규모와 실시 방법을 대폭 변경할 수밖에 없었기 때문에 2016년 선거와는 또 다른 성격과 특징을 가졌던 선거였기 때문이다. 따라서 2016년과 2020년의 미국 대통령 선거는 그런 점에서 상당한 대조를 이루기 때문에 좋은 비교 대상이 될 수 있다고 생각한다.

미국 대통령 선거에 관련된 선거자금이나 관련된 법규 그리고 선거전략 등도 상당히 흥미로운 분야이기는 하지만 이 책에서는 대통령 선거의 부차적인 주제인 선거자금과 선거전략에 대해서는 다루고 있지 않은데, 선거운동과 선거자금은 별도의 연구가 필요할 정도로 선거 절차와는 그 성격이 다르기 때문이다.

2016년과 2020년의 대통령 선거에서의 각 주의 프라이머리와 코커스에 대한 자세한 데이터와 결과는 www.thegreenpapers.com에 대부분 의존하였다. 이 사이트는 리처드 버그-앤더슨Richard E. Berg-Andersson과 토니 로자Tony Roza에 의해 1999년에 만들어졌으며 대통령 선거를 비롯한 연방선거에 대한 방대한 자료를 정당에 대한 편견 없이 제공하고 있다. 이 사이트는 미국 국무부 같은 정부 기관과 뉴욕타임스, 월스트리트 저널, 허핑턴포스트, 그리고 CNN 등의 미디어가 직접 자료를 제공받고 있을 정도로 신뢰도가 높으며 연방정부, 그리고 책이나 기타 출판물에서 제공하지 않은 정확한 자료들을 일반인들에게 제공하고 있다. 대통령 예비선거의 경우 www.thegreenpapers.com은 각 주 정부로부터 직접 선거 결과를 제공받고 있다.

대통령 선거의 각 과정을 다루는 부분에 있어서는 그 과정의 변천에 대한 역사적인 측면에 대해서도 가능한 한 자세하게 설명하였다. 그뿐만 아니라 미국 정치, 특히 대통령 선거에서 명확히 이해하기 힘든 점과 잘 알려지지 않은 부분들에 대해서도 여러 번의 검토를 통해 이 책에 포함시켰다. 끝으로 교정은 물론 수많은 표와 그림을 일목요연하게 다듬어 주신 한울아카데미의 조수임 팀장께 감사드리며, 이 책이 미국 정치, 특히 미국의 대통령 선거에 대해 조금 더 심도 있게 공부하고 싶은 사람들에게 조금이나마 도움이 되었으면 한다.

2024년 봄
김동영

차 례

<h1 align="center">〈표·그림 차례〉</h1>

1장 미국 헌법과 연방주의

　영국의 식민지로서 아메리카 대륙에서 연합을 맺고 있던 13개주는 영국의 식민지 수탈에 대항하여 1774년 9월 5일 13개주의 대표가 필라델피아에 모여서 영국의 강압적인 정책에 대한 대응책을 논의하게 된다. 그들은 식민지 군대를 창설하고, 영국과의 무역을 단절하며 영국의 강압적인 과세에 대해 대응하기로 결정하였다. 다음 해인 1775년 4월 19일 매사추세츠주 보스턴 근교의 렉싱턴에 주둔하고 있던 식민지 방위군에게 영국군이 선제공격을 가함으로써 13개주의 연합은 영국과의 독립전쟁에 돌입하게 되고, 1783년 미국의 승리로 끝나게 되는데 미국인들은 이 전쟁을 독립전쟁보다는 미국혁명이라는 이름으로 부르는 것을 지금도 선호한다.

　영국과의 독립전쟁 중이던 1776년 7월 4일 식민지 연합은 독립을 선언하여 지금의 미국인 아메리카 합중국이 되었다. 미국의 첫 헌법으로써 1781년 연합규약The Articles of Confederation이 채택되었으나 연합규약이 가진 여러 단점으로 인해 미국의 지도층은 연합규약을 수정하여 좀 더 강력한 중앙정부를 가진 국가로서 출발하고자 1787년 5월 25일에 필라델피아에서 12

개주(13개주 중 로드아일랜드주는 불참)의 74명의 대의원이 모이게 된다. 처음엔 연합규약을 부분적으로 수정하려고 했으나 버지니아주 대의원인 에드먼드 랜돌프Edmund Randolph가 아예 새로운 헌법을 제정하자고 제안하였는데, 이 제안이 받아들여져 미국의 두 번째 헌법인 지금의 헌법을 제정하게 되었다. 1787년 9월 17일까지 필라델피아에서 개최된 이 회의를 미국의 헌법회의The Constitutional Convention라고 부르며 12개주를 대표한 74명 중 55명이 참가했는데, 미국인들은 이 55명의 대의원을 '건국의 아버지들The Founding Fathers'이라고 부른다.

이 건국의 아버지들은 강력한 중앙정부를 옹호하는 세력과 주 정부의 권한을 중요시하는 세력으로 분리되었고, 또한 입법부를 구성하는 문제에 있어서도 큰 주와 작은 주의 이익이 대립되어 회의는 교착상태에 이르렀다. 그러다 마침내 중앙정부와 주 정부가 권력을 분리하고, 입법부를 양원제로 만드는 '대타협The Great Compromise'을 이끌어내 문제를 해결하게 되었다. 중앙정부, 즉 지금의 연방정부는 헌법에서 '양도 또는 열거된 권한delegated or enumerated power'을 가지게 되는데 이것은 헌법에 명백하게 명시된 권리를 말하며 전쟁 선포와 수행, 외국과의 무역과 주들 간의 무역 규제, 외국과의 조약 체결 그리고 화폐를 발행하는 권리 등이 이에 속한다. 주 정부는 '유보된 또는 잔여 권한reserved or residual power'을 가지게 되는데 이는 연방정부가 가지는 권리 이외의 포괄적인 권리를 말한다. 그리고 '중앙정부와 주 정부가 공동으로 가지는 권한concurrent power'이 있는데 예를 들면 과세권을 들 수 있다. 마지막으로 헌법은 중앙정부와 '주 정부에 대해 금지하는 권한denied power'을 명시하고 있는데 중앙정부는 기본권을 침해하거나 주 경계선을 변경시킬 수 없고 주 정부는 외국과 조약을 체결할 수 없으며 화폐를 발행할 수 없는 것이 그 예이다. 마지막으로 헌법에는 명시되지 않았으나 헌법 비준 후 연방대법원의 판결에 의해서 중앙정부, 즉 연방정부가 갖게 된 권한을

'함축된 권한implied power'이라고 한다.

한편 입법부의 구성에 있어서는 하원은 인구비례에 의해 의석을 할당하고 상원은 주의 크기와 인구에 관계없이 각 주당 2명을 할당함으로써 양원제를 채택하게 되었다. 즉 인구비례에 의한 하원 구성은 미국의 단일국가적인national 측면을 반영한다고 할 수 있고 반면 모든 주에게 2명씩 할당되는 상원은 미국의 당시 13개주가 동등한 구성원이라는 연합적인confederal 측면을 보여주는 것이다. 새 헌법에 의한 미국의 정치제도는 이렇듯 단일국가적인 측면과 연합적인 측면을 동시에 가지고 있으며 중앙정부, 즉 연방정부와 주 정부는 서로 분리된 권한뿐만 아니라 공동으로 가지는 권한을 가지고 있다. 당시 이러한 제도에 대한 명칭은 존재하지 않았다. 결과적으로 미국은 훨씬 더 강력한 중앙정부를 가지게 되었는데 이러한 새로운 정부의 구성을 가능하게 해준 것은 두 번째 헌법인 지금의 헌법이다. 이 새 헌법을 지지하며 강력한 중앙정부를 옹호하는 사람들을 페더럴리스트federalist라고 하고 새 헌법이 주 정부의 권한을 약화시키기 때문에 새 헌법에 반대하던 사람들을 안티-페더럴리스트anti-federalist라고 불렀다. 당시 페더럴리스트를 연방주의자라고 부르는 경우가 있는데 연방주의federalism라는 개념은 당시 존재하지도 않았을 뿐 아니라 헌법에서도 찾아볼 수 없는 용어이기 때문에 그것은 잘못된 명칭이라고 볼 수 있다. 미국인들은 헌법에서 명시한 미국 정부의 특성이 단일국가적인 면과 연합적인 면이 혼합되어 있다는 것을 잘 알고 있었지만 앞서 말했듯이 그러한 제도에 대한 명칭은 당시 존재하지 않았는데, 페더럴리즘, 즉 연방주의라는 개념은 훨씬 후에 나타났다.

미국의 헌법에는 대통령은 선거인단에 의해 선출된다는 것만 명시되어 있고 선거인단을 구성하는 각 주의 선거인들의 선출은 유보된 또는 잔여 권리로서 주 정부에 남겨 두었기 때문에 대통령 선거제도는 이러한 연방주의에 기초하고 있다고 볼 수 있다. 바로 이러한 권한의 분리로 인해 각 주와 워싱턴 D.C.Washington, D.C.가 정당별 대통령 후보 지명을 위한 전당대회 대의원들을 선출하는 데 있어 서로 다른 예비선거의 방식을 채택할 수 있어 전체적으로 볼 때 미국의 대통령 선거는 매우 복잡할 수밖에 없다. 미국 대통령 선거에서의 예비선거primary election란 각 정당별 전당대회에 참가해 대통령 후보를 최종 선출하는 대의원을 각 주별로 선출하는 선거를 말하는데, 뒤에 자세히 설명하겠지만 예비선거는 정당 차원의 대통령 후보 지명 과정의 일부이다. 예비선거의 종류에는 크게 프라이머리primary와 코커스caucus가 있으나 주마다 그 방식에 있어 크고 작은 차이가 있다.

이렇게 주마다 서로 다른 방식에서 시작하는 미국 대통령 선거제도를 전체적으로 이해하기 위해서는 먼저 연방정부와 주 정부가 대통령 선거에 대해 가지는 관할권을 연방주의에 기초해서 이해하는 것이 선행되어야 하며, 그렇지 않을 경우 각 주마다 다른 방식으로 치러지는 예비선거와 선거인단에 의한 간접선거인 미국 대통령 선거는 비민주적이며 비합리적인 제도로 비춰질 수 있다. 대통령 선거제도와 연방주의와의 관계는 대통령 선거제도를 설명하면서 과정별로 본문에서 다시 다루도록 하겠다.

2장 미국의 대통령 선거과정

1. 미국 대통령의 자격

대통령에 입후보할 수 있는 자격은 '출생 시 미국 시민의 법적 지위를 가진 사람a natural born Citizen'이며 미국에 14년 이상을 거주한 35세 이상의 미국 시민이어야 한다고 헌법은 규정하고 있는데 '출생 시 미국 시민의 요건을 갖추어야 한다'라는 요건은 외국의 영향으로부터 미국을 보호하기 위해 의도된 규정이다. 'a natural born Citizen'은 흔히 우리말로 미국에서 태어난 혹은 미국 출생이라고 번역되는데 엄밀히 말해 '태어났을 때 미국 시민'이라는 뜻이 맞다. 다시 말해 미국 영토에서 태어나 법률에 의해 미국 시민권을 받은 경우나 미국의 영토 밖에서 태어났어도 부모 중 적어도 한 명이 미국 시민이어서 미국 시민권을 갖게 된 경우도 이에 해당된다는 것을 미국 의회도 분명히 밝히고 있다.[1] 한편 부통령 후보의 자격도 대통령 후보의

---

[1]   Neal Katyal and Paul Clement, "On the Meaning of Natural Born Citizen," Harvard Law Review, 128(March 2015): p. 161.

자격과 같은데 이는 대통령의 유고 시 부통령이 대통령직을 계승하기 때문이다.

역대 미국의 최연소 대통령은 제26대 시어도어 루즈벨트Theodore Roosevelt 이며 윌리엄 매킨리William McKinley 대통령이 암살당하자 당시 부통령이었던 그는 42세 때 대통령직을 이어받았다. 선거에 의해 최연소로 당선된 대통령은 43세에 당선된 제35대 존 F. 케네디John F. Kennedy이다. 반면 최고령으로 당선된 대통령은 77세에 당선된 제46대 조 바이든Joe Biden이며 다음 해 대통령에 취임 시에는 78세가 되었다.

미국 헌법은 수정 제22조에 의해 누구라도 대통령직에 2회를 초과하여 선출될 수 없도록 제한하고 있으며 타인의 잔여 임기 중 2년 이상을 대통령직에 있었던 자는 1회를 초과해 대통령직에 선출될 수 없다고 하여 한 대통령이 10년 이상 재임할 수 없도록 규정하고 있다. 1951년 수정헌법 제22조가 비준되기 이전에는 대통령의 임기에 제한이 없었으나 프랭클린 루즈벨트 Franklin D. Roosevelt가 4번 연임함으로써 권력의 장기화가 초래할 수 있는 부정적인 측면에 대한 염려에서 임기를 2회로 제한하였다.

현재 미국의 대통령 선거의 과정을 시간 순으로 보면 예비선거(프라이머리 또는 코커스), 전당대회, 유권자 투표, 선거인단 투표 그리고 연방의회의 대통령 당선인 공식 선포로 이루어진다. 이를 간단히 도표로 설명하면 〈그림 2-1〉과 같다.

2. 후보 지명과정의 변천

〈그림 2-1〉에서 보듯이 후보 지명과정은 현재 프라이머리 또는 코커스를 통한 대의원 선출과 전당대회를 거치지만 1900년대에 민주적인 프라이머

〈그림 2-1〉 미국 대통령 선거과정

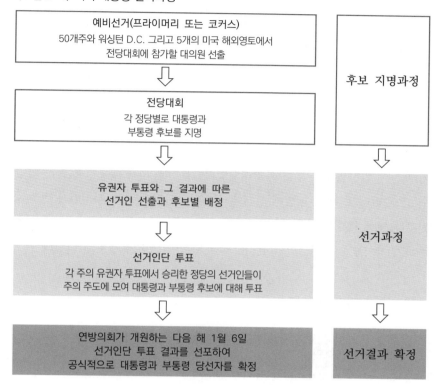

리가 도입되기 전까지는 후보 지명과정이 없거나 혹은 매우 그 절차가 간단했기 때문에 미국의 초대 대통령 선거는 헌법의 비준이 확실해진 1788년 12월 15일부터 1789년 1월 10일 사이라는 짧은 기간에 이루어졌다. 당시 미국을 구성하던 13개주 중 9개주 이상의 의회에서 새 헌법이 비준되면 헌법으로서 효력을 가질 수 있었기 때문에 뉴햄프셔주가 13개주 중 9번째로 헌법을 비준한 1788년 6월 21일 이후인 12월에 초대 대통령 선거가 시작된 것이다. 미국의 대통령과 부통령의 선출에 관한 헌법 조항은 1804년 수정 제12조를 통해 바뀌었기 때문에 미국의 최초 4번의 대통령 선거(1788,

1792, 1796, 1800년)는 1804년 이후 현재까지의 대통령과 부통령의 선출 방법과는 부분적으로 달랐는데 여기에 대해서는 후에 자세히 언급하도록 하겠다.

초대 대통령 선거 당시에는 정당이 존재하지 않았기 때문에 후보 지명절 차도 역시 존재하지 않았다. 헌법에서의 대통령직은 영국과의 독립전쟁에서 미국의 영웅이 된 조지 워싱턴George Washington을 염두에 두고 만들어졌다고 해도 과언이 아닐 정도로 조지 워싱턴은 당시 독보적인 대통령 후보였기 때문에 만장일치로 후보에 추대되었다. 두 번째 미국 대통령 선거가 있었던 1792년에도 역시 첫 번째 선거에서와 마찬가지로 조지 워싱턴은 만장일치로 후보에 추대되었지만, 그가 두 번째 임기를 마치고 더 이상 선거에 출마하지 않기로 선언한 1796년에는 후보 지명에 변화가 생기게 되었다.

1) 의회 코커스 제도congressional caucus (1796~1820)

1796년 당시에 미국 정치 상황에서는 두 개의 파벌이 존재하게 되는데 하나는 강력한 중앙정부를 옹호하는 페더럴리스트였고 다른 하나는 민주공화당Democratic-Republicans이었다. 페더럴리스트와 민주공화당은 새롭게 의회 내 코커스 caucus를 만들어 각자 대통령과 부통령 후보를 지명했다. 하지만 이 의회 내 코커스는 앞서 언급했던 전당대회에 참석할 대의원을 주별로 선출하는 방식의 하나인 코커스와는 다르기 때문에 혼돈해서는 안 된다. 페더럴리스트는 대통령 후보로 존 애덤스John Adams를 그리고 토머스 핑크니Thomas Pinckney를 부통령 후보로 지명했고 민주공화당은 대통령 후보로 토머스 제퍼슨Thomas Jefferson을 그리고 부통령 후보로 애런 버Aaron Burr를 지명했는데 두 당 모두 공식적으로 후보를 지명한 것은 아니고 비공식적으로 결정한 것이다. 1804년 대통령과 부통령 선출에 관한 헌법 조항이 수정되기 전까지 선거인단 투표에서 각 선거인은 2개의 투표권을 가졌는데 1800년 4번째 대통령 선거까지는 대통령과 부통령 후보를 명시하지 않아 선거인단 투표를 가장 많이 획득한 사람이 대통령에 당선되고 두 번째로 많은 선거인단 투표를 획득한 후보가 부통령에 당선되는 방식이었다. 이러한 문제로 인해 1796년 선거 결과 대통령은 페더럴리스트의 존 애덤스가, 부통령은 민주공화당의 토머스 제퍼슨이 당선되어 대통령과 부통령의 정당이 서로 다른 결과가 초래되었다.

1800년에 들어 미국 정치에서 파벌의 색깔이 두드러지게 나타나게 되는데 페더럴리스트는 존 애덤스 대통령이, 그리고 민주공화당은 토머스 제퍼슨 부통령이 각각 이끌게 되었다. 1800년 대통령 선거에서도 각 정당의 의회 코커스에서 후보가 지명되었다. 그 결과 현직인 존 애덤스 대통령이 페더럴리스트의 대통령 후보로, 그리고 토머스 핑크니의 친형인 찰스 핑크니 Charles Pinckney가 부통령 후보로 지명되었다. 민주공화당의 코커스에서는 현직 부통령이었던 토머스 제퍼슨을 대통령 후보로 그리고 애런 버를 부통령 후보로 지명하였다.

선거인단 선거 결과 대통령 후보였던 제퍼슨과 그리고 부통령 후보였던 버의 득표수가 같아 하원으로 결정이 넘겨져 결국 제퍼슨이 대통령에 그리고 버가 부통령에 당선되었다. 1796년 선거에 이어 1800년 선거 역시 선거인단 투표에서 대통령과 부통령 후보를 명시하지 않았기 때문에 예기치 못한 결과를 초래했는데 이 문제는 1804년 헌법의 수정으로 해결되게 된다. 1796년과 1800년 선거인단 선거의 문제점에 대해서는 이 책의 선거인단 투표 부분에서 다시 자세히 다루도록 하겠다. 민주공화당은 코커스를 통해서 1800년부터 1820년까지 토머스 제퍼슨, 제임스 매디슨James Madison, 제임스 먼로James Monroe를 대통령 후보로 지명하였다.

2) 초기의 전국 전당대회national party convention(1830~1900)

소수에 의해 대통령 후보가 결정되었던 의회 코커스는 '킹 코커스King Caucus'라고 불리기도 하였는데 명칭 자체가 그렇듯이 매우 소수 지배적이고 귀족적이었다. 1824년 대통령 후보 지명을 놓고 민주공화당은 4개의 파벌로 갈라져 각 파벌별로 대통령 후보가 지명되어 결국 의회 코커스는 폐지되었다. 그들 중 가장 경쟁력 있었던 두 후보가 존 퀸시 애덤스John Quincy Adams와 앤드루 잭슨Andrew Jackson이었는데 유권자 투표와 선거인단 투표에서 승리한 앤드루 잭슨이 선거인단 과반수를 확보하지 못해 헌법의 규정에 의해 대통령을 하원에서 선출하게 된다. 하원의 투표 결과 유권자 투표와 선거인단 선거에서 앤드루 잭슨에게 패한 존 퀸시 애덤스가 대통령에 당선되자 앤드루 잭슨과 그를 추종하는 세력은 민주공화당에서 탈퇴하여 민주당Democrats이 되었다. 그 후 존 퀸시 애덤스는 반 잭슨 정당인 국민공화당National Republican Party을 이끌었으나 곧 헨리 클레이Henry Clay를 중심으로 한 휘그당Whigs으로 흡수되었다. 앤드루 잭슨은 미국 정치에서 민주주의 확대를 외치면서 이른바 잭슨 민주주의Jacksonian Democracy 운동을 주도하였고 이러한 움직임은 1828년부터 남북전쟁 전까지 이어지게 된다.

1828년 대통령 선거에서 주 의회와 주 전당대회가 대통령 후보를 지명하기 위해 실험적으로 채택되었으나 결국은 1830년 의회 내 정당 코커스, 즉 킹 코커스를 대체하기 위해 전국 전당대회가 채택되었다. 전국 전당대회는 줄여서 전당대회라고 부를 수 있는데 의회 코커스 제도보다는 훨씬 발전된 제도였다고 할 수 있다. 그 이유는 첫째, 전당대회는 그 성격에 있어서 대표성이 강화되었다. 둘째, 전당대회는 대통령 후보 지명을 의회의 영향으로부터 배제시킬 수 있었고 대통령의 권위와 독립성을 높여주었다. 셋째, 전당대회는 정당 프로그램의 범위를 확대시켰다. 네 번째, 대통령 선거에서 정당의 힘을 집결시킬 수 있었을 뿐만 아니라, 다섯 번째로 지역적인 이익과 개인적인 경쟁을 조정해 줄 수 있었다. 이러한 이유로 전당대회는 1840년대 중반에는 미국 정치에서 대통령 후보 지명의 안정된 절차로 자리 잡게 되었으나 민주적인 절차와는 매우 동떨어진 것이었다. 그 주된 이유는 전당대회에 참석할 대의원들이 주와 카운티 차원의 코커스-컨벤션caucus-convention2)에서 선출되었는데 그들의 대부분은 폴리티컬 머신political machine의3) 영향으로부터 벗어날 수 없었기 때문이었다.

남북전쟁 이후 매우 빠른 속도로 진행되고 있던 산업화와 그에 따른 경제적 성장으로 인해 정부로부터 특권을 추구하던 일부는 정부의 정책과 직접적으로 연결될 수 있는 전당대회를 통하여 그들의 영향력을 키우고자 했다. 이러한 움직임은 정치적 보스들political boss을 통하여 그들을 중심으로 조직된 이른바 폴리티컬 머신이 전당대회에 깊이 관여하게 되는 결과를 낳았다. 대통령 후보 전당대회에 참가하는 대의원들은 주로 주 차원의 전당대회에서 선출되었고 주 차원의 전당대회에 참가하는 대의원들은 주 정부 이하의 지방 정부의 전당대회에서 선출되었다. 지방 정부에서 선출된 대의원들은 당시 정치적 보스들에 의해 움직이고 조종되었기 때문에 전당대회는 결국 주 정부와 지방 정부를 장악한 정치적 보스들의 영향력에서 벗어날 수 없었다. 게다가 전당대회에 참가하는 대의원들은 아무런 민주적 절차도 밟지 않고 주로 정치적 보스들의 영향력에 의해 선출되었기 때문에 일반 유권자를 대표하는 대표성에도 상당한 문제가 있었다.

---

2) 코커스-컨벤션은 코커스라고 불리기도 하는데 1972년 처음 시작된 아이오와 코커스(Iowa caucus)의 뿌리라고 할 수 있으나 성격에 있어서는 완전히 다르다. 1800년대 중반의 코커스는 정치적 보스의 직접적인 영향권 안에 있어 민주적인 제도와는 거리가 멀었다.

3) political machine이란 정치 기구로 번역할 수 있으며 권위 있는 보스 정치인 또는 보스 정치인들을 중심으로 지지자와 사업체들이 모여 유착한 것을 말한다. 정치 기구의 힘은 선거일에 얼마나 많은 유권자를 동원할 수 있는지에 따라 결정된다.

3. 프라이머리의 등장

1) 프라이머리의 초기 단계(1901~1906)

제임스 W. 데이비스James W. Davis는 프라이머리의 역사를 4단계로 구분하여 설명하고 있는데, 이 책에서는 4단계를 세분화해서 요약하고 필요한 점을 보충해서 소개하려고 한다.4) 1890년대에 시작된 진보시대 개혁Progressive Era Reforms으로 1900년대 초에 주 정부 차원에서 전당대회에 참가하는 대의원을 주 내의 일반 유권자들이 직접 선출하는 프라이머리를 도입하게 되고 그 결과 정치적 보스들의 영향력을 견제하는 데 성공하게 된다. 프라이머리는 1901년 플로리다주 의회가 대통령 프라이머리 법을 제정하면서 미국 대통령 선거과정에 처음 등장하게 되었다. 그 결과 대통령 후보 지명단계의 절차가 두 단계로 나뉘는데 앞서 〈그림 2-1〉에서 언급했듯이 첫 단계는 예비선거(프라이머리 혹은 코커스)를 통해 주 차원에서 전당대회에 참가할 대의원들을 정당별로 직접선출하는 것이고, 두 번째 단계는 주별로 선출된 대의원들이 각 당의 전당대회에 참가해 그 당의 대통령 후보를 선출하는 것이다. 1916년에는 20개주가 프라이머리를 채택할 정도로 급속도로 확산되게 된다.

2) 프라이머리의 쇠퇴(1917~1948)

진보 개혁과 그에 따른 1901년 플로리다주에서의 프라이머리의 채택은 대통령 후보 지명을 일반 유권자의 투표로 결정할 수 있는 민주적이면서 합

---

4) James W. Davis, *U.S. Presidential Primaries and the Caucus-Convention System* (Westport: Greenwood Press, 1997), pp. 13-44.

리적인 제도임을 보여주었지만 프라이머리가 미국 대통령 선거과정에 정착하기까지는 많은 어려움과 장애물이 있었다. 1912년에는 12개의 주가 프라이머리를 실시했으나 제1차 세계대전의 발발로 인해 프라이머리가 다른 주로 더 이상 확대되지 못했다. 제1차 세계대전에 이어 경제대공황이 닥치면서 프라이머리의 확대는 더욱 주춤해졌는데 1917년부터 1949년에 걸쳐 프라이머리를 채택한 주는 앨라배마주가 유일한 정도였다. 1935년에는 오히려 프라이머리 제도를 폐지하는 주가 많아졌는데 그 이유는 첫째, 프라이머리를 치르는 비용을 감당하기 어려웠고 둘째는, 프라이머리를 통해서 선출된 대의원 수가 과반수에 훨씬 못 미쳤기 때문에 유력 후보들이 프라이머리를 무시하고도 바로 전당대회에서 후보 지명을 받는 데 별로 어려움이 없었기 때문이다. 셋째는, 일반 유권자들의 프라이머리 참가율이 극히 저조했기 때문이다. 이러한 상황에서 미국은 제2차 세계대전에 참여하게 되고 프라이머리 제도는 관심에서 멀어지기 시작했다.

3) 프라이머리의 재부상(1952~1968)

제2차 세계대전 이후 1952년 선거에서 당시 민주당 소속 연방 상원의원이었던 에스테스 키포버Estes Kefauver는 15개주에서 실시된 민주당 프라이머리 중 12개주에서 승리하여 언론과 정당 지도자들에게 그의 득표력을 입증하게 되었다. 그러나 각 주의 정당 지도자들이 민주당의 노선과 맞지 않는 키포버 대신 애들라이 스티븐슨Adlai Stevenson을 지지해 결국 스티븐슨이 대통령 후보로 지명되었다. 한편 공화당에서는 그때 당시 나토 NATO의 최고 사령관으로서 유럽에 주둔하고 있던 드와이트 아이젠하워Dwight Eisenhower가 뒤늦게 공화당 선거전에 뛰어들었음에도 불구하고, 뉴햄프셔 프라이머리에서 승리를 거머쥐었다. 하지만 제2차 세계대전 이후 프라이머리는 다시 미국 대통령 후보 지명과정에서 관심을 받게 되었고 일반 유권자들의 프라이머리 참여율도 1948년 480만 명에서 1952년에는 1270만 명으로 대폭 증가하게 된다. 공화당 프라이머리에서의 아이젠하워와 그의 경쟁자였던 상원의원 로버트 태프트Robert A. Taft의 뜨거운 경쟁은 유권자들에게 프라이머리에 대한 관심을 다시 일깨워줬고, 게다가 1952년 기술적인 발달로 전국적으로 TV 동시 방송이 가능해지면서 프라이머리에 대한 관심은 더욱 커졌다. 이러한 관심으로 인해 많은 주들이 프라이머리 채택을 적극적으로 고려하기 시작하게 되었다.

미네소타, 인디애나, 몬태나주가 폐지되었던 프라이머리를 부활시켰고 이어 네바다주도 1953년에 캘리포니아주를 모델로 프라이머리를 채택하였다. 그러나 이러한 추세는 그렇게 오래가지는 못했는데 1955년 네바다주가 프라이머리를 다시 폐지하였고 이어서 미네소타와 몬태나주가 1959년에, 그리고 메릴랜드주가 1912년에 채택했던 프라이머리를 1965년에 폐지했다. 이러한 현상은 당시 민주당과 공화당 내의 지도층이 프라이머리라는 민주적인 절차보다도 그들이 통제할 수 있는 대의원들을 전당대회에 보내 후보 지명을 조종하고자 한 데 원인이 있다고 볼 수 있다.

4. 정당 개혁과 프라이머리

1960년대 베트남 전쟁, 여성운동, 그리고 인권 문제들은 미국 사회에서 정당의 개혁, 특히 민주당 내의 개혁을 추진하게 만드는 계기가 되었다. 이러한 개혁 중에는 비민주적인 대통령 후보 지명이 포함되었는데 1968년 민주당 대통령 예비선거가 도화선이 되었다. 베트남 전쟁을 반대하는 민주당의 후보로 나선 유진 매카시Eugene J. McCarthy 상원의원은 뉴햄프셔 프라이머리에서 현직 대통령이었던 린든 B. 존슨Lyndon B. Johnson에게 아주 근소한 차이로 패배했다. 하지만 다가오는 위스콘신 프라이머리에서 매카시의 승리가 거의 확정되자 존슨 대통령은 후보 경선에서 물러나 결국 그해 대통령 선거를 포기하게 되었다. 유진 매카시와 로버트 케네디Robert F. Kennedy가 3월부터 프라이머리에 참가한 반면 당시 현직 부통령으로서 조금 늦게 선거에 뛰어든 유버트 험프리Hubert H. Humphrey는 단 한 주의 민주당 프라이머리에도 참가하지 않고 민주당 대통령 후보가 되었다. 그는 당시 민주당 정당 지도자들에 의해 움직이고 있던 여러 주의 코커스를 통해 자신을 지지하는 대의원들을 확보할 수 있었고 결국 전당대회에서 승리해 민주당의 후보로 지명되었다. 이에 대해 매카시와 그를 추종하는 세력은 험프리가 대통령 지명을 훔쳤으며 그의 후보 지명은 불합리하고 비민주적인 후보 지명과정에서 비롯되었다고 믿었다.

1) 민주당의 개혁

휴즈 위원회Hughes Commission(1968)

1968년 여름 민주당 프라이머리가 막바지에 이르렀을 무렵, 민주당 출신 아이오와주의 주지사 해럴드 휴즈Harold Hughes가 주축이 된 매카시의 지지자들은 전국 전당대회에 참석하는 대의원들을 선출하는 방식을 재검토하기 위해 개혁 위원회를 조직하게 되는데 공식 이름은 '민주당 대통령 후보 선출 위원회the Democratic Selection of Presidential Nominees'였고 흔히 휴즈 위원회라고 불린다. 휴즈 위원회는 민주당 대통령 후보 지명의 검토와 조사 과정에서 많은 문제점을 발견하게 된다. 첫째, 20개주 이상에서 전당대회 대의원을 선출하는 규정은 존재하지 않거나, 있다고 해도 부적절하였고 둘째, 대리투표가 만연했음에도 불구하고 이러한 행위는 규제조차 되지 않았으며 오히려 정당 지도자들에게서 더 빈번하게 나타났다. 셋째, 각 주에서 코커스를 실시할 때 그 날짜와 시간 및 장소를 제대로 공지하지 않은 경우가 많았으며 넷째, 프라이머리나 코커스에서 전당대회 대의원으로 출마한 후보들이 자신들이 지지하는 대통령 후보를 명시하지 않아 대다수의 일반 유권자들은 대의원 후보에 대한 정보를 얻지 못했기 때문에 의미 있는 선택을 할 수 없는 경우가 많았다.

결국 휴즈 위원회는 전국 전당대회에 참석할 대의원을 선출하는 주 정부차원의 제도가 기본적 민주주의 원칙에 불충실하다는 결론을 내리게 되었다. 매카시의 추종자들은 1968년 미국 대통령 선거가 시작하기도 전에 민주당 전당대회에 참석할 약 3분의 1인 800명의 대의원이 이미 선출되었다고 주장했다. 또한 그들 중에 험프리 후보를 지지하는 110명의 민주당 전국위원회 위원들이 포함되었으며, 4개주에서는 민주당 주 집행위원회가 대의원 전체를 선출하였고, 이 밖의 2개주에서는 민주당 출신 주지사가 사실상 대의원을 임의로 선출했다고 주장했다.

휴즈 위원회의 리포트가 전당대회 대의원들을 설득해 매카시 후보에게 투표하게 하는 데 기여하지 못했지만 적어도 한 가지 바람직한 결과를 이끌어냈다. 당시 민주당 전당대회에서는, 특히 남부 주들에서 '단위투표 규칙unit rule'이라는 것이 오랜 전통으로 존재했는데 그것은 그 주 대의원의 다수가 지지하는 후보에게 소수 대의원들이 투표해야 하는 불문율을 뜻했다. 이러한 단위투표 규칙을 옹호하는 사람들은 주 전체의 대의원들이 특정 후보를 지지하는 것이 주 대의원들에게 더 많은 힘을 실어줄 수 있다고 주장하는 반면 단위투표 규칙에 반대하는 사람들은 이 규정에 의해서는 소수의 의견이 반영될 수 없다고 주장했다. 비록 휴즈 위원회의 리포트가 매카시 지명에 기여하지는 못했지만, 험프리 후보 측이 단위투표 규칙을 폐지하도록 하는 데는 큰 역할을 했다.

1968년 시카고에서의 민주당 전당대회 이후 민주당을 중심으로 정당의 대통령 후보 지명에 대한 개혁이 본격적으로 시작되었다. 1969년부터 1986년 사이 6개의 위원회가 조직되어 대통령 후보 지명과정에 일반 유권자의 참여를 확대하고 더욱 합리적이고 민주적인 절차에 근접할 수 있는 규정들을 마련했다. 이 6개의 위원회의 이름과 활동 기간, 개혁의 내용은 아래와 같이 요약할 수 있다.

(1) 매거번-프레이저 위원회McGovern-Fraser Commission(1969~1970)

이 위원회는 민주당의 후보 지명 개혁을 위한 태스크포스로서 공식 명은 '정당 구조와 대의원 선출에 관한 위원회the Commission on Party Structure and Delegate Selection'이었으나 조지 매거번George McGovern이 1972년 민주당 대통령 후보 지명을 위한 예비선거에 출마하기 위해 1971년 위원장직을 사임하고 위원장직을 미네소타주 출신의 연방 하원의원 도널드 프레이저Donald M. Fraser가 계승했기 때문에 흔히 매거번-프레이저 위원회라고 불린다. 매거번-프레이저 위원회는 여러 민주당 태스크포스 중에서도 대통령 후보 지명과정을 변화시킨 많은 개혁안을 제시하였다. 그중 중요한 것들을 요약해 보면 첫째, 1972년부터 코커스-컨벤션 제도를 실시하고 있는 주들에서도 프라이머리를 실시하는 주만큼 공개적으로 대의원을 선출할 수 있도록 했고, 코커스-컨벤션이 실시되는 구역precinct의 시간과 장소를 선거인들이 확실하게 인지할 수 있도록 했다.5) 둘째, 대의원들이 전당대회에 참석하기 위해 프라이머리에 출마할 때 그들이 민주당 내의 어느 대통령 후보를 지지하는

---

5) 여기서 precinct는 행정구획의 단위가 아니라 선거를 목적으로 카운티나 타운을 더 작은 단위로 나눈 것이다. 그리고 카운티를 흔히 우리말로 군으로 번역하는 경우가 많은데 미국에서의 카운티는 주 정부와 시(city) 사이의 매우 큰 행정구역이며 일반적으로 몇 개의 시를 포함하기도 한다. 따라서 카운티는 우리의 군의 개념이 아니기 때문에 이 책에서는 군이 아닌 카운티로 표기하도록 한다.

지 확실히 표명하도록 규정했고 예외적인 경우를 제외하고는 이러한 입장을 바꾸지 못하도록 규정했다.[6] 마지막으로 위원회는 민주당 소속의 주지사, 상원의원, 고위 공직자들이 프라이머리를 통하지 않고서는 전당대회에 참가하지 못하도록 규정하였다. 매거번-프레이저 위원회가 발족하는 날 민주당 전국위원회 위원장인 프레드 해리스Fred Harris는 전당대회의 규칙을 검토할 또 하나의 태스크포스인 오하라 위원회를 창설하게 된다.

(2) 오하라 위원회O'Hara Commission(1969~1972)

오하라 위원회의 공식 명은 '민주당 전국위원회의 규칙에 관한 위원회the Commission on Rules of the Democratic National Committee'이며 27명으로 구성되었고 미시간주를 대표하는 연방 하원의원 제임스 오하라James O'Hara가 위원장을 맡았다. 이 위원회의 주목적은 1972년의 전당대회를 앞두고 그동안 성문화되지 않았던 전당대회 규칙을 다듬어서 성문화하는 데 있었다. 이 위원회의 다른 업적은 전당대회에 참가할 대의원 수를 각 주에 할당하는 방법을 바꾼 것이다. 그중 가장 눈에 띄는 것은 1972년 이전의 세 번의 대통령 선거, 즉 1960년, 1964년, 그리고 1968년의 선거에서 각 주가 민주당 후보에 투표한 비율을 적용하여 1972년 전당대회에 참가할 대의원 수를 주별로 할당하는 것이었다. 다시 말해 1972년 이전 세 번의 대통령 선거에서 민주당 후보에 대한 지지율이 높은 주는 상대적으로 대의원 수를 많이 할당하고 지지율이 낮았던 주들에 대해서는 대의원 수를 적게 할당하는 것이었다.

전당대회가 TV로 중계방송이 되지 않았던 시대에는 대통령 후보의 지명과 거기에 재청하는 연설이 2시간 가까이 이어지는 경우가 많았는데 이러한 점을 개선하기 위해 전당대회에서의 모든 연설은 15분 이내로 제한했다. 전

---

6) 이 규정은 최소득표 충족 요건(threshold requirement)과 관련되어 있는데 책의 뒷부분에서 자세히 언급하도록 한다.

당대회 진행에 있어서도 오하라 위원회는 각 주의 후보들에 대한 지지 투표 수를 소개할 때 전통적인 알파벳 순서가 아닌 제비뽑기를 통해 차례를 정하도록 하였다. 마지막으로 이 위원회는 새로운 규칙을 만들었는데 대통령 후보 지명과 부통령 후보 지명 사이에 적어도 12시간의 간격을 두도록 정했다. 그 이유는 부통령 후보도 당에서 투표로써 선출할 경우를 대비하기 위해서였다. 하지만 최근에는 부통령 후보의 지명을 대통령 후보 지명자의 뜻에 전적으로 일임하고 있고, 대통령 후보 지명에 앞서서 유력한 대통령 후보가 그의 러닝메이트인 부통령 후보를 발표하는 경우도 종종 있기 때문에 12시간 간격의 규칙은 무의미하다고 볼 수 있고 사실상 폐지되었다고 할 수 있다.

(3) 미컬스키 위원회Mikulski Commission(1972~1973)

미컬스키 위원회는 메릴랜드주 볼티모어 시 의회 의원인 바버라 미컬스키Barbara Mikulski의 이름을 딴 것이다[미컬스키는 그 후 1977년부터 2017년까지 연방 하원의원(1977~1987)과 상원의원(1987~2017)을 지냈다]. 1972년 민주당 전당대회가 끝나자 바로 청문회를 시작한 이 태스크포스의 주요 업적은 개방형 프라이머리open primary와 크로스오버 프라이머리crossover primary(투표자가 당원으로 등록되지 않은 정당의 프라이머리에 참가하는 것)를 금지시켰다. 또한 미컬스키 위원회는 최초로 흑인, 여자, 청년 같은 소수 집단의 의견을 존중하기 위해서 구역, 카운티, 하원 선거구 그리고 주 프라이머리와 코커스에 그들이 일정한 비율 이상 참가해야 하는 요건을 제시했다.[7]

그 밖에 미컬스키 위원회는 코커스나 프라이머리에서 15% 이상 득표한 후보는 해당 프라이머리나 코커스에서 선출하는 대의원 수와 관계없이 대의원 1명을 배정받을 수 있게 하였다. 예를 들면 대의원 3명을 뽑는 어느 구역

---

[7] 프라이머리의 종류에 관해서는 이 책의 예비선거 부분에서 자세히 다루도록 한다.

의 프라이머리에서 대통령 후보 A가 45%, B가 40%, 그리고 C가 15%를 득표하였다면 C 후보가 최소 득표요건을 충족시켰기 때문에 1명의 대의원이 배정되고, 45%를 득표한 A 후보에게 1명, 40%를 득표한 B 후보에게도 역시 1명이 배정된다는 것이다. 만일 이러한 15% 최소득표 충족 규정에 따라 위에서 예를 든 프라이머리에서 대의원 5명을 선출한다고 했을 때 A 후보가 2명, B 후보가 2명, 그리고 C 후보가 1명을 배정받겠지만 위의 예에서처럼 3명을 선출할 때는 소수의 의견이 반영될 수 있다.

(4) 위노그래드 위원회Winograd Commission(1974~1978)

이 민주당 태스크포스의 공식적인 명칭은 '대통령 후보 지명과 정당 구조에 대한 위원회'였으며 미시간 주 민주당 위원장인 몰리 위노그래드Morley A. Winograd의 이름을 딴 것이다. 이 위원회의 가장 큰 업적은 '루프홀loophole' 프라이머리를 폐지한 것이다. 루프홀 프라이머리의 투표용지를 보면 상단에는 선호하는 대통령 후보 1명에게 투표하는 부분이 있고 하단에는 각 프라이머리에 할당된 수의 대의원을 뽑기 위한 부분이 있다. 자세히 말하면, 어느 구역의 프라이머리에 할당된 대의원 수가 14명이고 후보가 100명이면 그중 14명에게 투표하는 것이다. 이 프라이머리의 허점은 어떤 대통령 후보가 적은 수의 득표를 한다 해도 그를 지지하는 대의원들이 압도적 다수로 선출된다면 15% 최소득표 충족 규정에도 불구하고 소수의 의견은 무시되고 그 후보가 대부분의 대의원을 배정받게 된다는 것이다. 다시 말하면 선호하는 대통령 후보에 대한 투표는 사실상 대의원을 뽑는 투표와는 별개이며, 선호하는 대통령 후보를 지지하는 대의원을 선출하는 것은 권장 사항이기 때문에 극단적인 경우 가장 선호되는 대통령 후보가 가장 적은 수의 대의원을 배정받거나 아예 못 받을 수도 있다는 것이다. 바로 이런 이유로 이 프라이머리는 허점이라는 의미의 '루프홀'이라는 이름이 붙게 되었다.

그 다음으로 위노그래드 위원회는 1980년 대통령 선거에서 민주당 후보 지명과정 기간을 3월 11일부터 6월 11일까지로 정했는데, 뉴햄프셔와 아이오와주는 여기서 제외시켰다. 전통적으로 이 두 주는 다른 주들보다 프라이머리와 코커스를 훨씬 더 일찍 시작하기 때문에 그 상징성을 존중해 준 것이라고 볼 수 있다.

이외에 위노그래드 태스크포스는 1980년 민주당 전당대회에 참가하는 각 주 대의원 수의 10%를 당과 고위 공직자들을 위해 할당하도록 했다. 이러한 민주당의 일련의 개혁에도 불구하고 1980년 민주당 대통령 후보인 지미 카터Jimmy Carter는 공화당 후보 로널드 레이건Ronald Reagan에게 대패하고 민주당 전국위원회는 네 번째 태스크포스인 헌트 위원회를 발족하게 된다.

(5) 헌트 위원회Hunt Commission(1980~1982)

헌트 위원회의 공식 명칭은 '대통령 지명에 관한 위원회the Commission on Presidential Nomination'이다. 이 위원회의 목적은 대통령 후보 지명절차에 정당의 영향력을 강화하는 것과, 또한 연방 정치의 경험이 부족하고 정당 지도자들과 교류가 별로 없었던 카터 대통령 같은 후보가 지명되었던 것과 같은 실수를 반복하지 않기 위한 것이었다. 결과적으로 헌트 위원회는 비선언 대의원unpledged delegates이라는 새로운 종류의 대의원을 만들었는데, 이는 특정 대통령 후보에 대한 지지를 선언하지 않아도 되는 대의원을 의미하며 후에 수퍼대의원superdelegate이라고 불리게 된다. 또한 헌트 위원회는 위노그래드 위원회에서 금지시켰던 루프홀 프라이머리를 다시 허용했다.

(6) 공정 위원회Fairness commission(1985~1986)

제시 잭슨Jesse Jackson과 게리 하트Gary Hart 후보가 1984년 민주당 대통령 후보 지명과정과 당의 규칙에 불만을 품고 항의한 결과 1985년에 공정 위원회가 설립되었다. 잭슨과 하트 그리고 그들의 지지자들은 특히 하원의원 선거구를 단위로 실시되는 프라이머리에서의 승자독식제winner-take-all로 인해 자신들의 대의원 수가 과소 대표되었을 뿐만 아니라 승자독식제는 일반 유권자의 투표를 왜곡시키기 때문에 비민주적이라고 주장했다. 이러한 주장을 존중해 공정위원회는 하원의원 선거구 단위로 실시되는 프라이머리에서 승자독식제를 폐지하였다.

2) 공화당의 개혁

공화당의 대통령 후보 지명절차에 관한 개혁의 필요성은 1964년 공화당 전당대회에서 대두되었다. 보수 세력의 압도적 지지를 받은 상원의원 배리 골드워터Barry Goldwater와 온건파인 넬슨 록펠러Nelson Rockefeller를 지지하는 대의원들의 대결이 매우 품위에 어긋나고 거칠어지자 공화당 출신 전 대통령인 아이젠하워도 비공식적으로 전당대회의 개혁을 권고했다.

공화당의 후보 지명 절차에 관한 개혁을 주도한 3개의 위원회와 1개의 싱크탱크의 활동과 개혁의 내용은 아래와 같다.

(1) 전당대회 개혁에 관한 위원회Committee on Convention Reform(1968)

공화당 전국위원회 의장 레이 블리스Ray Bliss는 1966년 11명으로 구성된 전당대회에 관한 위원회를 설립하고 10개월 동안 각 분야 전문가들의 의견을 반영하여 공화당 전당대회의 개혁방안을 모색하였으나 결과적으로 1968년 전당대회에 의미 있는 개혁과 변화를 가져오는 데 실패하고 말았다. 그 결과, 공화당 전국위원회는 특별 태스크포스인 대의원과 조직에 관한 위원회를 발족시키게 된다.

(2) 대의원과 조직에 관한 위원회The Delegate and Organizations Committee(1971)

이 위원회는 줄여서 DO 위원회라고도 부르며 약 2년 동안 두 가지 개혁 안을 제시하였다. 첫째 분야는 전당대회의 진행과 좌석 배치, 후보 지명, 연 설 등과 같은 절차적인 것이었고, 둘째 분야는 소수 민족과 여성에 관한 차 별철폐조치affirmative action와 위임투표proxy voting에 관한 것이었다. 이에 관 해 DO 위원회는 구체적으로 각 주는 전당대회에 참가하는 대의원을 선출할 때 남성과 여성의 비율을 동등하게 할 것을 적극적으로 권고했다. 그러나 이 러한 공화당의 개혁안들은 당시 민주당의 매거번-프레이저 위원회가 제시 한 개혁안들이 실질적이고 근본적인 변화를 가져왔던 것과 달리 비현실적이 었으며, 각 주의 정당조직에 대한 법적인 구속력이 없었다. DO 위원회 역시 전당대회 개혁에 관한 위원회처럼 실질적인 개혁을 주도하지 못하고 해체되 었다.

(3) 리폰 소사이어티The Ripon Society(1962)

1962년 조직된 리폰 소사이어티는 공화당 내 진보 성향의 조직으로서 실 질적으로 공화당의 많은 개혁은 위의 두 위원회보다 앞서 설립된 보수 싱크 탱크인 리폰 소사이어티에서 시작되었다고 볼 수 있다. 대통령 후보 지명과 정과 전당대회에 관한 개혁으로써 리폰 소사이어티는 각 주의 전당대회 대 의원을 할당하는 방식을 민주당과 유사한 방법으로 바꿀 것을 주장하였다. 즉, 각 주는 최근 대통령 선거에서 일반 유권자들의 공화당 후보에 대한 투 표율과 선거인단의 비율에 근거하여 선거인을 할당받아야 한다는 것이다. 리폰 소사이어티의 개혁안에 의하면 1972년 대의원 할당에서 뉴욕주는 88 명 대신 168명을 할당받게 되고 캘리포니아주는 대의원 수가 96명에서 164명으로 늘어나게 되는 반면 인구가 적은 주들은 대의원 수에 있어서 거 의 변화가 없거나 조금 늘어나게 되는 것이었다. 그러나 1972년 공화당은 리폰 소사이어티의 제안 대신 보수파들의 제안을 받아들였고 결과적으로 1968년 선거에서 공화당 후보 닉슨 지지표의 52%를 가져다준 8개의 가장 큰 주들이 1972년 전당대회에서는 전체 대의원의 37%만을 차지하는 데 그치고 말았다. 1980년 그리고 1984년 대통령 선거에서 공화당 후보인 레이건의 압도적인 승리 그리고 이어 1988년 선거에서의 부시George Herbert Walker Bush 후보의 승리로 인해 공화당 내에서는 리폰 소사이어티의 제안을 포함한 개혁의 필요성이 관심을 받지 못했다.

(4) 규칙 29 위원회The Rule 29 Committee(1972)

규칙 29 위원회는 1972년 공화당 전당대회 결과 조직된 특별 위원회이며 위스콘신주 연방 하원의원인 윌리엄 스타이거William A. Steiger가 의장을 맡았다. 이 위원회는 공화당 전당대회에 참가하는 대의원들의 자격을 여성, 청년, 그리고 소수 그룹에 확대시키는 개혁 방안을 공화당 전국위원회에 제시하였으며, 이러한 개혁은 워터게이트 사건과 1974년 연방의회 선거에서의 패배를 극복하기 위한 노력에서 비롯되었다.

민주당의 지속적인 개혁에도 불구하고 공화당 내에서는 후보 지명과정에 개혁이 반드시 필요한 것은 아니라는 의견도 많다. 그 이유는 민주당의 개혁이 한창이던 1968년부터 1996년까지의 대통령 선거를 보면 공화당 후보가 압도적으로 많은 승리를 차지했기 때문이다. 또한 1970년대부터 시작된 연방선거 자금법으로 인해 정당의 후보와 선거에 대한 영향이 현저하게 줄어들었지만, 공화당은 당내의 개혁을 통해 정당의 새로운 역할을 주도했고 전국 조직을 강화하는 데 있어서도 민주당보다 훨씬 앞서갔다는 사실이 공화당이 후보 지명과정의 개혁에 그다지 적극적이지 않았다는 것을 뒷받침하고 있다.

3) 정당 개혁 이후의 프라이머리의 영향과 역할(1972년 이후)

1969년부터 시작된 민주당의 대통령 후보 지명에 대한 개혁은 1972년 선거에서 이미 그 효력이 나타나기 시작해서 1976년에는 프라이머리를 채택한 주가 29개로 늘어나고 1980년에는 35개주에 이르게 된다. 1968년까지는 민주당의 대통령 후보를 지명하는 대의원의 약 3/4이 주 단위의 코커스를 통해 뽑혔으나, 1980년에 이르러 그 비율이 역전되었고, 2020년에는 대부분 주에서 프라이머리를 실시해 대통령 후보를 지명하는 대의원들은 일반 유권자들에 의해 선출되었다.

주들이 대의원 선출에 있어서 코커스에서 프라이머리로 옮겨간 주된 이유는 첫째, 참여 민주주의에 대한 요구에 부응하기 위해서였다. 이러한 요구는 베트남 전쟁에 반대하는 정치적 지도자들과 인권과 여성의 권리 확대를 외치는 운동에서 시작되어 사회 전반에 걸쳐 호응을 얻었고 이는 다시 코커스를 고집하던 주들이 프라이머리를 채택하게 되는 계기가 되었다. 둘째는, 대의원을 포함해 공직 후보를 지명하는 것은 근본적으로 정당의 기능이지만 프라이머리를 선택하게 되면 프라이머리의 규정에 관한 것은 주법을 따르게 된다. 또한 프라이머리는 주 정부가 비용을 부담하기 때문에 정당의 비용 부담이 줄어든다. 프라이머리 방식의 예비선거에서는 정당의 영향력이 줄어드는 반면 주 정부의 입장에서는 더 큰 영향력을 행사할 수 있기 때문에 프라이머리를 선호하게 된다. 이러한 이유로 프라이머리를 채택할 때 정당과 주 정부가 타협하면 서로에게 이익이 될 수 있다는 것이다. 만일 정당과 주 정부가 타협하지 못할 경우 그 주에서는 대의원 선출을 코커스 방식으로 바꿀 수 있는데, 2012년 선거에서 아이다호주는 프라이머리를 코커스로 바꾸었고 그 결과 다른 주에 비해 늦게 5월 말에야 코커스를 실시할 수 있었다.

정당 개혁의 결과, 프라이머리를 채택한 주의 수는 1968년 15개주에서

2016년에는 약 37주[8])에 달하고 있는데 이러한 증가보다도 더욱 중요한 것은 프라이머리의 규정들이 '권고advisory'에서 '의무mandatory'로 그 성격이 바뀌었다는 것이다. 다시 말해 대의원들이 전당대회에서 특정 후보에 대한 지지 선언을 지키지 않아도 되는 '권고' 규정에서 반드시 지켜야 하는 '의무' 규정으로 바꾼 것은 대통령 후보 지명과정에 막대한 영향을 미쳤다. 이러한 규정 변경으로 인해 선언 대의원들이 주의 정당 지도자가 아닌 대통령 후보와 직접적으로 연결되게 되어 정당 지도자들과 보스들은 더 이상 후보 지명과정에 커다란 영향을 행사하지 못하게 되었다. 이러한 프라이머리의 증가와 규정의 변화는 당내의 프라이머리에서의 승자가 결국 대통령 후보가 되는 데 결정적 역할을 했다. 1972년 이후 모든 대통령 후보들은 후보 지명에 있어 이러한 프라이머리라는 제도를 효과적으로 이용했다고 볼 수 있다.

공화당의 경우 80% 이상의 주가, 그리고 민주당의 경우 90% 이상의 주가 프라이머리를 채택하고 있는 현재, 프라이머리에 참여하지 않고 후보 지명을 받는다는 것은 산술적으로 불가능하다. 프라이머리에서의 승자는 일찍이 전당대회가 시작하기도 전에 사실상의 후보가 되며 이러한 프라이머리의 결정적인 역할 증대로 인해 결국 전당대회가 정책결정 기구에서 프라이머리에서의 승자를 당의 지도자로 인정하는 형식적 기구로 전락하는 결과를 낳기도 하였다. 이렇듯 1901년에 플로리다주에서 처음 시작된 프라이머리는 100년이 훨씬 지난 지금 미국 대통령 선거의 후보 지명과정을 매우 민주적이며 참여적인 과정으로 발전시켰고 후보 지명에 있어 그 영향과 역할은 지대하다고 볼 수 있다.

---

8)   같은 주에서 두 정당이 서로 다른 예비선거 방식, 즉 프라이머리 혹은 코커스를 채택하는 경우가 있어 주별로 정확한 숫자를 집계하기 어려운 경우가 있다.

5. 코커스의 등장

코커스는 코커스-컨벤션이라고도 하며 1840년대 중반부터 생겨나 각 주에서 전당대회에 참석하는 대의원을 선출했다. 그러나 앞서 언급했듯이 코커스는 정치적 보스들의 영향권 아래 있었고 대의원 선출도 민주적 방식이 아닌 정치적 이익에 따라 보스들이 직접 선택했다고 볼 수 있다. 이렇게 뽑힌 대의원들은 전당대회에서 역시 정당 지도자와 보스들이 지지하는 후보를 지명하는 것이 상례였으나 1900년대 초 처음 민주적인 프라이머리가 등장해 여러 번 어려운 고비를 넘기면서 1970년대 현재의 대의원 선출방식으로 정착하게 되었다. 그런데 많은 주에서 성공적으로 정착을 시작한 프라이머리와는 사뭇 다른 대의원 선출방식이 1972년 아이오와주를 시작으로 등장했다. 프라이머리가 주법에 의해 주 정부가 주도하며 일반 유권자 중 당원 혹은 비당원이 직접 각 당의 후보나 혹은 전당대회에 참석할 대의원을 선출하는 방식인 반면, 우리말로 흔히 당원대회라고 부르는 코커스는 정당과 당 조직이 중심이 되어 대의원을 선출하는 방식이다. 프라이머리가 여러 장소에서 동시다발적으로 비밀 투표에 의해 대의원 선출이 진행되는 반면 코커스는 보통 구역 코커스precinct caucus, 카운티 컨벤션county convention, 하원 선거구를 단위로 하는 디스트릭트 컨벤션congressional convention, 그리고 주 컨벤션state convention의 단계를 거쳐 진행되기 때문에 프라이머리에 비해 매우 복잡하다. 2016년 아이오와 코커스에서 구역 코커스는 양당 모두 2월 1일 1681개의 구역에서 실시되었고, 주 컨벤션의 경우 공화당은 5월 21일 민주당은 약 4개월 반 후인 6월 18일 실시되었다. 가장 주목을 받는 아이오와 코커스는 2월 1일 열리는 구역 코커스이고 그 이후 단계의 코커스는 구역 코커스의 결과에 따라 대의원 선출이 결정되므로 형식적인 절차에 불과하다고 보면 된다. 아이오와 코커스와 함께 가장 주목받는 뉴햄프셔 프라이머리에 대해서는 2016년과 2020년의 대의원 선출과정의 실례에서 자세히 다루도록 하겠다.

한편 1990년대 이후 전체 주의 3/4이 프라이머리를 채택하게 되었고 2016년 선거에서는 37개주에서 민주당이 그리고 38개주에서 공화당이 프라이머리를 채택했다. 2020년 선거에서는 프라이머리를 채택한 주가 더욱 증가해, 47개주에서 민주당이 그리고 42개주에서 공화당이 프라이머리를 채택해 프라이머리 방식의 예비선거는 약 90%에 육박하고 있다.[9]

앞서 '정당 개혁 이후의 프라이머리의 영향과 역할' 부분에서 설명했듯이 많은 주들이 프라이머리를 선호하면서 앞으로도 코커스를 채택하는 주의 수가 더 줄어들 가능성이 크다. 50개주 중 가장 큰 주, 즉 인구가 가장 많은 12개주에서 압도적인 수가 프라이머리를 채택하고 있고 이 12개주에서의 승리가 대통령 선거 결과를 좌우하기 때문에 프라이머리의 비중이 상대적으로 코커스보다 더 크다고 할 수 있다.[10]

지금까지 후보 지명과정의 변천을 살펴보았는데 건국 초기에는 각 당에서 대의원을 민주적인 방식으로 선출하는 과정이 없었으나 오랜 세월 여러 번의 개혁을 통해서 대의원 선출과정으로 프라이머리와 코커스 제도가 정착했다고 볼 수 있다. 프라이머리와 코커스 제도의 정착으로 후보 지명과정은 대의원 선출과정과 선출된 대의원들이 각 정당의 대통령 후보를 최종 지명하는 전당대회로 확연히 나누어지게 되었다. 다음에서는 2016년과 2020년의 미국 대통령 선거를 예로 들어 후보 지명과정 중 정당별 전당대회 대의원 선출과정에 대해 단계별로 자세히 설명하도록 하겠다.

---

9) 워싱턴 D.C.가 포함된 숫자이다.
10) 2020년 대통령 선거까지는 인구가 가장 많은 11개주에서 승리하면 선거인단 과반을 차지해 당선될 수 있었지만 2020년 인구조사 결과가 적용되어 주별 선거인 수가 재할당된 2024년과 2028년 선거에서는 인구가 가장 많은 12개주에서 승리해야만 선거인단 과반을 차지해 당선될 수 있다(194쪽 〈표 5-3〉 참고).

3장 예비선거

1. 정당별 대의원 선출과정: 2016년과 2020년 미국 대통령 선거

민주당과 공화당은 전당대회를 통해 각 당의 대통령 후보를 지명하는데, 각 당은 후보 지명을 위해 전당대회에 참가하는 대의원 수를 각 주별로 할당한다. 정당이 주축이 되어 대의원 수를 할당하는 반면 할당된 대의원을 선출하는 방법은 프라이머리의 경우 주 정부가 결정하고 코커스의 경우는 정당에서 결정한다. 연방선거, 즉 대통령, 상원의원, 하원의원의 선거는 각 주별로 예비선거를 실시하는데 대통령 예비선거인 프라이머리 혹은 코커스는 프레지덴셜 프라이머리presidential primary 혹은 프레지덴셜 코커스presidential caucus로 부르고 상원의원, 하원의원 선거의 프라이머리 혹은 코커스는 컨그레셔널 프라이머리congressional primary 혹은 컨그레셔널 코커스congressional caucus로 부른다. 하지만 이 책에서는 대통령 선거와 대통령의 예비선거만을 다루기 때문에 대통령presidential이라는 단어는 생략하기로 하겠다. 다시 말해, 캘리포니아의 민주당 대통령 프라이머리는 대통령을 생략하고 캘리포

니아 민주당 프라이머리로 부르기로 한다.[1]

　대의원 수의 할당과 대의원을 선출하는 방법은 각 대통령 선거마다 정당과 주 정부에 의해 변경될 수 있다. 프라이머리를 실시하는 주들의 대의원 선출방식과 코커스를 실시하는 주들의 대의원 선출방식은 대체로 비슷하나 동일한 방식을 채택하고 있는 주는 거의 없기 때문에 매우 다양하고 복잡하다고 할 수 있다.

　민주당과 공화당 양당의 프라이머리, 코커스 일정과 주별 대의원 수 할당은 이전의 대통령 선거와 다음 선거 사이에 결정되어 공표된다. 예를 들어 2012년 대통령 선거 전당대회에서 제기된 문제점들을 검토하여 2016년 선거에서의 규칙에 반영하는 것을 원칙으로 한다는 것이다. 따라서 대통령 선거의 해에 따라 양당의 프라이머리, 코커스 일정과 대의원 수 할당 방식 등의 규칙이 조금씩 바뀌는 것이 상례이다.

1) 2016년 민주당

(1) 민주당의 2016년 예비선거(프라이머리, 코커스) 일정

　2016년 민주당의 예비선거 캘린더 일정은 2016년 3월 1일부터 시작해 2016년 6월 14일에 끝나게 되어 있고 이 기간을 민주당에서는 '윈도우 window'라고 부르며 모든 주는 2016년 6월 25일까지 모든 과정을 끝내도록 규정하고 있다. 그러나 4개의 예외 상황이 있는데 첫째, 아이오와는 윈도우 29일 전에 첫 단계의 코커스, 즉 구역 코커스를 시행하며 그 날짜는 2016년 2월 1일이다. 둘째, 뉴햄프셔는 윈도우 21일 전에 프라이머리를 실시하며 그 날짜는 2016년 2월 9일이 된다. 셋째, 네바다는 윈도우 10일 전에 첫 단

---

[1]　주 의회와 주지사 선거에서도 정당별로 예비선거를 실시하며 이를 주 예비선거(State primary)라고 부른다. 비용 절감과 선거인의 편의를 위해 보통 연방선거의 예비선거와 같은 날 치루는 경우가 많다.

계의 코커스, 즉 구역 코커스를 실시하며 날짜는 2016년 2월 20일이다. 넷째, 사우스캐롤라이나는 윈도우 3일 전 프라이머리를 실시하며 그 날짜는 2월 27일이다.[2]

(2) 각 주별 대의원 할당 현황

2016년 선거에서 민주당이 각 주에 할당한 전당대회 대의원 수는 〈표 3-1〉과 같다.

(3) 대의원 할당 규칙

2016년 민주당 대의원 할당 규칙은 세 가지로 요약 정리할 수 있다. 이 규칙의 기본 원칙은 민주당 개혁의 일환으로 일찍이 1969~1972년의 오하라 위원회에 의해 성문화 되었으며 앞으로도 계속 민주당의 각 주별 대의원 할당 원칙으로 남을 가능성이 높다(32쪽 참고).

규칙 1. 최근 세 번의 대통령 선거에서 민주당 후보가 얻은 유권자 투표 총수에 대한 각 주의 민주당 후보에 대한 투표수의 비율, 즉 각 주의 민주당에 대한 충성도를 할당의 한 기준으로 삼는다.

규칙 2. 최근 세 번의 대통령 선거, 즉 2004, 2008 그리고 2012년의 대통령 선거에서 각 주에 할당된 선거인단 수에 비례해서 대의원 수를 할당한다. 다시 설명하면 각 주에 할당된 선거인단 수는 그 주의 하원 의석수와 상원 의석수를 합친 것인데 하원 의석수는 각 주의 인구비례를 의미하고 상원 의석수는 모든 주가 인구에 관계없이 2석을 가지기 때문에 인구가 적은 주들의 과다 대표를 허락한다는 것이다. 이는 미국의 헌법에 나타나는 연방주의

---

2) 특정 주의 프라이머리나 코커스를 언급하는 경우 State라는 단어를 쓰지 않는 것이 상례이다. 예를 들면 아이오와주의 공화당 코커스는 Iowa State Republican caucus 대신 Iowa Republican caucus로 쓰기 때문에 이 책에서도 주라는 단어를 생략해 아이오와 공화당 코커스라는 방식으로 표기하도록 한다.

〈표 3-1〉 2016년 민주당 각 주별 대의원 할당(알파벳 순)

	주	선언 대의원[2]	비선언 대의원[3]	합계	하원 선거구 대표	주 전체 대표	선언 PLEO[4]	비선언 PLEO[5]
					할당 세부 내용[1]			
1	앨라배마	53	7	60	35	11	7	7
2	알래스카	16	4	20	10	4	2	4
3	애리조나	75	10	85	50	16	9	10
4	아칸소	32	5	37	21	7	4	5
5	캘리포니아	475	76	551	317	105	53	76
6	콜로라도	66	12	78	43	14	9	12
7	코네티컷	55	16	71	36	12	7	16
8	델라웨어	21	11	32	14	5	2	11
9	워싱턴 D.C.	20	24	44	13	5	2	24
10	플로리다	214	32	246	140	46	28	32
11	조지아	102	15	117	67	22	13	15
12	하와이	25	9	34	16	6	3	9
13	아이다호	23	4	27	15	5	3	4
14	일리노이	156	27	183	102	34	20	27
15	인디애나	83	9	92	56	18	9	9
16	아이오와	44	7	51	29	9	6	7
17	캔자스	33	4	37	22	7	4	4
18	켄터키	55	5	60	37	12	6	5
19	루이지애나	51	8	59	33	11	7	8
20	메인	25	5	30	17	5	3	5
21	메릴랜드	95	25	120	64	21	10	25
22	매사추세츠	91	24	115	59	20	12	24
23	미시간	130	17	147	85	28	17	17
24	미네소타	77	16	93	50	17	10	16
25	미시시피	36	5	41	23	8	5	5
26	미주리	71	13	84	47	15	9	13
27	몬태나	21	6	27	15	4	2	6
28	네브래스카	25	5	30	17	5	3	5
29	네바다	35	8	43	23	7	5	8
30	뉴햄프셔	24	8	32	16	5	3	8
31	뉴저지	126	16	142	84	28	14	16
32	뉴멕시코	34	9	43	23	7	4	9
33	뉴욕	247	44	291	163	54	30	44
34	노스캐롤라이나	107	13	120	70	23	14	13

35	노스다코타	18	5	23	12	4	2	5
36	오하이오	143	17	160	93	31	19	17
37	오클라호마	38	4	42	25	8	5	4
38	오리건	61	13	74	41	13	7	13
39	펜실베이니아	189	19	208	127	42	20	19
40	로드아일랜드	24	9	33	15	6	3	9
41	사우스캐롤라이나	53	6	59	35	11	7	6
42	사우스다코타	20	5	25	14	4	2	5
43	테네시	67	8	75	44	14	9	8
44	텍사스	222	29	251	145	48	29	29
45	유타	33	4	37	22	7	4	4
46	버몬트	16	10	26	11	3	2	10
47	버지니아	95	13	108	62	21	12	13
48	워싱턴	101	17	118	67	22	12	17
49	웨스트버지니아	29	8	37	20	6	3	8
50	위스콘신	86	10	96	57	19	10	10
51	와이오밍	14	4	18	8	4	2	4
52	미국령 사모아	6	5	11	–	6	–	5
53	해외 민주당[6]	13	4	17	–	12[7]	1	4
54	괌	7	5	12	–	7	–	5
55	북마리아나 제도	6	5	11	–	6	–	5
56	푸에르토리코	60	7	67	40[8]	13	7	7
57	버진아일랜드	7	5	12	–	7	–	5
58	미정	0	1	1	–	–	–	1[9]
	전당대회 대의원 수	4,051	712	4,763	2,650	910	491	712

1) 각 주의 할당 세부 내역에서 하원 선거구 대표 수와 주 전체 대표를 합한 수는 그 주의 기본 대의원 수(Base Vote)이다.

2) 선언 대의원은 특정 대통령 후보를 지지할 것을 선언한 대의원을 말한다.

3) 비선언 대의원은 특정 대통령 후보를 지지할 것을 선언하지 않은 대의원을 말하며 민주당에서는 비선언 PLEO와 같은 의미이다.

4) PLEO(Party Leaders and Elected Officials)는 정당지도부와 선출직 공직자이다.

5) 비선언 PLEO(정당지도부와 선출직 공직자)는 전당대회에서 특정 대통령 후보에 대한 지지를 선언하지 않아도 되는 PLEO이며 민주당에서는 이들을 비선언 대의원 또는 수퍼대의원(superdelegate)이라고도 부른다.

6) 해외 민주당(Democrats Abroad)은 해외에 거주하는 미국 시민들의 민주당 조직으로서 민주당 전국위원회에 의해 주와 같은 지위로 인정을 받고 있다.

7) 5개의 미국 해외영토와 해외 민주당은 주가 아니므로 주 전체 대표가 아닌 전체 대표이다.

8) 미국 해외영토의 하나인 푸에르토리코는 연방 하원의원이 없기 때문에 연방하원 선거구가 아닌 푸에르토리코의 독자적인 선거구를 의미한다.

9) 민주당 전국위원회 위원에 한함.

를 그대로 반영하고 있는데 인구비례로 뽑는 하원은 미국 정치구조의 단일 국가적인 면이고 인구에 관계없이 모든 주가 2석씩을 가지는 상원은 연합적인 측면이기 때문이다.

규칙 3. 민주당 대의원 수 할당 규칙은 마지막으로 각 주에 할당되는 비선언 대의원 PLEOParty Leaders and Elected Officials의 자격을 규정하고 있는데, 그들은 민주당 주지사와 워싱턴 D.C. 시장, 민주당 연방 하원의원, 민주당 연방 상원의원, 민주당 전국위원회DNC: Democratic National Committee 위원 그리고 현직 혹은 전직 민주당 대통령, 연방 상원과 하원의 지도부, 그리고 민주당 전국위원회 의장이다.

(4) 각 주별 대의원 할당 공식

〈표 3-1〉에서 볼 수 있듯이, 2016년 민주당의 각 주별 대의원 수 할당은 다음 공식을 적용해 산출되는 할당 계수 'A'Allocation Factor를 기본으로 계산한다. 할당 계수는 해당 주에서 최근 3번의 대통령 선거에서 민주당 후보가 얻은 유권자 투표를 최근 3번의 선거에서 민주당 후보가 얻은 총유권자 투표수로 나누고 이것에 해당 주의 2012년 대통령 선거인 수를 전체 선거인단 538명으로 나눈 값에 더해 반으로 나눈 것이다. 결론적으로 할당 계수 A는 각 주의 민주당에 대한 대통령 선거에서의 충성도와 인구의 크기를 수치화한 것이다.

$$A = \frac{1}{2}\left(\frac{SDV\,2004 + SDV\,2008 + SDV\,2012}{TDV\,2004 + TDV\,2008 + TDV\,2012} + \frac{SEV}{538}\right)$$

$A : Allocation\,Factor$ (할당 계수)

TDVTotal Democratic Vote: 대통령 선거에서 민주당 후보가 획득한 총유권자 투표수를 말한다. 따라서 예를 들면 TDV 2004는 2004년 대통령 선거에서 민주당 후보가 획득한 총유권자 투표수를 말하는 것이다.

SDVState Democratic Vote: 대통령 선거에서 해당 주에서 민주당 후보가 얻은 득표수를 말한다. 예를 들면 SDV 2004는 해당 주의 2004년 대통령 선거에서 민주당 후보가 획득한 총유권자 투표수를 의미한다.

SEVState Electoral Vote: 대통령 선거인단 수 538명 중 해당 주의 2004, 2008, 2012년 대통령 선거인 수의 평균이며, 선거인 수는 해당 주의 연방 상원의석수 2석과 연방 하원의석수를 합한 것이다.3)

할당 계수를 바탕으로 각 주의 기본 대의원 수가 산출되고 기본 대의원 수는 다시 연방 하원의원 선거구를 대표하는 대의원district delegates과 주 전체를 대표하는 주 전체 대표 대의원at-large delegates으로 나뉘어 할당된다. 그 과정을 간단히 설명하면 다음과 같다.

각 주의 기본 대의원 수Base vote = A(할당 계수) × 3200

각 주의 기본 대의원 수는 그 주의 할당 계수에 3200을 곱한 값이다. 3200은 2016년 민주당에서 50개주와 워싱턴 D.C. 그리고 5개의 미국 해외영토에 할당된 총기본 대의원 수이다.

(5) 2016년 앨라배마주의 예
위의 할당 공식을 적용해 위의 〈표 3-1〉의 가장 첫 번째 주인 앨라배마주

---

3) SEV는 각 주의 연방 하원의석수와 연방 상원의석수를 합한 수이다(모든 주의 연방 상원의석수는 언제나 2석이다). 할당 공식에서 상원과 하원의원의 의석수는 해당 주 의회의 상원과 하원의석수가 아닌 연방 상원의석수와 연방 하원의석수를 의미한다. 2000년 인구조사 결과 2002년부터 2010년 사이의 하원 의석수가 재할당되며, 2010년 인구조사 결과 2012년부터 2020년 사이의 하원 의석수가 재할당된다. 2016년의 각 주별 민주당 대의원 수 할당에서 반영되는 과거 3번의 대통령 선거에서의 SEV값은 2010 인구조사 결과 주에 따라 하원 의석수에 변화가 있었을 가능성이 있기 때문에 2004, 2008, 2012 대통령 선거인 수의 평균을 공식에 적용한 것이다.

의 민주당 총대의원 수, 60명을 산출해 내는 과정은 다음과 같다.

$$A = \frac{1}{2} \left(\frac{SDV\,2004 + SDV\,2008 + SDV\,2012}{TDV\,2004 + TDV\,2008 + TDV\,2012} + \frac{SEV}{538} \right)$$

$A : Allocation\ Factor$ (할당 계수)

	2004	2008	2012
TDV[4)	59,028,439	69,456,897	65,899,660
앨라배마 SDV	693,933	813,479	795,696
앨라배마 SEV[5) = 9			

먼저 위의 값을 할당 공식에 대입해 할당 계수 A를 산출해 낼 수 있는데 그 값은 0.01429이다(소수점 이하 여섯 번째 자리에서 반올림함).

다음으로, 각 주의 기본 대의원 수는 A × 3200이므로 앨라배마주의 민주당 기본 대의원 수는 45.728명이 되는데 반올림하면 46명이 된다(소수점 이하 첫 번째 자리에서 반올림함). 주 전체 대표 대의원 수는 기본 대의원 수인 46에 0.25를 곱한 수(11.41)를 반올림한 것, 즉 11명이 주 전체 대표 대의원 수이며, 앨라배마주 할당 세부 내역에서 11명의 주 전체 대표란 앨라배마주 연방하원 선거구 7개를 묶어 하나의 선거구로 보고 11명을 할당한다는 것이다. 기본 대의원 수 46명에서 11명의 주 전체 대표 대의원 수를 제외한 나

---

4) TDV와 각 주의 SDV 값은 www.thegreenpapers.com이나 언론사 혹은 선거 결과를 다루는 여러 민간 사이트에서 찾아볼 수 있다. 미국 헌법은 연방선거(대통령, 연방상원, 연방하원 선거)에 대한 규제와 관리는 연방정부의 관할이 아니라 주 정부 관할로 명시하고 있다. 따라서 연방정부 차원에서 연방선거에 대한 모든 기록과 통계자료가 통합되어 관리되지 않기 때문에 선거에 대한 통계자료가 약간씩 다를 수 있다. 연방선거위원회(FEC: Federal Election Commission)는 연방선거의 관리를 위한 기관이 아니라 연방선거 후보들의 선거자금의 모금과 지출 등이 합법적으로 이루어지고 있는지에 대한 회계 감사를 하는 연방 기관이다. 따라서 FEC를 연방선거관리위원회라고 부르는 것은 잘못된 것이다.

5) 앨라배마주의 2004년 대통령 선거에서의 선거인 수는 9명, 2008년에는 9명, 그리고 2010년 인구 조사의 결과 하원 의석수가 재할당된 2012년에도 9명이었다.

머지 35명은 7개의 연방하원 선거구에 할당되어 세부 내역에서 하원 선거구district 대표 35로 표시되어 있다(〈표 3-1〉 참고). 각 주에 할당된 기본 대의원 수는 연방하원 선거구에 할당된 대의원 수와 주 전체 대표 대의원 수를 합한 수가 된다.

앨라배마의 선언 PLEO 대의원 수는 기본 대의원 수인 46에 0.15를 곱한 수(6.9)를 반올림한 수인 7명이 된다. 선언 PLEO 대의원은 특정 대통령 후보에 대해 지지를 선언한 정당지도부와 선출직 공직자를 의미한다. 〈표 3-1〉의 앨라배마주 할당 세부 내역에서 7명의 선언 PLEO는 주 전체를 대표하는 선언 대의원 7명이 할당되었다는 것을 보여준다. 선언 PLEO 대의원은 보통 주의 당 지도부에 의해 선발되며 부지사lieutenant governor, 주 법무장관, 그리고 주 의회 지도자들이 포함된다.

여기까지 앨라배마주의 대의원 수를 보면 기본 대의원 46명(연방하원 선거구에 할당된 35명과 주 전체 대표 대의원 11명)과 선언 PLEO 대의원 7명을 합해 53명이 된다. 여기에 비선언 PLEO 대의원 즉 수퍼대의원superdelegate 7명이 추가되는데, 그들은 앨라배마주 민주당 전국위원회 위원 6명과 앨라배마주 출신 연방 상원의원 1명을 합한 7명이 된다(2016년 민주당 대의원 수 할당 당시 앨라배마 주지사와 상원의원은 모두 공화당 소속이었기 때문에 민주당 비선언 PLEO 대의원에 포함되지 않는다). 결과적으로 2016년 앨라배마주의 민주당 전당대회 대의원 수는 총 60명이며 〈표 3-1〉의 주별 대의원 수 합계에 표시되어 있다.

민주당 전당대회에 참가하는 총대의원 수가 4763명인 것과 앨라배마주의 인구를 감안하면 앨라배마주에 할당된 대의원 수는 비교적 수가 적은 편이다. 그 주된 이유는 대의원 수 할당에서 가장 중요한 고려 사항인 과거 세 번의 대통령 선거에서의 주의 정당에 대한 지지도이기 때문인데, 앨라배마주의 경우 민주당 대통령 후보에 대한 지지도가 상대적으로 크지 않았다는 것을 의미한다.

2) 2020년 민주당

(1) 예비선거(프라이머리, 코커스) 일정

2020년 민주당의 원래 결정된 예비선거 일정은 코로나 확산으로 인해 지켜지지 않아 많은 주의 프라이머리가 연기되었다. 2020년 2월 3일 아이오와 코커스를 시작으로 2월 11일 뉴햄프셔 프라이머리가 열렸으며, 전당대회도 6월 13일부터 6월 16일까지 열릴 예정이었으나 코로나 확산으로 8월 17일부터 8월 20일로 연기되었다. 민주당 예비선거는 전당대회가 열리기 6일 전 코네티컷 프라이머리를 끝으로 모든 주에서 종료되었다.

(2) 각 주별 대의원 할당 현황과 세부 내역

2020년 민주당의 각 주에 할당한 대의원 수와 그 세부 내역을 보면 〈표 3-2〉와 같다.

2020년 민주당 대의원 할당 규칙은 2016년과 기본적으로 같지만 TDV, SDV, 그리고 SEV의 값이 2020년 선거 이전의 3번의 선거인 2008, 2012, 2016년으로 대체되며, 과거 세 번의 대통령 선거에서의 각 주의 민주당에 대한 충성도를 할당 기준으로 삼는다는 원칙은 2016년과 마찬가지이다.

(3) 각 주별 대의원 할당 공식

2020년 민주당의 각 주별 대의원 할당은 2016년과 같은 공식에 의해 산출된다(50쪽 참고). 단 다른 점은, TDV는 가장 최근의 대통령 선거인 2008, 2012, 2016년에 민주당 후보가 각각 획득한 총유권자 투표수로 대체된다. 그리고 SDV는 가장 최근의 3번의 대통령 선거에서 해당 주에서 민주당 대통령 후보가 획득한 투표수로 대체하면 된다. SEV는 각 주의 대통령 선거인 수, 즉 하원 의석수와 상원 의석수를 합한 수이다. 따라서 2010년 인구조사 결과 각 주별 재할당된 하원 의석수(2012년부터 2020년까지 유효)에 상원 의석수 2를 합하면 된다(49쪽 각주3 참고).

$$A = \frac{1}{2}(\frac{SDV\,2008 + SDV\,2012 + SDV\,2016}{TDV\,2008 + TDV\,2012 + TDV\,2016} + \frac{SEV\,2020}{538})6)$$

$A : Allocation\,Factor$ (할당 계수)

(4) 2020년 미주리주의 예

2016년 민주당 전당대회 참가 대의원 수 할당의 예를 든 앨라배마주의 2020년 전당대회 참가 대의원 수는 2016년과 같은 60명으로 변화가 없었다. 앨라배마주는 공화당이 강세인 주이기 때문에 2020년의 경우에는 앨라배마주와 인구 차이가 크지 않으면서 민주당이 강세인 미주리주의 민주당 대의원 할당의 경우를 할당 공식을 다시 보면서 예를 들어 보겠다(앨라배마주의 하원 의석수는 7이고 미주리주의 하원 의석수는 8이다).

$$A = \frac{1}{2}(\frac{SDV\,2008 + SDV\,2012 + SDV\,2016}{TDV\,2008 + TDV\,2012 + TDV\,2016} + \frac{SEV\,2020}{538})$$

$A : Allocation\,Factor$ (할당 계수)

	2008	2012	2016
TDV	69,456,897	65,899,660	65,853,510
미주리 SDV	1,441,911	1,223,796	1,071,068
미주리 SEV = 10			

---

6) 2020년 민주당 대의원 할당 공식에서 SEV 값을 과거 3번의 대통령 선거에서의 선거인 수 평균 대신 2020년의 값으로 대체한 것은 2010년 인구조사 결과 2012년부터 대통령 선거인 수에 변화가 있는 주가 있기 때문이다.

〈표 3-2〉 2020년 민주당 각 주별 대의원 할당(알파벳 순)

주	선언 대의원	비선언 대의원	합계	할당 세부 내용[1]			
				하원 선거구 대표	주 전체 대표	선언 PLEO[)]	비선언 PLEO
1 앨라배마	52	8	60	34	11	7	8
2 알래스카	15	4	19	9	4	2	4
3 애리조나	67	13	80	44	14	9	13
4 아칸소	31	5	36	20	7	4	5
5 캘리포니아	415	79	494	271	90	54	79
6 콜로라도	67	12	79	44	14	9	12
7 코네티컷	60	15	75	40	14	6	15
8 델라웨어	21	11	32	14	5	2	11
9 워싱턴 D.C.	20	25	45	13	5	2	25
10 플로리다	219	30	249	143	47	29	30
11 조지아	105	13	118	68	23	14	13
12 하와이	24	9	33	15	6	3	9
13 아이다호	20	5	25	13	4	3	5
14 일리노이	155	27	182	101	34	20	27
15 인디애나	82	7	89	55	18	9	7
16 아이오와	41	8	49	27	9	5	8
17 캔자스	39	6	45	26	9	4	6
18 켄터키	54	6	60	36	12	6	6
19 루이지애나	54	6	60	35	12	7	6
20 메인	24	8	32	16	5	3	8
21 메릴랜드	96	24	120	65	21	10	24
22 매사추세츠	91	23	114	59	20	12	23
23 미시간	125	22	147	82	27	16	22
24 미네소타	75	16	91	49	16	10	16
25 미시시피	36	5	41	23	8	5	5
26 미주리	68	11	79	44	15	9	11
27 몬태나	19	6	25	13	4	2	6
28 네브래스카	29	4	33	20	6	3	4
29 네바다	36	13	49	23	8	5	13
30 뉴햄프셔	24	9	33	16	5	3	9

31	뉴저지	126	20	146	84	28	14	20
32	뉴멕시코	34	12	46	23	7	4	12
33	뉴욕	274	50	324	184	61	29	50
34	노스캐롤라이나	110	12	122	72	24	14	12
35	노스다코타	14	4	18	9	3	2	4
36	오하이오	136	18	154	89	29	18	18
37	오클라호마	37	6	43	24	8	5	6
38	오리건	61	13	74	41	13	7	13
39	펜실베이니아	186	24	210	125	41	20	24
40	로드아일랜드	26	9	35	18	5	3	9
41	사우스캐롤라이나	54	10	64	35	12	7	10
42	사우스다코타	16	5	21	10	4	2	5
43	테네시	64	9	73	42	14	8	9
44	텍사스	228	32	260	149	49	30	32
45	유타	29	5	34	19	6	4	5
46	버몬트	16	8	24	11	3	2	8
47	버지니아	99	25	124	65	21	13	25
48	워싱턴	89	20	109	58	19	12	20
49	웨스트버지니아	28	6	34	19	6	3	6
50	위스콘신	84	13	97	55	19	10	13
51	와이오밍	14	4	18	12		2	4
52	미국령 사모아	6	5	11	6			5
53	해외 민주당	13	4	17	12		1	4
54	괌	7	6	13	7			6
55	북마리아나 제도	6	5	11	6			5
56	푸에르토리코	51	7	58	33	11	7	7
57	버진아일랜드	7	6	13	7	6		
58	미정		2	2				1[2]
전당대회 대의원 수		3,979	770	4,749	2,583	906	490	770

1) 각 주의 할당 세부 내역에서 하원 선거구 대표 수와 주 전체 대표를 합한 수는 그 주의 기본 대의원 수이다.
2) 민주당 전국위원회 위원에 한함.

TDV, SDV, SEV 값을 위의 공식에 대입해 미주리주의 A값, 즉 할당 계수를 선출하면 0.01858이다(소수점 이하 여섯 번째 자리에서 반올림). 할당 계수 A에 2020년 민주당에서 50개주와 워싱턴 D.C. 그리고 5개의 미국 해외영토에 할당된 총기본 대의원 수인 3200을 곱하면 미주리주의 기본 대의원 수는 59.456명으로 반올림하면 59명이 된다(소수점 이하 첫 번째 자리에서 반올림).

주 전체 대표 대의원 수는 기본 대의원 수인 59에 0.25를 곱한 수 14.75를 반올림한 수, 즉 15명이 된다. 미주리주 할당 세부 내역에서 15 주 전체 대표란 미주리주 하원의원 선거구 8개를 묶어 하나의 선거구로 보고 15명을 할당한다는 것이다. 기본 대의원 수 59명에서 15명의 주 전체 대표 대의원 수를 제외한 나머지 44명은 8개의 하원 선거구에 할당되어 세부 내역에서 44 하원 선거구 대표로 표시되어 있다.

미주리주의 선언 PLEO 대의원 수는 기본 대의원 수인 59에 0.15를 곱한 수(8.85)를 반올림한 수인 9명이 된다. 선언 PLEO 대의원은 특정 대통령 후보에 대해 지지를 선언한 정당지도부와 선출직 공직자를 의미한다. 〈표 3-2〉의 미주리주 할당 세부 내역에서 9 선언 PLEO는 주 전체를 대표하는 선언 대의원 9명이 할당되었다는 것을 의미한다. 선언 PLEO 대의원은 보통 부지사, 주 법무장관, 그리고 주 의회 지도자들이 포함된다. 비선언 PLEO 대의원은 수퍼대의원으로 불리는 반면 선언 PLEO는 수퍼대의원에 포함되지 않는다.

미주리주의 기본 대의원 수 59명(하원 선거구에 할당된 44명과 주 전체 대표 대의원 15명)과 선언 PLEO 대의원 9명을 합해 68명이 된다. 여기에 비선언 PLEO 대의원 즉 수퍼대의원 11명이 추가되는데, 그들은 8명의 민주당 전국위원회 위원Democratic National Committee members, 2명의 연방 하원의원과 1명의 전 민주당 원내 총무였다. 2020년 당시 미주리주를 대표하는 연방 상원의원과 주지사는 모두 공화당 소속이었기 때문에 비선언 PLEO 대의원에

포함되지 않았다. 결과적으로 2020년 미주리주의 민주당 전당대회 대의원
은 총 79명이며 〈표 3-2〉의 주별 대의원 수 합계에 표시되어 있다.

3) 2016년 공화당

(1) 공화당의 2016년 예비선거(프라이머리, 코커스) 일정

2016년의 경우 아이오와, 뉴햄프셔, 사우스캐롤라이나 그리고 네바다주
는 공화당의 프라이머리, 코커스가 시작되는 3월 1일보다 한 달 전인, 즉 2
월 1일 이전에 프라이머리나 코커스를 시작할 수 없다. 공화당의 나머지 모
든 주는 2016년 3월 1일부터 프라이머리, 코커스를 시작해 2016년 6월 11
일까지 마쳐야 한다. 모든 대의원은 공화당 전당대회가 열리기 45일 전, 즉
2016년 6월 3일 이전에 선출되어야 한다.

(2) 각 주별 대의원 할당 현황과 할당 규칙

공화당 대의원 수 할당 규칙에 따라 2016년 선거에서 각 주에 할당된 대
의원 수는 〈표 3-3〉과 같다.

공화당 대의원 수 할당도 역시 기본적으로 인구비례와 정당 충성도를 기
준으로 이뤄진다. 민주당에 비해 현직 연방 상원의원, 하원의원 그리고 주지
사를 가지고 있는 주에 더 많은 수를 할당하며 규정에 의해 별도로 보너스
대의원을 할당한다.

규칙 1. 공화당 소속 연방의회 의원(상원 또는 하원)을 가지고 있는 각 주에
대해 기본 10명의 대의원을 할당하고 각 주의 하원의원 선거구당 3명의 대
의원을 할당한다.

규칙 2. 공화당 소속 연방의회 의원을 가지고 있지 않은 각 주에 대해서는
기본 대의원 수를 다음과 같이 할당한다: 미국령 사모아에 6명, 워싱턴

〈표 3-3〉 2016년 공화당 각 주별 대의원 할당

주	선언 대의원	비선언 대의원	합계	할당 세부 내용			
				주 전체 대표	하원 선거구 대표	정당 지도부	보너스 대표
1 앨라배마	50		50	10	21: 3×7	3	16
2 알래스카	28		28	10	3: 3×1	3	12
3 애리조나	58		58	10	27: 3×9	3	18
4 아칸소	40		40	10	12: 3×4	3	15
5 캘리포니아	172		172	10	159: 3×53	3	
6 콜로라도	34	3	37	10	21: 3×7	3	3
7 코네티컷	28		28	10	15: 3×5	3	
8 델라웨어	16		16	10	3: 3×1	3	
9 워싱턴 D.C.	19		19	16	3		
10 플로리다	99		99	10	81: 3×27	3	5
11 조지아	76		76	10	42: 3×14	3	21
12 하와이	19		19	10	6: 3×2	3	
13 아이다호	32		32	10	6: 3×2	3	13
14 일리노이	69		69	10	54: 3×18	3	2
15 인디애나	57		57	10	27: 3×9	3	17
16 아이오와	30		30	10	12: 3×4	3	5
17 캔자스	40		40	10	12: 3×4	3	15
18 켄터키	46		46	10	18: 3×6	3	15
19 루이지애나	46		46	10	18: 3×6	3	15
20 메인	23		23	10	6: 3×2	3	4
21 메릴랜드	38		38	10	24: 3×8	3	1
22 매사추세츠	42		42	10	27: 3×9	3	2
23 미시간	59		59	10	42: 3×14	3	4
24 미네소타	38		38	10	24: 3×8	3	1
25 미시시피	40		4	10	12: 3×4	3	15
26 미주리	52		52	10	24: 3×8	3	15
27 몬태나	27		27	10	3: 3×1	3	11
28 네브래스카	36		36	10	9: 3×3	3	14

29	네바다	30		30	10	12: 3×4	3	5
30	뉴햄프셔	23		23	10	6: 3×2	3	4
31	뉴저지	51		51	10	36: 3×12	3	2
32	뉴멕시코	24		24	10	9: 3×3	3	2
33	뉴욕	95		95	10	81: 3×27	3	1
34	노스캐롤라이나	72		72	10	39: 3×13	3	20
35	노스다코타		28	28	10	3: 3×1	3	12
36	오하이오	66		66	10	48: 3×16	3	5
37	오클라호마	43		43	10	15: 3×5	3	15
38	오리건	28		28	10	15: 3×5	3	
39	펜실베이니아	17	54	71	10	54: 3×18	3	4
40	로드아일랜드	19		19	10	6: 3×2	3	
41	사우스캐롤라이나	50		50	10	21: 3×7	3	16
42	사우스다코타	29		29	10	3: 3×1	3	13
43	테네시	58		58	10	27: 3×9	3	18
44	텍사스	155		155	10	108: 3×36	3	34
45	유타	40		40	10	12: 3×4	3	15
46	버몬트	16		16	10	3: 3×1	3	
47	버지니아	49		49	10	33: 3×11	3	3
48	워싱턴	44		44	10	30: 3×10	3	1
49	웨스트버지니아	34		34	10	9: 3×3	3	12
50	위스콘신	42		42	10	24: 3×8	3	5
51	와이오밍	26	3	29	10	3: 3×1	3	13
52	미국령 사모아		9	9		6	3	
53	괌		9	9		6	3	
54	북마리아나 제도	9		9		6	3	
55	푸에르토리코	23		23		20	3	
56	버진아일랜드	6	3	9		6	3	
전당대회 대의원 수		2,363	109	2,472	560	1,305: 3×435	168	439

* 5개의 미국 해외영토는 주가 아니므로 주 전체 대표가 아닌 전체 대표이다.

D.C.에 16명, 괌에 6명, 북마리아나 제도에 6명, 푸에르토리코에 20명 그리고 버진아일랜드에 6명.

규칙 3. 모든 주와 워싱턴 D.C. 그리고 5개의 미국 해외영토의 공화당 전국위원회 위원National Committeeman, 공화당 전국위원회 여성 위원National Committeewoman, 그리고 해당 지역의 공화당 의장chairman은 대의원으로서 전당대회에 참가한다.7)

규칙 4. 2012년 대통령 선거인단 투표에서 공화당 후보를 과반수 지지한 주에 4.5 +(0.60 ×그 주의 선거인단 수)에 해당하는 보너스 대의원을 할당하는데 이 경우 소수점 이하는 1명으로 계산한다.

규칙 5. 2012년 1월 1일부터 2015년 12월 31일 사이에 당선된 공화당 소속 주지사를 가진 주에 1명의 보너스 대의원을 할당한다.

규칙 6. 2010년 1월 1일부터 2015년 12월 31일 사이에 당선된 공화당 소속 연방 상원의원을 가지고 있는 주에 상원의원 1명당 1명의 보너스 대의원을 할당한다.

규칙 7. 2012년 1월 1일부터 2015년 12월 31일 사이에 당선된 공화당 소속 연방하원 의석수가 그 주의 총하원의원 의석의 과반수를 차지하는 경우 1명의 보너스 대의원을 할당한다.

규칙 8. 2012년 1월 1일부터 2015년 12월 31일 사이에 주 의회에서 (상원 또는 하원) 공화당이 과반수를 차지한 주에 1명의 보너스 대의원을 할당한다.

규칙 9. 2012년 1월 1일부터 2015년 12월 31일 사이에 주 의회 상원과 하원 양원에서 모두 공화당이 과반수를 차지한 주들에 1명의 보너스 대의원을 할당한다.

---

7) 각 주의 공화당 지도부는 주 공화당 의장, 공화당 전국위원회 위원 그리고 공화당 전국위원회 여성 위원으로 이루어져 있다.

〈표 3-4〉 2016년 앨라배마주 공화당 대의원 할당

규칙	할당 과정		대의원 수
규칙 1	기본 10명: 주 전체 선거구		10
규칙 2	하원 선거구 7 × 3		21
규칙 3	정당지도부(PLEO)		3
규칙 4	보너스 대의원 합계: 16*	대통령 선거인단 투표	10
규칙 5		주지사	1
규칙 6		연방상원	2
규칙 7		연방 하원	1
규칙 8		주 의회 한 원(One Chamber)	1
규칙 9		주 의회 양원(All Chambers)	1
	총할당 대의원 수		50

* 2012년 대통령 선거인단 투표에서 앨라배마주 선거인 9명이 공화당의 미트 롬니Mitt Romney 후보에게 투표해 규칙 4에 의해 보너스 대의원 10명을 확보했고, 나머지 규칙 5, 6, 7, 8, 9를 모두 충족함으로써 공화당 강세 주임을 알 수 있다.

(3) 2016년 앨라배마주의 예

〈표 3-3〉에서 가장 첫 번째 주인 앨라배마주에 대한 대의원 할당 수는 50명인데 공화당 대의원 할당 규칙 9개를 적용시켜 보면 〈표 3-4〉와 같다.

4) 2020년 공화당

(1) 공화당의 2020년 예비선거(프라이머리, 코커스) 일정

2020년의 경우, 공화당의 예비선거도 민주당의 예비선거 캘린더 일정과 같이 코로나 팬데믹으로 인해 많은 주에서 연기되거나 혹은 취소되었다. 공화당 전당대회(7월 18일~21)가 끝난 후에 코네티컷 프라이머리를 마지막으로 모든 예비선거가 끝났는데, 이는 트럼프 후보의 압도적인 지지로 전당대회 이후의 예비선거 결과가 영향을 미치지 않았기 때문이다.

(2) 2020년 공화당 각 주별 대의원 할당 현황

공화당 대의원 수 할당 규칙에 따라 2020년 선거에서 각 주에 할당된 대의원 수는 〈표 3-5〉와 같다.

〈표 3-5〉 2020년 공화당 각 주별 대의원 할당

	주	선언 대의원	비선언 대의원	합계	할당 세부 내용			
					주 전체 대표	하원 선거구 대표	정당 지도부	보너스 대표
1	앨라배마	50		50	10	21: 3x7	3	16
2	알래스카	29		29	10	3: 3x1	3	13
3	애리조나	57		57	10	27: 3x9	3	17
4	아칸소	40		40	10	12: 3x4	3	15
5	캘리포니아	172		172	10	159: 3x53	3	
6	콜로라도	37		37	10	21: 3x7	3	3
7	코네티컷	28		28	10	15: 3x5	3	
8	델라웨어	16		16	10	3: 3x1	3	
9	워싱턴 D.C.	19		19	16	3		
10	플로리다	122		122	10	81: 3x27	3	28
11	조지아	76		76	10	42: 3x14	3	21
12	하와이	19		19	10	6: 3x2	3	
13	아이다호	32		32	10	6: 3x2	3	13
14	일리노이	67		67	10	54: 3x18	3	
15	인디애나	58		58	10	27: 3x9	3	18
16	아이오와	40		40	10	12: 3x4	3	15
17	캔자스	39		39	10	12: 3x4	3	14
18	켄터키	46		46	10	18: 3x6	3	15
19	루이지애나	46		46	10	18: 3x6	3	15
20	메인	22		22	10	6: 3x2	3	3
21	메릴랜드	38		38	10	24: 3x8	3	1
22	매사추세츠	41		41	10	27: 3x9	3	1
23	미시간	73		73	10	42: 3x14	3	18
24	미네소타	39		39	10	24: 3x8	3	2
25	미시시피	40		40	10	12: 3x4	3	15

26	미주리	54		54	10	24: 3x8	3	17

번호	이름							
26	미주리	54		54	10	24: 3x8	3	17
27	몬태나	27		27	10	3: 3x1	3	11
28	네브래스카	36		36	10	9: 3x3	3	14
29	네바다	25		25	10	12: 3x4	3	
30	뉴햄프셔	22		22	10	6: 3x2	3	3
31	뉴저지	49		49	10	36: 3x12	3	
32	뉴멕시코	22		22	10	9: 3x3	3	
33	뉴욕	94		94	10	81: 3x27	3	
34	노스캐롤라이나	71		71	10	39: 3x13	3	19
35	노스다코타		29	29	10	3: 3x1	3	13
36	오하이오	82		82	10	48: 3x16	3	21
37	오클라호마	43		43	10	15: 3x5	3	15
38	오리건	28		28	10	15: 3x5	3	
39	펜실베이니아	34	54	88	10	54: 3x18	3	21
40	로드아일랜드	19		19	10	6: 3x2	3	
41	사우스캐롤라이나	50		50	10	21: 3x7	3	16
42	사우스다코타	29		29	10	3: 3x1	3	13
43	테네시	58		58	10	27: 3x9	3	18
44	텍사스	155		155	10	108: 3x36	3	34
45	유타	40		40	10	12: 3x4	3	15
46	버몬트	17		17	10	3: 3x1	3	1
47	버지니아	48		48	10	33: 3x11	3	2
48	워싱턴	43		43	10	30: 3x10	3	
49	웨스트버지니아	35		35	10	9: 3x3	3	13
50	위스콘신	52		52	10	24: 3x8	3	15
51	와이오밍	26	3	29	10	3: 3x1	3	13
52	미국령 사모아		9	9	6		3	
53	괌		9	9	6		3	
54	북마리아나 제도	9		9	6		3	
55	푸에르토리코	23		23	20		3	
56	버진아일랜드	6	3	9	6		3	
	전당대회 대의원 수	2443	107	2550	560	1,305: 3x435	168	517

* 5개의 미국 해외영토는 주가 아니므로 주 전체 대표가 아닌 전체 대표이다.

(3) 대의원 할당 규칙

2020년 공화당의 각 주별 할당 규칙은 2016년과 기본적으로 같다. 단, 규칙 4, 5, 6, 7, 8, 9에서 보너스 대의원을 추가시킬 수 있는 기준이 되는 연방선거와 주의 선거의 기간만 바뀌었다.

규칙 1. 공화당 소속 연방의회 의원(상원 또는 하원)을 가지고 있는 각 주에 대해 기본 10명의 대의원을 할당하고 각 주의 하원의원 선거구당 3명의 대의원을 할당한다.

규칙 2. 공화당 소속 연방의회 의원을 가지고 있지 않은 각 주에 대해서는 기본 대의원 수를 다음과 같이 할당한다: 미국령 사모아에 6명, 워싱턴 D.C.에 16명, 괌에 6명, 북마리아나 제도에 6명, 푸에르토리코에 20명 그리고 버진아일랜드에 6명.

규칙 3. 모든 주와 워싱턴 D.C. 그리고 5개 미국 해외영토의 공화당 전국위원회 위원, 전국위원회 여성 위원, 해당 지역의 공화당 의장은 대의원으로서 전당대회에 참가한다.

규칙 4. 2016년 대통령 선거인단 투표에서 공화당 후보를 과반수 지지한 주에 4.5 + (0.60 ×그 주의 선거인단 수)에 해당하는 보너스 대의원을 할당하는데 이 경우 소수점 이하는 1명으로 계산한다.

규칙 5. 2016년 1월 1일부터 2019년 12월 31일 사이에 당선된 공화당 소속 주지사를 가진 주에 1명의 보너스 대의원을 할당한다.

규칙 6. 2014년 1월 1일부터 2019년 12월 31일 사이에 당선된 공화당 소속 연방 상원의원을 가지고 있는 주에 상원의원 1명당 1명의 보너스 대의원을 할당한다.

규칙 7. 2016년 1월 1일부터 2019년 12월 31일 사이에 당선된 공화당 소속 연방하원 의석수가 그 주의 총하원의원 의석의 과반수를 차지하는 경우 1명의 보너스 대의원을 할당한다.

규칙 8. 2016년 1월 1일부터 2019년 12월 31일 사이에 주 의회에서(상원 또는 하원) 공화당이 과반수를 차지한 주에 1명의 보너스 대의원을 할당한다.

규칙 9. 2016년 1월 1일부터 2019년 12월 31일 사이에 주 의회 상원과 하원 양원에서 모두 공화당이 과반수를 차지한 주들에 1명의 보너스 대의원을 할당한다.

(4) 2020년 매사추세츠주의 예

2016년 공화당의 각 주별 대의원 할당에서 예로 든 앨라배마주는 공화당이 강세인 주이기 때문에 인구에 비해 대의원 수를 상대적으로 많이 차지했다. 2020년 공화당의 각 주별 대의원 할당의 예로는 앨라배마주와 인구에서 큰 차이가 나지 않으면서(앨라배마주 하원 의석수는 7이고, 매사추세츠의 하원 의석수는 9이다) 민주당이 강세인 매사추세츠주를 예로 들어보기로 하겠다. 공화당의 2020년 대의원 할당 규칙 9개를 적용해 볼 때 매사추세츠주에 할당된 대의원 수의 내역은 〈표 3-6〉과 같다.

〈표 3-6〉 2020년 매사추세츠주의 공화당 대의원 할당

규칙	할당 과정		대의원 수
규칙 1	기본 10명: 주 전체 선거구		10
규칙 2	하원 선거구 9×3		27
규칙 3	정당지도부(PLEO)		3
규칙 4	보너스 대의원 합계: 1*	대통령 선거인단 투표	0
규칙 5		주지사	1*
규칙 6		연방상원	0
규칙 7		연방 하원	0
규칙 8		주 의회 한 원(One Chamber)	0
규칙 9		주 의회 양원(All Chambers)	0
	총할당 대의원 수		41

* 2020년 당시 민주당이 강세인 매사추세츠주는 대통령 선거인단 투표에서 선거인 11명 모두 민주당 후보에 투표했을 뿐만 아니라 나머지 규칙 6, 7, 8, 9를 모두 충족시키지 못해 보너스 대의원을 추가하지 못했으나, 규칙 5가 규정한 기간 내에 당선된 주지사가 공화당 소속이었기 때문에 보너스 대의원 1명만을 추가했다.

2020년 공화당 전당대회에 참가하여 대통령 후보를 선출하게 될 대의원의 총수가 2550명이라는 것과 매사추세츠주의 인구를 감안하면 대의원 수 41명은 상대적으로 매우 적은 수이다. 인구가 더 적은 앨라배마주는 2016년에 이어 2020년에도 공화당 전당대회 대의원 50명을 할당받았다.

2. 예비선거의 종류

1) 예비선거의 개최 방식에 따른 종류

현재 전당대회에 참석해 대통령 후보를 지명하는 대의원을 주별로 선출하는 예비선거의 방식에는 프라이머리와 코커스가 있다. 2016년 대통령 선거에서 민주당과 공화당 모두 프라이머리를 채택한 주는 35개주, 양당이 모두 코커스를 채택한 주는 11개주, 그리고 정당별로 서로 다른 방식을 채택한 주가 5개주이다. 두 개의 정당을 분리해서 보면 민주당은 37개주에서 프라이머리를 그리고 14개주에서 코커스를 채택했다(워싱턴 D.C. 포함). 2020년 선거에서는 민주당이 프라이머리를 채택한 주는 47개주이고 코커스를 채택한 주는 4개주이다. 다가오는 2024년 대통령 선거의 주별 예비선거 방식을 보면 민주당은 잠정적으로 48개주에서 프라이머리를 그리고 3개주에서 코커스를 계획하고 있다. 한편 공화당은 42개주에서 프라이머리를 그리고 9개주에서 코커스를 실시할 계획이다.

(1) 프라이머리

프라이머리는 주 정부와 지방 정부에 의해 실시된다. 프라이머리를 채택하는 주에서는 민주당과 공화당이 같은 날 실시하는데 보통 연방 하원선거의 선거구를 단위로 프라이머리 투표가 진행된다. 각 투표 장소에서의 결과는 해당 주의 각 정당 주 위원회에서 집계되고 그 결과는 언론을 통해 발표된다. 집계 결과, 프라이머리에서 승리했다는 것은 전당대회에서 자신을 지지하기로 서약, 혹은 선언한 대의원이 가장 많이 선출되었다는 것을 의미한다. 선거 비용의 절감과 투표인의 번거로움을 줄이기 위해 다수의 주에서 대통령 선거 프라이머리를 실시하는 날 정당별로 연방 상원의원과 하원의원의 후보를 선출하는 프라이머리와 주 정부 차원의 선거, 즉 주지사 선거, 주 의회 선거의 후보를 선출하는 프라이머리State primary를 함께 실시하는 경우가 많아 투표용지가 매우 길고 복잡할 수 있다.[8] 대통령 선거가 행해지는 해에 따라 각 주가 채택하는 프라이머리의 종류가 달라질 수 있는데, 그 이유는 주 정부가 독자적으로 프라이머리의 종류를 정할 수 있기 때문이다. 따라서 다음 대통령 선거인 2024년 선거에서는 각 주가 채택하는 프라이머리의 종류가 투표자의 자격, 대의원 선출 방법, 혹은 대의원 배정 방식에 따라 달라질 수 있다. 전체적으로 볼 때 프라이머리의 종류에는 개방형 프라이머리open primary, 폐쇄형 프라이머리closed primary, 수정형 프라이머리modified primary, 비례 배분 프라이머리proportional primary, 보너스 프라이머리bonus primary,[9] 승자독식 프라이머리winner-take-all primary, 준승자독식 프라이머리winner-take-most primary, 대의원 직접선출 프라이머리delegate selection primary가 있으며 다른 기준에 따르는 예비선거의 종류에서 자세히 설명하겠다.

---

8) 연방 상원의원 선거는 2년에 상원의원 총수의 1/3을 선출함으로 주에 따라 대통령 선거의 해에 겹치지 않을 수 있다.

9) 보너스 프라이머리는 대의원 배분 방식에서의 약간의 차이를 제외하고는 기본적으로 비례 배분 프라이머리에 속한다.

(2) 코커스

프라이머리가 주 정부와 지방 정부의 주도하에 의해 실시되는 것에 비해 코커스는 정당이 주도하는 예비선거이다. 또한 프라이머리가 비밀투표 의한 예비선거 방식인 데 반해 코커스는 공개투표를 채택하는 것도 다른 점이다. 투표자의 자격에 있어 코커스는 대부분 당원만 참가할 수 있는 폐쇄형이며 프라이머리보다는 훨씬 적은 수의 주에서 채택되고 있다. 코커스는 주로 4단계로 이루어지는데 대부분 1단계에서 승자가 결정되지만, 최종 4단계까지 약 3개월에 걸쳐 실시된다. 그 첫 단계인 주 내의 각 구역 코커스에서 투표인들이 모여 바로 투표하지 않고 각 대통령 후보를 지지하는 그룹이 각자 선호하는 대통령 후보에 대해 다른 그룹들을 설득하고 또한 다양한 이슈들에 대해 의견을 주고받은 후에 다음 단계에 참가할 대의원 후보에게 투표한다.10) 코커스의 모든 종류에는 비례 배분 코커스proportional caucus, 개방형 코커스open caucus, 폐쇄형 코커스closed caucus, 대의원 직접선출 코커스delegate selection caucus, 승자독식 코커스winner-take-all caucus가 있으며 아래의 다른 기준에 따르는 예비선거의 종류에서 자세히 설명하겠다.

2) 투표자의 자격에 따른 예비선거의 종류

(1) 개방형 프라이머리open primary

만 18세 이상의 미국 시민이면서 선거인 등록을 한 사람이면 누구나 소속 정당과 관계없이 한 정당의 프라이머리에 참가할 수 있다. 다시 말해 민주당 당원도 공화당 프라이머리에 참가할 수 있고 그 반대의 경우도 가능하다. 또한 소속 정당이 없는 사람도 두 정당 중 한 정당의 프라이머리에 참가할 수

---

10) 이 책 106~129쪽의 아이오와 민주당 코커스 참고.

있다. 이 프라이머리의 장점은 정당 소속과 관계없이 후보 지명과정에 참가할 수 있기 때문에 매우 융통성 있을 뿐 아니라 투표율이 높아질 수 있다는 것이다. 단점은 당원들의 후보를 결정할 수 있는 의욕과 의지가 반영되기 힘들거나 좌절될 수 있다는 것이다.

(2) 폐쇄형 프라이머리closed primary

각 정당의 당원만 프라이머리에 참석할 수 있다. 장점은 정당과 정당조직에 충실하고 대통령 후보 지명과정에 당원들의 의견이 충분히 반영될 수 있다는 것이며, 단점은 무당파나 무소속 유권자들이 후보 지명과정에서 배제된다는 것이다.

(3) 폐쇄형 코커스closed caucus

각 정당의 당원만 참석할 수 있다. 이 방식의 코커스의 장점은 폐쇄형 프라이머리와 같이 정당과 정당조직에 충실하고 대통령 후보 지명과정에 당원들의 의견이 충분히 반영될 수 있다는 것이며, 단점은 무당파나 무소속 유권자들이 후보 지명과정에서 배제된다는 것이다. 50개주와 워싱턴 D.C.를 통틀어 코커스를 실시하는 주는 모두 폐쇄형 코커스를 실시하고 있다.11)

(4) 수정형 프라이머리modified primary

이 프라이머리에서는 어느 정당의 당원으로도 등록되어 있지 않은 사람이 필요한 절차를 거쳐 민주당 혹은 공화당의 프라이머리에 참가해 투표할 수 있다. 수정형 프라이머리는 정당의 당원이 아니라도 투표할 수 있다는 점에서 폐쇄형 프라이머리와는 다르고, 필요한 절차를 밟아 한 정당의 프라이

---

11) 개방형 코커스는 예외적으로 미국령 사모아(American Samoa) 공화당에서만 채택하고 있다.

머리에만 참석할 수 있기 때문에 자기가 속한 당이 아닌 다른 당의 프라이머리에 별도의 절차 없이 참석할 수 있는 개방형 프라이머리와도 구분된다.

3) 대의원 배정방식에 따른 예비선거의 종류

(1) 비례 배분 프라이머리proportional primary

비례 배분 프라이머리는 현재 민주당 대의원 선출 방법 중에 가장 많이 쓰이고 있다. 이 방식을 채택한 주에서는 그 주의 각 하원선거구를 단위로 실시되는 프라이머리에서 대통령 후보가 얻은 투표수에 비례해 각 하원선거구에 할당된 대의원 수를 배정한다. 민주당의 경우 각 프라이머리 선거구에서 15% 미만의 득표를 한 대통령 후보는 그 선거구에서 대의원을 배정받지 못하는데 이 규칙을 최소득표 충족 규정이라고 한다. 최소득표 요건을 충족시키지 못한 후보, 혹은 후보들이 있어 대의원 비례 배분 결과 남은 대의원, 혹은 대의원들은 최소득표 요건을 충족시킨 후보들에게 득표 비율의 소수점 이하가 1에 가까운 후보 순서로 배정된다.[12]

민주당은 대통령 후보에게 하원의원 선거구를 대표하는 대의원, 주 전체 대표 대의원, 그리고 역시 주 전체를 대표하는 PLEO를 배정하는 비례 배분 프라이머리에 있어서 동일한 방식을 적용하고 있다. 반면 공화당의 경우에는 최소득표 충족 규정이 주에 따라 다른데, 예를 들면 루이지애나주는 20%, 매사추세츠주는 5%, 그리고 뉴햄프셔주는 10%의 최소득표 충족 규정을 채택하고 있다.

---

12) 81~86쪽 2020년 아칸소 민주당 프라이머리 참고.

(2) 보너스 프라이머리bonus primary

보너스 프라이머리는 기본적으로 비례 배분 프라이머리에 속하는 프라이머리 방식이지만 배분하는 방식에서 야간의 차이가 있다. 보너스 프라이머리는 최소득표 요건을 충족시킨 후보들에게 대의원을 비례 배분한 후, 최소득표 규칙이 없었다면 다른 후보들에게 배정될 수 있었던 남은 대의원 모두를 주 전체에서 가장 많은 득표를 한 후보에게 보너스로 배정하는 방식이다. 공화당에서만 채택하고 있으며 뉴햄프셔 공화당 프라이머리에서 이 방식을 주로 채택한다.

(3) 비례 배분 코커스proportional caucus

비례 배분 코커스라고 부를 수 있으며 프라이머리가 비밀투표 의한 예비선거 방식인 데 반해 코커스는 공개투표를 채택하는 것이 다른 점이다. 투표자의 자격에 있어 코커스는 대부분 당원들만 참가할 수 있는 폐쇄형이며 프라이머리보다는 훨씬 적은 수의 주에서 채택되고 있다. 비례 배분 코커스는 4단계로 이루어지는데, 그 첫 단계인 주 내의 각 구역 코커스에서 투표인들이 모여 바로 투표하지 않고 각 대통령 후보를 지지하는 그룹이 다른 그룹들을 설득하고 또한 다양한 이슈들에 대해 의견을 주고받은 후, 각 후보를 지지하는 그룹을 형성해 각 그룹별 지지자 수를 카운트한다. 따라서 공개투표의 형식을 따르는데 지지자별 그룹으로 모이는 것이 한 번 이상 반복되는 경우가 많다. 주 내의 모든 구역 코커스의 후보별 득표결과를 집계한 뒤 그에 비례하여 대의원 수가 후보들에게 배정된다. 그 배정 비율을 기초로 하여 2번째 단계인 카운티 컨벤션, 3번째 단계인 하원의원 선거구를 단위로 하는 디스트릭트 컨벤션, 그리고 마지막 4번째 단계인 전당대회 대의원을 선출하는 주 컨벤션까지 수개월에 걸쳐 진행된다. 코커스는 대부분 구역 코커스의 결과에 의한 각 후보별 대의원 배정 비율에 따라 최종 단계인 주 컨벤션에서 후보별로 전당대회 대의원이 배정되기 때문에 비례 배분 코커스 방식이다.

(4) 승자독식 프라이머리winner-take-all primary

주 내의 각 하원의원 선거구를 단위로 실시되는 프라이머리에서 가장 많이 득표한 대통령 후보가 그 선거구에 할당된 대의원을 모두 배정받는 방식이다. 대부분의 승자독식 프라이머리에서는 하원의원 선거구를 대표하는 대의원과 주 전체 대표 대의원의 수를 분리하여 배정하고 있다. 따라서 어느 한 대통령 후보가 주 전체 대표 대의원을 한 명도 확보하지 못해도 하원의원 선거구를 단위로 하는 선거구에서 승리하면 그 선거구에 배정된 대의원을 모두 확보할 수 있다. 다시 말하면 승자독식 프라이머리를 실시하는 주에서 한 대통령 후보가 그 주 전체의 대의원을 확보할 수도 있고, 하나 혹은 그 이상의 하원의원 선거구에서 패배하면 그 주 전체 대의원을 확보하지 못할 수도 있다. 승자독식 프라이머리는 현재 공화당에서만 채택되고 있으며 민주당은 1980년 선거에서 승자독식 프라이머리를 금지시켰다. 그 이유는 선두 주자가 프라이머리에서 다른 후보와 근소한 득표수 차이로도 대의원을 모두 확보하는 것은 대표성에 어긋난다는 것이다.

(5) 준승자독식 프라이머리winner-take-most primary

이 방식은 한 후보에게 모든 대의원이 배정되는 문제를 보완하는 프라이머리이다. 이 방식은 기본적으로는 가장 선호도가 높은 대통령 후보에게 대의원을 몰아주는 승자독식 프라이머리와 같지만 승자독식 프라이머리가 주 내의 각 하원의원 선거구를 단위로 실시되는 프라이머리에서 가장 많이 득표한 대통령 후보가 그 선거구에 할당된 대의원을 모두 할당받는 방식인 데비해 준승자독식 프라이머리는 이 방식을 채택하는 주마다 조금씩 차이가있지만 각 하원의원 선거구 컨벤션이나 주 컨벤션, 혹은 그중 하나의 컨벤션에서 50% 이상을 득표한 후보나 가장 많은 득표를 한 후보에게 해당 컨벤션에 할당된 대의원을 모두 배정하고 그런 조건을 충족시키는 후보가 없을 경우에는 할당된 대의원을 후보들에게 비례 배정한다는 조건이 붙는다는 점에서 승자독식 프라이머리와는 다르다. 준승자독식 프라이머리는 승자독식 프라이머리와 같이 공화당에서만 채택되고 있다.

(6) 승자독식 코커스winner-take-all caucus

승자독식 프라이머리는 여러 주의 공화당 예비선거에서 채택되어 온 방식이지만 2020년 버지니아주에서 승자독식 코커스를 채택했는데 이 방식은 아마도 예비선거 방식 중 최초로 보인다. 승자독식 코커스는 당원과 정당의 선호도가 조금이라도 높은 대통령 후보에게 전당대회 대의원들을 전원을 배정하는 방식이며 공화당만이 채택하고 있는 승자독식 프라이머리보다도 더 정당의 영향력이 크게 작용할 뿐 아니라 풀뿌리 민주주의에 역행하고 따라서 불공평한 면이 많다고 할 수 있다. 그런 이유로 민주당에서는 승자독식 프라이머리와 승자독식 코커스는 어느 주에서도 채택하지 않고 있다.

4) 선출 대상에 따른 예비선거

(1) 대통령 후보 선호 프라이머리presidential preference primary

이 방식은 대부분의 프라이머리나 코커스가 채택하고 있는 프라이머리 방식이다. 투표용지에 대통령 후보의 이름만 기재되어 있으며 투표자는 선호하는 대통령 후보에게 투표하는 방식이다. 후보들은 대통령 후보 선호 프라이머리 방식이 적용하는 대의원 배정방식에 따라 자신들을 지지하는 대의원을 배정받는다.

(2) 대의원 직접 선출 프라이머리delegate selection primary

이 프라이머리는 프라이머리 중에서 가장 긴 역사를 가지고 있다. 이 방식에서는 투표자가 대의원 후보에게 직접 투표하지만, 대의원 후보가 선호하는 대통령 후보의 이름도 투표용지에 같이 기재되어 있다는 특징이 있는데 뒤의 웨스트버지니아 공화당 프라이머리에서 자세히 설명하도록 한다.

(3) 대의원 직접선출 코커스delegate selection caucus

대의원 직접선출 프라이머리와 같이 전당대회에 당연직으로 참가하는 정당지도부를 제외한 모든 대의원을 직접 선출하지만, 대의원 직접선출 프라이머리에서와 같이 정당지도부를 제외한 전당대회 대의원들을 프라이머리에서 한꺼번에 선출하지 않는다. 이 방식의 코커스에서는 대의원의 일부를 카운티 컨벤션이나 디스트릭트 컨벤션(연방하원 선거구 컨벤션)에서 선출하고 나머지는 주 컨벤션에서 선출하는 점이 대의원 직접선출 프라이머리와 다르다. 또한 이 방식의 코커스는 주마다 조금씩 세부적인 절차가 다르다는 특징도 가지고 있다.

대의원 직접선출 코커스는 공화당에서만 채택하는 코커스이며 2016년에는 미국 해외영토를 제외하고 총 3개주에서만 채택했으나 2020년에는 7개주로 그 수가 늘었다.[13] 2020년 대의원 직접선출 코커스를 선택한 7개주 중 와이오밍주를 제외한 6개주는 코커스를 취소하고 할당된 대의원 전원이 현직 대통령 공화당 후보인 트럼프를 지지하기로 결정해 와이오밍주를 제외하고는 실제로 실시되지는 않았다. 이는 도널드 트럼프 현직 대통령 후보의 전당대회에서의 압도적인 승리를 위해 여러 주에서 취한 조치이다.

이러한 예비선거의 취소는 법정 공방으로까지 이어졌다. 2019년 초 전

---

13) 2020년 공화당 코커스에서 대의원 직접선출 코커스를 채택한 7개주는 알래스카, 애리조나, 하와이, 캔자스, 노스다코타, 사우스캐롤라이나, 그리고 와이오밍주이다.

사우스캐롤라이나주 연방 하원의원인 밥 잉글리스Bob Inglis는 2020년 예비 선거를 생략하기로 한 사우스캐롤라이나주 공화당의 결정으로 인해 자신과 다른 사람들이 자신이 선호하는 후보에게 투표할 수 있는 기회를 박탈당했다고 주장하면서 그 주의 공화당을 고소했다. 이 소송의 판결에서 주의 1심 법원 판사인 조슬린 뉴먼Jocelyn Newman은 주 법원은 사우스캐롤라이나주 공화당의 결정에 대한 판단을 무효화할 수 없다고 판결하여 결국 예비선거를 실시하지 않기로 결정한 사우스캐롤라이나주 공화당의 결정을 지지했다.14)

(4) 루프홀 프라이머리loophole primary

앞의 민주당 위노그래드 위원회에서 설명했듯이 이 프라이머리는 선호하는 대통령 후보에게 투표하는 방식presidential preference primary의 투표용지의 하단에 대의원을 선출하는 부분을 추가한 것이다. 따라서 투표인은 선호하는 대통령 후보에게 투표하고 동시에 각 대통령 후보를 지지하는 대의원에게도 투표하는 방식이다. 그러나 실제로 선호하는 대통령 후보에 대한 투표는 대의원 배정에 아무런 관계가 없고 대통령 후보들에 대한 선호 비율만 참고될 뿐이다. 이 프라이머리가 허점loophole이라고 불리는 이유가 바로 이 때문이다. 다시 말해 프라이머리에 참가한 투표인이 대통령 후보 A에게 투표하고 대의원 투표란에서는 대통령 후보 B를 지지하는 대의원에게 투표할 수 있기 때문에 사실상 대통령 후보에 대한 투표는 의미가 없어진다. 루프홀 프라이머리는 2016년 일리노이주 공화당 예비선거에서 하원의원 선거구 단위에서 채택된 바 있다.

---

14) 2019년 12월 11일 자 Associated Press.

5) 기타 예비선거

위에서 예를 든 프라이머리 이외에 다른 두 가지 프라이머리에 대해서도 간단히 설명하면 다음과 같다

(1) 포괄형 프라이머리blanket primary

투표인이 정당에 관계없이 하나의 공직 선출에 있어서 한 정당의 프라이머리에만 참가할 수 있다. 즉 한 투표인이 민주당의 대통령 프라이머리의 투표용지를 받아 투표할 경우 공화당의 투표용지는 받을 수 없고, 상원의원 프라이머리에서 공화당의 투표용지를 받아 투표할 경우 민주당의 투표용지는 받을 수 없다는 것이다.

이 프라이머리는 과거 워싱턴, 알래스카, 그리고 캘리포니아주에서 채택되었으나 2000년 미국 연방대법원은 캘리포니아주 민주당 대 존스(California Democratic Party v. Jones) 판결에서 포괄형 프라이머리는 위헌이라고 판결하였다. 위헌 판결 이유는 이 방식의 프라이머리는 정당이 지도자를 선택하는 기본적인 기능을 앗아갈 뿐만 아니라 단 한 번이라도 정당의 후보가 비정당원에 의해서 선출되게 될 경우에도 그 정당의 존립을 위협할 수 있다는 것이다. 이 연방대법원 판결에 따라 위 세 개주에서 한동안 채택되었던 포괄형 프라이머리는 폐지되었다.

(2) 초당적 포괄 프라이머리non-partisan blanket primary

이 프라이머리는 정글 프라이머리jungle primary, 예선 프라이머리qualifying primary, 최다득표 2인 선출 프라이머리top-two primary 혹은 루이지애나 프라이머리Louisiana primary라고도 불린다. 이 프라이머리는 모든 후보가 정당에 관계없이 한 공직을 놓고 프라이머리에 출마해 그중 가장 많은 수를 득표한

두 명이 최종 후보로서 본 선거에 진출하는 방식이다. 이 프라이머리는 크게 두 가지 면에서 비난을 받고 있는데 첫 번째는 A 정당이 B 정당보다 훨씬 적은 수의 후보를 내보냈을 때 B 정당에서 두 명의 최종 후보가 나올 수 있고 그 반대의 경우도 가능하기 때문이다. 두 번째는 유권자의 41%의 지지를 받은 A 정당이 두 명의 후보를 내세우고 유권자의 59%의 지지를 받는 B 정당이 세 명의 후보를 내세워 유권자의 지지가 5명에게 비슷하게 분산되었을 때 A 정당의 두 후보만 최종적으로 당선되는 경우도 생길 수 있기 때문에 대표성이 심각히 왜곡될 수 있다는 단점을 가지고 있다. 또한 이 프라이머리에서는 같은 정당에서 두 명의 후보가 지명되어 본 선거에서 경합할 수도 있는 문제점도 가지고 있다. 이 프라이머리가 루이지애나 프라이머리라고도 불리는 이유는 현재 루이지애나주 지방선거의 본 선거에서는 아직도 이 방식이 쓰이고 있기 때문이다. 따라서 엄밀히 말하자면 그 명칭처럼 프라이머리라고는 볼 수 없다.

6) 2020년 각 주별 대통령 프라이머리와 코커스 유형

각 주별 대통령 프라이머리, 코커스 유형은 〈표 3-7〉과 같다.

7) 2020년 예비선거의 방식을 바꾼 주들

2016년 선거 이후 2020년 대통령 선거에서는 13개주와 워싱턴 D.C.에서 두 정당 중 하나 혹은 둘 다 예비선거 방식을 바꿨는데 그 내용은 〈표 3-8〉과 같다.

2023년 12월 현재, 다음 대통령 선거인 2024년의 각 주의 잠정적인 예비선거 채택 방식을 보면 민주당이 48개주에서 프라이머리를 그리고 3개주

〈표 3-7〉 2020년 각 주별 대통령 프라이머리, 코커스 유형(5개의 미국 해외영토 포함, P=프라이머리 C=코커스)

	민주당		공화당	
	투표 참가 자격	대의원 선출 방법	투표 참가 자격	대의원 선출 방법
앨라배마	개방형 P	비례 배분 P	개방형 P	준승자독식 P
알래스카	폐쇄형 P	비례 배분 P	폐쇄형 C	대의원 직접선출 C
애리조나	폐쇄형 P	비례 배분 P	폐쇄형 C	대의원 직접선출 C
아칸소	개방형 P	비례 배분 P	개방형 P	준승자독식 P
캘리포니아	수정형 P	비례 배분 P	폐쇄형 P	준승자독식 P
콜로라도	수정형 P	비례 배분 P	수정형 P	준승자독식 P
코네티컷	폐쇄형 P	비례 배분 P	폐쇄형 P	준승자독식 P
델라웨어	폐쇄형 P	비례 배분 P	폐쇄형 P	승자독식 P
워싱턴 D.C.	폐쇄형 P	비례 배분 P	폐쇄형 P	승자독식 P
플로리다	폐쇄형 P	비례 배분 P	폐쇄형 P	승자독식 P
조지아	개방형 P	비례 배분 P	수정형 P	승자독식 P
하와이	폐쇄형 P	비례 배분 P	폐쇄형 C	대의원 직접선출 C
아이다호	폐쇄형 P	비례 배분 P	폐쇄형 P	준승자독식 P
일리노이	개방형 P	비례 배분 P	개방형 P	승자독식 P
인디애나	개방형 P	비례 배분 P	개방형 P	승자독식 P
아이오와	폐쇄형 C	비례 배분 C	폐쇄형 C	비례 배분 C
캔자스	폐쇄형 P	비례 배분 P	폐쇄형 C	대의원 직접선출 C
켄터키	폐쇄형 P	비례 배분 P	폐쇄형 P	비례 배분 P
루이지애나	수정형 P	비례 배분 P	폐쇄형 P	승자독식 P
메인	폐쇄형 P	비례 배분 P	폐쇄형 P	준승자독식 P
메릴랜드	폐쇄형 P	비례 배분 P	폐쇄형 P	승자독식 P
매사추세츠	수정형 P	비례 배분 P	수정형 P	준승자독식 P
미시간	개방형 P	비례 배분 P	개방형 P	준승자독식 P
미네소타	폐쇄형 P	비례 배분 P	폐쇄형 P	준승자독식 P
미시시피	개방형 P	비례 배분 P	개방형 P	준승자독식 P
미주리	개방형 P	비례 배분 P	수정형 P	준승자독식 P
몬태나	개방형 P	비례 배분 P	개방형 P	승자독식 P
네브래스카	수정형 P	비례 배분 P	폐쇄형 P	승자독식 P

네바다	폐쇄형 C	비례 배분 C	폐쇄형 C	비례 배분 C
뉴햄프셔	수정형 P	비례 배분 P	수정형 P	비례 배분 P
뉴저지	수정형 P	비례 배분 P	수정형 P	승자독식 P
뉴멕시코	폐쇄형 P	비례 배분 P	폐쇄형 P	비례 배분 P
뉴욕	폐쇄형 P	비례 배분 P	폐쇄형 P	승자독식 P
노스캐롤라이나	수정형 P	비례 배분 P	수정형 P	비례 배분 P
노스다코타	개방형 C	비례 배분 C	폐쇄형 C	대의원 직접선출 C
오하이오	수정형 P	비례 배분 P	수정형 P	승자독식 P
오클라호마	수정형 P	비례 배분 P	폐쇄형 P	준승자독식 P
오리건	폐쇄형 P	비례 배분 P	폐쇄형 P	비례 배분 P
펜실베이니아	폐쇄형 P	비례 배분 P	폐쇄형 P	승자독식 P
로드아일랜드	수정형 P	비례 배분 P	수정형 P	준승자독식 P
사우스캐롤라이나	개방형 P	비례 배분 P	폐쇄형 C	대의원 직접선출 C
사우스다코타	수정형 P	비례 배분 P	폐쇄형 P	승자독식 P
테네시	개방형 P	비례 배분 P	개방형 P	준승자독식 P
텍사스	폐쇄형 P	비례 배분 P	개방형 P	준승자독식 P
유타	개방형 P	비례 배분 P	폐쇄형 P	준승자독식 P
버몬트	개방형 P	비례 배분 P	개방형 P	준승자독식 P
버지니아	개방형 P	비례 배분 P	폐쇄형 C	승자독식 C
워싱턴	폐쇄형 P	비례 배분 P	폐쇄형 P	비례 배분 P
웨스트버지니아	수정형 P	비례 배분 P	수정형 P	승자독식 P
위스콘신	개방형 P	비례 배분 P	개방형 P	승자독식 P
와이오밍	폐쇄형 C	비례 배분 C	폐쇄형 C	대의원 직접선출 C
미국령 사모아	개방형 C	비례 배분 C	개방형 C	대의원 직접선출 C
해외 민주당	개방형 C	비례 배분 C		
괌	폐쇄형 C	비례 배분 C	폐쇄형 C	대의원 직접선출 C
북마리아나 제도	폐쇄형 C	비례 배분 C	폐쇄형 C	승자독식 C
푸에르토리코	개방형 P	비례 배분 P	개방형 C	준승자독식 C
버진아일랜드	폐쇄형 C	비례 배분 C	폐쇄형 C	대의원 직접선출 C

〈표 3-8〉 2016년 선거 이후 한 정당 이상이 2020년 대통령 예비선거의 방식을 바꾼 14개주와 워싱턴 D.C.

주	민주당	공화당
알래스카	코커스 → 프라이머리	코커스 유지
애리조나	프라이머리 유지	프라이머리 → 코커스
콜로라도	코커스 → 프라이머리	코커스 → 프라이머리
워싱턴 D.C.	프라이머리 유지	코커스 → 프라이머리
하와이	코커스 → 프라이머리	코커스 유지
아이다호	코커스 → 프라이머리	프라이머리 유지
캔자스	코커스 → 프라이머리	코커스 유지
켄터키	프라이머리 유지	코커스 → 프라이머리
메인	코커스 → 프라이머리	코커스 → 프라이머리
미네소타	코커스 → 프라이머리	코커스 → 프라이머리
네브래스카	코커스 → 프라이머리	프라이머리 유지
사우스캐롤라이나	프라이머리 유지	프라이머리 → 코커스
유타	코커스 → 프라이머리	코커스 → 프라이머리
버지니아	프라이머리 유지	프라이머리 → 코커스
워싱턴	코커스 → 프라이머리	프라이머리 유지

에서 코커스를 선택했고, 공화당은 42개주에서 프라이머리 방식을 그리고 9개주에서 코커스 방식을 채택하기로 결정했음을 알 수 있다. 따라서 프라이머리 방식의 예비선거가 민주당의 경우 워싱턴 D.C.를 포함하면 전체 51개의 예비선거 지역에서 약 94%라는 압도적인 우위를 차지하고 있음을 알 수 있는데, 반대로 프라이머리에서 코커스로 예비선거 방식을 바꾸는 주도 의외로 있다.

8) 2024년 예비선거의 방식을 바꾼 주들

〈표 3-9〉는 2020년 선거 이후 2024년 대통령 선거에서 예비선거의 방식을 바꾼 7개주를 보여준다.

〈표 3-9〉 2020년 선거 이후 한 정당 이상이 2024년 대통령 예비선거의 방식을 바꾼 7개주

주	민주당	공화당
아이다호*	프라이머리 ➡ 코커스	프라이머리 ➡ 코커스
캔자스	프라이머리 유지	코커스 ➡ 프라이머리
미주리	프라이머리 유지	프라이머리 ➡ 코커스
네바다	코커스 ➡ 프라이머리	코커스 유지
노스다코타	코커스 ➡ 프라이머리	코커스 유지
유타	프라이머리 유지	프라이머리 ➡ 코커스
버지니아	프라이머리 유지	코커스 ➡ 프라이머리

* 아이다호주의 공화당은 2012년에 예비선거의 방식을 프라이머리에서 코커스로 바꾸었고 2016년에는 다시 프라이머리를 채택했다. 2020년에는 아이다호주의 민주당이 코커스에서 프라이머리로 방식을 바꾸었으며 2024년에는 두 정당이 모두 코커스를 채택했다. 이는 예비선거 방식에 대한 정당과 주 정부 간의 타협이 잘 이루어지지 않음을 의미한다고 볼 수 있다(39쪽 참고).

3. 프라이머리의 실례

1) 비례 배분 프라이머리의 예: 2020년 아칸소 민주당 프라이머리

대통령 후보의 프라이머리에서의 승리, 그리고 프라이머리에서의 대의원 선출과정을 자세하게 이해하기 위해 2020년 3월 3일에 실시된 아칸소 민주당 프라이머리를 예로 들어 보기로 하겠다. 아칸소주 민주당은 투표 참가 자격에 있어서 민주당 내에서 가장 많이 쓰이고 있는 개방형 프라이머리를 채택하고 있고 대의원 선출 방법에 있어서 역시 민주당과 공화당에서 가장 많이 쓰이고 있는 비례 배분 프라이머리를 채택하고 있다.

아칸소주는 민주당 대의원 수 할당 규칙에 따라 2020년 민주당 전당대회에 참가할 4749명의 대의원 중 36명을 할당받았다(54쪽 〈표 3-2〉 참고). 그중 20명이 4개의 하원 선거구를 대표하는 대의원이고, 7명이 주 전체 대표

대의원이며, 4명은 주 전체를 대표하는 선언 PLEO이다. 나머지 5명은 정당 지도자와 고위 공직자로 이루어진 비선언 PLEO, 즉 수퍼대의원으로서 선거 없이 당연직으로 대의원이 되어 민주당 전당대회에 참가한다.

4개의 하원 선거구를 대표하는 20명의 대의원들은 각 대통령 후보가 각 하원의원 선거구에서 얻은 투표수에 비례해 배정된다. 아칸소주 전체 대표 대의원 7명은 각 대통령 후보가 주 전체에서 얻은 투표수에 비례해 배정되는데, 주 전체에서 얻은 투표수란 4개의 하원의원 선거구에서 각 후보가 얻은 투표수의 합계를 의미한다. 한편 모든 민주당의 프라이머리에 있어서 15% 미만을 득표한 대통령 후보는 최소득표 충족 규정에 의해 대의원을 배정받지 못한다.

2020년 아칸소 민주당 프라이머리에 참가한 후보는 조 바이든, 버니 샌더스Bernard Sanders, 마이크 블룸버그Mike Bloomberg 등 18명이다. 이렇게 후보가 많은 이유 중 가장 주된 이유는 민주당 후보 중에 현직 대통령이 포함되어 있지 않기 때문이다.

이 18명의 후보 중 바이든, 샌더스, 블룸버그 세 후보를 제외한 나머지 15명은 아칸소주의 모든 하원의원 선거구(4개의 선거구)를 단위로 실시된 프라이머리에서 최소득표 요건인 15%를 충족시키지 못했기 때문에 대의원을 배정받을 수 있는 자격을 잃는다. 또한 이들 15명이 얻은 득표수는 유효 득표수에 포함되지 않는다.

먼저 대의원 4명이 할당된 연방 하원의원 선거구 1에서 바이든이 확보한 대의원 수는 유효 투표수(33,745) 중 바이든의 총득표수(18,234)의 비율에 할당 대의원 수인 4를 곱한 값인 2.161명이다. 샌더스가 확보한 대의원 수를 같은 방식으로 계산하면 0.938명이 되고, 블룸버그가 확보한 대의원 수는 0.901명이다. 여기서 각 후보가 확보한 대의원 수의 소수점 이하를 버리면 바이든 2명, 샌더스 0명, 블룸버그 0명이 된다. 남은 대의원은 소수점 이

〈표 3-10〉 2020년 아칸소 민주당 프라이머리: 모든 연방하원 선거구 득표율

후보	득표수	%
조 바이든	93,012	40.59%
버니 샌더스	51,413	22.44%
마이크 블룸버그	38,312	16.72%
엘리자베스 워렌(Elizabeth Ann Warren)	22,971	10.03%
피트 부테제지(Peter Paul Montgomery "Pete" Buttigieg)	7,649	3.34%
에이미 클로부샤(Amy Jean Klobuchar)	7,009	3.06%
톰 스타이어(Thomas Fahr "Tom" Steyer)	2,053	0.90%
털시 개버드(Tulsi Gabbard)	1,593	0.70%
카말라 해리스(Kamala D. Harris)	715	0.31%
앤드루 옝(Andrew Yang)	715	0.31%
마이클 베넷(Michael Farrand Bennet)	574	0.25%
코리 부커(Cory Anthony Booker)	572	0.25%
메리앤 윌리엄슨(Marianne Williamson)	501	0.22%
스티브 불럭(Steve Bullock)	485	0.21%
존 딜레이니(John Kevin Delaney)	443	0.19%
조 세스탁(Joseph A. "Joe" Sestak, Jr.)	408	0.18%
모시 보이드(Mosemarie Dora "Mosie" Boyd)	393	0.17%
줄리안 카스트로(Julián Castro)	304	0.13%
합계	229,122	100.0

하의 수가 1에 가까운 후보에 순서대로 배정되는데, 이 경우에는 남은 대의
원 수가 2명이기 때문에 샌더스에게 1명 그리고 블룸버그에게 1명이 배정
되었다. 결국 연방하원 선거구 1에 할당된 4명의 대의원은 바이든에 2명,
샌더스에 1명 그리고 블룸버그에 1명이 배정된 것이다.

연방하원 선거구 2에서의 대의원 배정도 같은 방식으로 계산하면 바이든
3명, 샌더스 2명, 블룸버그 1명이 된다.

그러나 블룸버그 후보는 아칸소주의 4개의 모든 연방하원 선거구, 즉 아
칸소주 전체에서 획득한 득표율이 최소득표 요건인 15%를 넘어 아칸소주
전체에서 대의원 확보 자격은 얻었으나, 연방하원 선거구 3에서는 그의 총

〈표 3-11〉 2020년 아칸소 민주당 프라이머리 결과

		연방하원 선거구 1	연방하원 선거구 2	연방하원 선거구 3	연방하원 선거구 4	PLEO[1]	주 전체 대표	총대의원 수[2]
전체	총투표수	41,251	79,437	59,117	48,641	228,446	228,446	
	유효 투표수	33,745	63,510	36,616	39,306	181,912	181,912	
	할당 대의원 수	4	6	5	5	4	7	31
바이든	총득표수	18,234	33,726	18,639	21,983	92,582	92,582	
	확보 대의원 수	2.161	3.186	2.545	2.796	2.036	3.563	
	최종 확보 대의원 수	2	3	3	3	2	4	17
샌더스	총득표수	7,910	16,715	17,977	8,511	51,113	51,113	
	확보 대의원 수	0.938	1.579	2.455	1.083	1.124	1.967	
	최종 확보 대의원 수	1	2	2	1	1	2	9
블룸버그	총득표수	7,601	13,069	*8,735*	8,812	38,217	38,217	
	확보 대의원 수	0.901	1.235	0	1.121	0.840	1.471	
	최종 확보 대의원 수	1	1	0	1	1	1	5

1) PLEO: Party Leaders and Elected Officials(정당지도부와 선출직 공직자)
2) 아칸소주의 민주당 총대의원 수는 36명이나 〈표 3-11〉에서의 총대의원 수는 비선언 대의원, 즉 수퍼대의원 5명을 제외한 수이다(54쪽 〈표 3-2〉 참고).

득표수 8735(〈표 3-11〉에서 굵은 이탤릭체로 표시됨)가 총투표수인 5만 9117의 15%를 충족시키지 못하여 대의원을 확보하지 못했다.

연방하원 선거구 4에서도 선거구 1과 2와 같은 방식으로 대의원 수가 배정되어 바이든이 3명, 샌더스가 1명, 블룸버그가 1명의 대의원을 확보했다.

다음에는 아칸소주 민주당의 선언 PLEO 4명과 주 전체 대표 대의원 7명의 선출과정에 대해 알아보기로 한다. 먼저 예비선거 후보 18명 중 바이든, 샌더스 그리고 블룸버그를 제외한 15명의 후보는 4개의 하원 선거구를 단위로 하는 프라이머리에서 얻은 투표수의 합산이 15% 미만이기 때문에 주 전체 대표 대의원을 1명도 배정받지 못했다. 따라서 이들 15명이 4개의 하원 선거구를 단위로 하는 프라이머리에서 얻은 총투표수는 유효 투표수에서

〈표 3-12〉 아칸소주 하원 선거구 4곳의 프라이머리 결과의 합산
(유효 투표수=181,912. 〈표 3-11〉 참고).

후보	바이든	샌더스	블룸버그
득표수	92,582	51,113	38,217
득표율: 득표수/유효 투표수	51%	28%	21%

제외되고 15% 최소득표 요건을 충족한 바이든, 샌더스, 블룸버그가 총유효 투표수에 대한 각각의 유효 투표수 비율에 따라 주 전체 대표 대의원과 선언 PLEO를 배정받게 된다. 〈표 3-12〉는 세 후보의 득표수와 유효 득표수에 대한 비율을 보여준다.

먼저 선언 PLEO 대의원이 4명이므로 득표율 51%의 바이든이 확보하게 되는 대의원 수는 2.04명이고, 득표율 28%의 샌더스가 확보하게 되는 대의원 수는 1.12명이고, 블룸버그는 0.84명이 된다. 여기서 다시 배정방식을 적용하면 최종 확보대의원 수는 바이든이 2명 그리고 샌더스가 1명, 블룸버그가 1명이다. 7명의 주 전체 대표 대의원도 같은 방식으로 배정된다. 득표율 51%의 바이든은 3.57명을 확보하고 득표율 28%의 샌더스는 1.96명을 확보하며 블룸버그는 1.47명을 확보하게 되는데, 최종 배정방식을 적용하면 바이든이 4명, 샌더스가 2명, 블룸버그가 1명을 배정받게 된다. 그러나 블룸버그가 확보한 PLEO 대의원 1명과 주 전체 대표 대의원 1명이 사퇴하면서 그 2명의 대의원은 바이든에게 할당되었다. 따라서 민주당 아칸소주 대의원 36명 중 어느 후보에게도 지지를 선언하지 않은 비선언 PLEO인 수퍼대의원 5명을 제외한 31명 중 바이든이 19명, 샌더스가 9명, 블룸버그가 3명을 확보했다. 결과적으로, 선출되는 31명의 대의원 중 바이든 후보가 가장 많은 19명의 대의원을 확보했기 때문에 바이든 후보가 아칸소 민주당 프라이머리에서 승리했다고 하는 것이다.

아칸소 민주당 프라이머리의 결과 세 명의 민주당 대통령 후보를 지지하

게 될 대의원 수가 결정되면 그 다음 과정은 실제 전당대회에 참가하게 될 36명의 대의원을 선출하는 것이다. 36명의 대의원 중 하원의원 선거구를 대표하는 대의원 20명과 아칸소주 전체 대표 대의원 11명, 총 31명은 프라이머리가 실시된 3월 3일로부터 약 3개월 후인 5월 30일 아칸소주 민주당 특별 컨벤션Special State convention에서 선출된다. 이 특별 컨벤션은 약 500명의 아칸소주 민주당원들로 구성되며 그 과정이 매우 복잡할 뿐만 아니라 긴 시간이 소요되는데, 대의원 선출은 아칸소주 내의 다양한 인종과 장애인의 대표성까지도 반영할 수 있게 신중하게 이루어진다.

36명의 대의원 중 아칸소주 민주당 특별 컨벤션에서 선출되는 31명 이외 나머지 5명은 당연직으로 어느 후보에게도 지지를 선언하지 않은 비선언 PLEO인 수퍼대의원이며 그 구성은 다음과 같다: 아칸소주 민주당 전국위원회 위원 5명과 아칸소주 출신 연방 상원의원, 그리고 아칸소주의 주지사를 합한 수이나 2020년 현재 아칸소주의 연방 상원의원과 주지사는 모두 공화당 소속이기 때문에 민주당 비선언 대의원에 포함되지 않는다. 결과적으로 2020년 비선언 PLEO인 수퍼대의원의 수는 5명이 된다. 여기에 위에서 설명한 31명의 대의원(연방하원 선거구 대표 대의원, 주 전체 대표 대의원, 선언 PLEO 대의원)을 합하면 2020년 민주당에서 아칸소주에 할당된 전당대회 대의원 총 36명이 된다(54쪽 〈표 3-2〉 참고).

비례 배분 프라이머리는 아이오와 코커스와 함께 예비선거 중 가장 주목받는 뉴햄프셔주의 민주당과 공화당이 채택하고 있는데, 뉴햄프셔 프라이머리를 따로 다루는 138~153쪽에서 다시 자세히 설명하도록 하겠다.

2) 승자독식 프라이머리의 예: 2020년 플로리다 공화당 프라이머리

2020년 플로리다주 공화당 프라이머리는 투표자의 자격을 기준으로 볼

〈표 3-13〉 2020년 플로리다 공화당 프라이머리 결과

후보	당원 투표수	%
도널드 트럼프(Donald Trump)	1,162,984	93.79%
빌 웰드(William Floyd "Bill" Weld)	39,319	3.17%
조 월시(Joe Walsh)	25,464	2.05%
로키 푸엔테(Roque "Rocky" De La Fuente, Jr.)	12,172	0.98%
합계	1,239,939	100.00%

때 폐쇄형 프라이머리closed primary와 대의원 선출방식에서 공화당만의 특징인 승자독식 프라이머리를 채택하고 있다. 2020년 공화당 주별 대의원 할당과 공화당 대의원 수 할당 규칙에 따라 플로리다주는 122명의 전당대회 참가 대의원을 할당받았는데 세부 내역은 다음과 같다. 10명의 기본 대의원, 하원 선거구 1개당 3명의 규칙에 의해 27선거구×3=81명, 3명의 정당 지도자 그리고 28명의 보너스 대의원이다. 2020년 3월 17일에 프라이머리가 열렸고 폐쇄형 프라이머리이기 때문에 당원들만 참가해 투표한 결과는 〈표 3-13〉과 같다.

플로리다 공화당 프라이머리의 대의원 선출 방법이 승자독식제이기 때문에 공화당 대통령 후보 중 가장 많은 투표의 93.79%인 116만 2984표를 획득한 트럼프가 122명의 플로리다주 대의원 전부를 확보하며 승리했고, 이 122명은 공화당 전당대회에서 트럼프를 지지하도록 되어 있다. 프라이머리에 이어 122명의 대의원은 2020년 3월 24일부터 6월 13일 사이에 플로리다주 27개의 하원의원 선거구별로 실시되는 코커스에서 각 선거구 당 3명씩 81명을 선출하고, 플로리다주 공화당 집행이사회Executive Board Meeting에서 주 전체 대표 대의원 10명과 보너스 대의원 28명을 선출한다. 나머지 3명의 대의원은 플로리다 공화당 지도부(전국위원회 위원, 전국위원회 여성 위원, 플로리다 공화당 의장)이며 당연직으로 전당대회에 선언 대의원으로서 참가한다.

3) 준승자독식 프라이머리의 예

(1) 2020년 코네티컷 공화당 프라이머리

코네티컷 공화당 프라이머리는 투표 자격에 있어서 폐쇄형 프라이머리이며 2020년 8월 11일 실시되었다. 코네티컷주가 채택하고 있는 준승자독식 프라이머리는 다음의 원칙에 의해서 대통령 후보에게 대의원을 배정한다

1. 주 내의 각 하원의원 선거구를 단위로 실시되는 프라이머리에서 가장 많은 득표를 한 대통령 후보가 그 하원 선거구에 할당된 대의원을 모두 배정받는다. 즉, 공화당의 규칙상 각 하원 선거구에 할당된 대의원이 3명이므로 3명을 모두 할당받는다.
2. 주 전체를 하나의 선거구로 한 투표에서 득표율이 50% 이상인 후보가 주 전체 대표 대의원을 모두 배정받는다.
3. 어떤 후보도 주 전체의 득표율에서 50%를 넘지 않는 경우, 20% 이상을 득표한 후보들에게 총투표수에 비례하여 대의원을 배정한다.

프라이머리 결과 각 대통령 후보별 득표율을 하원 선거구와 주 전체를 단위로 집계해 보면 〈표 3-14〉와 같다.

트럼프 후보가 하원 선거구 5개에서 모두 가장 많은 득표를 하였으므로 5개의 하원 선거구에 할당된 15명의 대의원을 확보하게 된다. 다음 주 전체를 하나의 선거구로 한 투표에서도 트럼프 후보가 78.975%의 득표를 하였으므로 주 전체 대표 대의원 13명도 모두 확보하게 된다. 주 전체 대표 대의원 13명 중 3명은 정당지도부(전국위원회 위원, 전국위원회 여성 위원, 코네티컷주 공화당 의장)이며 당연직으로 전당대회에 선언 대의원으로서 참가한다. 결국 2020년 코네티컷 공화당 프라이머리는 준승자독식 방식으로 치러졌지

선거구		하원 선거구 1	하원 선거구 2	하원 선거구 3	하원 선거구 4	하원 선거구 5	주 전체	총대의 원 수
	총투표수	16,697	22,080	13,850	17,405	18,364	88,396	
	유효 투표수	16,697	22,080	13,850	17,405	18,364	88,396	
	대의원 수	3	3	3	3	3	13	28
트럼프	득표수	13,025	17,302	11,386	13,136	14,962	69,811	
	%	78.008%	78.361%	82.209%	75.473%	81.475%	78.975%	
	대의원 수	3	3	3	3	3	13	28
지지 후보 미정 (부동표)	득표수	2,414	3,068	1,487	2,874	2,294	12,137	
	%	14.458%	13.895%	10.736%	16.512%	12.492%	13.730%	
	대의원 수							

만 현직 대통령인 트럼프 후보의 경쟁자가 없어 승자독식과 같은 결과를 가져왔고 트럼프 후보는 할당된 28명의 코네티컷주 전당대회 대의원 전부를 확보한 것이다.

(2) 2016년 아칸소 공화당 프라이머리

2020년 준승자독식 프라이머리를 채택한 많은 주는 현직 대통령인 트럼프에 경쟁할 후보가 없어 위에서 예를 든 코네티컷주의 경우와 같이 사실상 승자독식 프라이머리와 그 결과가 같을 수밖에 없었다. 그러나 두 정당 모두 현직 대통령 후보가 없었던 2016년의 프라이머리, 특히 준승자독식 프라이머리는 승자독식 프라이머리와 확연하게 구별되는데 2016년의 아칸소 공화당 준승자독식 프라이머리는 그 좋은 예가 될 수 있다.

2016년 아칸소주는 공화당 전당대회에 참가하는 총 2472명의 대의원 중 40명을 할당받았고 그 세부 내역은 다음과 같다: 10명의 기본 대의원, 4개의 연방하원 선거구를 대표하는 12명의 대의원(한 선거구당 3명), 3명의 정당 지도부, 그리고 15명의 보너스 대의원이다.

2016년 아칸소 공화당 프라이머리는 투표 자격에 있어서 개방형 프라이머리이며 2016년 3월 1일 실시되었다. 아칸소주가 채택하고 있는 준승자독식 프라이머리는 다음의 원칙에 의해서 대의원을 배정했다.

1. 주 내의 각 하원의원 선거구를 단위로 실시되는 프라이머리에서 50% 이상의 득표를 한 대통령 후보가 그 하원 선거구에 배분된 대의원을 모두 배정받는다. 즉, 공화당의 규칙에 따라 각 하원 선거구에 배분된 대의원이 3명이므로 3명을 모두 배정받는다. 만일 하원 선거구별로 50% 이상의 득표를 한 후보가 없을 경우 가장 많은 득표를 한 후보가 2명, 그다음 후보가 1명을 배정받는다.
2. 주 전체의 득표율이 50% 이상인 후보가 주 전체 대표 대의원을 모두 배정받는다.
3. 어떤 후보도 주 전체의 득표율에서 50%를 넘지 않는 경우 주 전체 대표 대의원은 15% 이상을 득표한 후보들에게 비례 배정된다.

2016년 3월 1일 아칸소 공화당 프라이머리 결과 각 대통령 후보별 득표율을 각 하원 선거구와 주 전체를 단위로 집계해 보면 〈표 3-15〉와 같다.

〈표 3-15〉에서 보듯이 우선 각 하원 선거구별로 어느 후보도 50% 이상의 득표를 하지 못했기 때문에 득표수에 비례해 대의원들이 후보별로 할당되었다. 4개의 각 하원 선거구별로 3명의 대의원이 할당되었는데 가장 많은 득표를 한 후보가 3명 중 2명 그리고 두 번째로 많은 득표를 한 후보가 1명을 배정받았다. 하원 선거구 1을 예로 들면 최다 득표한 트럼프Donald Trump가 대의원 2명을 확보했고, 두 번째로 많은 득표를 한 크루즈'Ted' Cruz 후보가 1명을 확보했다. 세 번째로 많은 득표를 한 루비오Marco Rubio 후보는 1명도 배정받지 못했다. 다음, 어느 후보도 주 전체의 득표율이 50%를 넘지 못

<표 3-15> 2016년 아칸소 공화당 프라이머리 결과: 하원 선거구와 주 전체

투표 결과		하원 선거구 1	하원 선거구 2	하원 선거구 3	하원 선거구 4	주 전체	총 대의원 수
	총투표수	90,958	107,358	119,261	92,244	409,821	
	유효 투표수*	90,958	107,358	119,261	92,244	361,042	
	대의원 수	3	3	3	3	28	*40*
도널드 트럼프 (Trump)	총득표수	34,045	30,451	36,370	33,537	134,403	
	%	37.429%	28.364%	30.496%	36.357%	37.226%	
	확보 대의원 수	2	0	2	2	10	16
테드 크루즈 (Cruz)	총득표수	27,564	33,221	34,971	29,251	125,007	
	%	30.304%	30.944%	29.323%	31.710%	34.624%	
	확보 대의원 수	1	2	1	1	10	15
마르코 루비오 (Rubio)	총득표수	18,437	32,114	32,297	18,784	101,632	
	%	20.270%	29.913%	27.081%	20.363%	28.150%	
	확보 대의원 수	0	1	0	0	8	9

* 유효 투표수는 득표수가 적어 대의원 배정에서 제외된 기타 후보들이 획득한 투표수를 총투표수에서 제외한 수이다.

했으므로 15% 이상을 득표한 후보들에게 비례 배정되었는데 산술적으로 트럼프 후보가 주 전체 대표 대의원 28명 중 37.226%인 10.4명, 크루즈 후보가 34.626%인 9.7명, 그리고 루비오 후보가 28.150%인 7.9명을 배정받게 되는데 반올림으로 트럼프 후보가 10명, 크루즈 후보가 10명, 그리고 루비오 후보가 8명을 배정받았다.

아칸소주가 공화당으로부터 배분받은 대의원은 40명이며 모두 선언 대의원이다. 따라서 준승자독식 프라이머리를 통해 트럼프 후보는 16명, 크루즈 후보는 15명, 그리고 루비오 후보가 9명을 배정받아 가장 많은 대의원을 배정받게 된 트럼프 후보가 승리하게 된다. 각 후보가 배정받은 대의원 수의 결과에 의해 그 후 3개의 단계별 컨벤션을 거쳐 실제 전당대회에 참석하게 될 대의원 40명을 선출하게 되는데 컨벤션의 종류와 컨벤션별로 각기 선출되는 대의원은 아래와 같다.

1. 카운티 컨벤션: 2016년 3월 25일 아칸소주의 각 카운티에서 카운티 컨벤션을 열어 특별 하원 선거구 컨벤션special district convention에 참가하게 될 대의원을 선출한다.

2. 특별 하원 선거구 컨벤션은 4개의 하원 선거구별로 2016년 4월 30일 열렸으며 4개의 하원 선거구를 대표하는 대의원 12명을 프라이머리 결과에 의해 선출했다.

3. 아칸소주 컨벤션은 5월 14일 열렸으며 주 전체 대표 대의원 28명을 선출했는데, 위에서 설명했듯이 트럼프 후보를 지지하는 대의원 10명, 크루즈 후보를 지지하는 대의원 10명, 그리고 루비오 후보를 지지하는 대의원 8명이 선출된다. 28명 중에는 3명의 정당지도부(전국위원회 위원, 전국위원회 여성 위원, 아칸소주 공화당 의장)가 포함되는데 이 중 전국위원회 위원과 전국위원회 여성 위원은 주 위원회에서 선출되고, 주 공화당 의장은 당연직으로 전당대회에 참가하게 된다. 이로써 아칸소주의 공화당에 배분된 전당대회 대의원 40명이 모두 선출되었다.

2016년 아칸소 공화당 준승자독식 프라이머리의 예를 보면 현직 대통령이 후보로 나선 2020년의 프라이머리와 많은 차이가 있음을 알 수 있다. 실제로 한 명의 현직 대통령 후보가 아칸소주에 할당된 40명의 대의원 전체를 확보한 2020년의 준승자독식 프라이머리는 승자독식 프라이머리와 다를 바 없었지만, 득표 결과에 비례해 적어도 한 명 이상의 후보에게 대의원이 배정된 2016년의 준승자독식 프라이머리를 보면 그것은 승자독식 프라이머리와는 다른 프라이머리 방식이라는 것을 확연하게 알 수 있다.

4) 대의원 직접선출 프라이머리의 예: 2016년 웨스트버지니아 공화당 프라이머리

앞서 프라이머리의 종류에서 설명했듯이, 대의원 직접선출 프라이머리는 프라이머리 중에서 가장 긴 역사를 가지고 있다. 이 방식에서는 투표자가 대의원 후보에게 직접 투표하며 그들이 선호하는 대통령 후보의 이름도 투표용지에 같이 적혀 있는 특징을 가지고 있다. 그러나 2020년에는 이 방식을 채택한 주가 전혀 없었고 아마도 앞으로도 이 방식이 예비선거로 채택될 가능성이 별로 없어 보인다. 하지만 대의원을 직접 선출하는 이 방식의 예비선거에서 다른 모든 예비선거 방식이 유래했다고 해도 과언은 아니다. 따라서 2016년 웨스트버지니아 공화당 예비선거를 예로 들어 살펴보겠다.

웨스트버지니아 공화당 프라이머리는 유권자 자격에서는 수정형 프라이머리를 그리고 대의원 선출 방법에 있어서는 대의원 직접선출 프라이머리를 채택하고 있다. 초기의 대의원 직접선출 프라이머리는 투표용지에 대의원 후보 이름만 기재되었기 때문에 그 대의원들이 어떤 대통령 후보를 지지하는지 잘 알지 못하고 투표를 하는 경우도 많았다. 이러한 이유로 웨스트버지니아주의 공화당은 투표용지에 대의원 후보와 그 후보가 지지하는 대통령 후보 이름이 같이 기재되어 있는 대의원 직접선출 프라이머리를 채택했었다.

2016년의 공화당 대의원 할당 규칙은 앞서 설명한 2020년 공화당 대의원 할당 규칙과 같았기 때문에 웨스트버지니아주에는 기본 대의원 10명, 그리고 3개의 하원 선거구에 대한 9명, 12명의 보너스 대의원과 3명의 정당지도자를 합해 34명이 할당되었다. 이 중 3명의 정당지도부를 제외한 나머지 31명의 대의원이 직접 선거에 의해 선출된다(3개의 연방 하원의원 선거구에서 각 3명씩 9명, 그리고 주 전체 선거구에서 22명). 공화당 프라이머리 투표에 참여하는 사람은 투표용지를 2장 받게 된다. 하나는 투표자가 속한 하원의원

〈표 3-16〉 2016년 웨스트버지니아 공화당 프라이머리 결과: 하원 선거구 1

연방 하원 선거구 1			할당 대의원 수 3	
대의원 후보	지지 대통령 후보	득표수	득표율	결과
Barry Bledsoe	트럼프(Trump)	18,012	11.621%	당선
Mary Beth Andreini(Betsy)	트럼프	16,416	10.591%	당선
Phil Mallow	트럼프	14,675	9.468%	당선
Rick Modesitt	트럼프	13,506	8.714%	
Greg Smith	트럼프	8,577	5.534%	
Sandy Staats	트럼프	7,986	5.152%	
Tom Azinger	비선언	3,877	2.501%	
Ryan Ferns	캐이식(Kasich)	3,822	2.466%	
Warren W Bigley	크루즈(Cruz)	3,625	2.339%	
Matthew G. Chapman	캐이식	2,887	1.863%	
Rocky Allen Peck	캐이식	2,839	1.832%	
Frank Deem	비선언	2,615	1.687%	
Don Corwin	크루즈	2,599	1.677%	
D. Shannon Kimes	크루즈	2,345	1.513%	
Rick Starn	크루즈	2,302	1.485%	
Lynn Baker	카슨(Carson)	2,004	1.293%	
Jennifer Poe	루비오(Rubio)	1,989	1.283%	
Danny Hamrick	루비오	1,972	1.272%	
Greg Morris	부시(Bush)	1,971	1.272%	
Lisa Moore	부시	1,959	1.264%	
Tyler Henry	크리스티(Christie)	1,893	1.221%	
Chris Phillips	크루즈	1,869	1.206%	
Blake Humphrey	부시	1,747	1.127%	
Phillip W. Wiley	카슨	1,724	1.112%	
Dana Watts	크루즈	1,699	1.096%	
Debbie Warner	비선언	1,689	1.090%	
Dalton C. Haas	루비오	1,674	1.080%	
Robert D. Harman	루비오	1,668	1.076%	
Mike Sengewalt	크루즈	1,651	1.065%	
Thomas M. Nutter	폴	1,613	1.041%	
Rudy R. Sites	비선언	1,597	1.030%	
Kevin P Hagerty	크루즈	1,582	1.021%	

Bill Bell	비선언	1,470	0.948%
Jared Bedekovich	루비오	1,440	0.929%
Linda L. Wickstrom	카슨	1,419	0.916%
Joseph Kremer	피오리나(Fiorina)	1,415	0.913%
Gina Brown	비선언	1,308	0.844%
Lou Bedekovich	루비오	1,233	0.795%
Jim Ashley	폴	1,136	0.733%
Jesse James Williamson	카슨	1,132	0.730%
Pat Mcgeehan	비선언	1,104	0.712%
Del T. Kelley	비선언	1,082	0.698%
Paul J. Howe	비선언	1,075	0.694%
Doris Longwell	크리스티	1,066	0.688%
Samuel R. Brown	비선언	1,021	0.659%
Pam Krushansky	비선언	974	0.628%
Amy Summers	비선언	966	0.623%
Andrew A. Sabak	비선언	772	0.498%

선거구에서 출마하는 대의원 후보와 그가 지지하는 대통령 후보가 적힌 투표용지이고 다른 하나는 주 전체 대표 대의원 후보와 그가 지지하는 대통령 후보가 적힌 투표용지이다.

하원의원 선거구 1에서 출마한 대의원 후보는 48명이었으며, 그중 가장 많은 표를 얻은 3명이 전당대회에 참가하게 될 대의원으로 당선된다. 〈표 3-16〉은 하원의원 선거구 1에서 출마한 대의원 후보 48명과 그들이 각각 지지하는 대통령 후보, 득표수, 그리고 득표율을 보여준다. 하원의원 선거구 2와 3의 대의원 선출 결과에 대한 표는 생략하였다.

〈표 3-16〉에서 보면 선거구 1에서 트럼프 후보를 지지하는 3명의 대의원 후보 배리 블래드소Barry Bledsoe, 메리 베스 안드레이니Mary Beth Andreini, 그리고 필 맬로우Phil Mallow가 48명 중에 가장 많은 표를 얻어 전당대회 대의원에 당선된 것을 알 수 있다. 예를 든 연방하원 선거구 1과 같은 방식에 의

〈표 3-17〉 2016년 웨스트버지니아 공화당 주 전체 대표 대의원 선출 결과

	당선자	지지 대통령 후보	득표수	%	선출 결과
1	Donna J. Boley	트럼프	71,695	2.445%	당선
2	Diana Bartley	트럼프	70,605	2.408%	당선
3	Stephanie Abramowitz	트럼프	70,225	2.395%	당선
4	Vicki Dunn-Marshall	트럼프	68,009	2.319%	당선
5	Gregory Baldt	트럼프	67,745	2.310%	당선
6	Joe Harper	트럼프	67,743	2.310%	당선
7	Kristi A. Beddow	트럼프	67,544	2.304%	당선
8	Anne Brockus Dandelet	트럼프	66,746	2.276%	당선
9	Brian Casto	트럼프	65,702	2.241%	당선
10	Craig William Evans	트럼프	64,587	2.203%	당선
11	Kevin Honaker	트럼프	63,911	2.180%	당선
12	Kristi Jeffrey	트럼프	62,570	2.134%	당선
13	Dan Hill	트럼프	62,227	2.122%	당선
14	Stephen McElroy	트럼프	56,536	1.928%	당선
15	T. Aaron Metz	트럼프	54,033	1.843%	당선
16	John R. Raese	트럼프	49,688	1.695%	당선
17	Caleb A. Turner	트럼프	34,243	1.168%	당선
18	Michael K. Snelling	트럼프	30,794	1.050%	당선
19	Patrick Morrisey	비선언	16,695	0.569%	당선
20	Mitch B. Carmichael	비선언	16,128	0.550%	당선
21	Andy McKenzie	비선언	12,842	0.438%	당선
22	Katrina (Tina) Lewis	캐이식	9,998	0.341%	당선

해 선거구 2에서는 46명의 대의원 후보가 출마하여 그중 트럼프 후보를 지지하는 3명이 당선되었고, 선거구 3에서는 34명의 대의원 후보가 출마하여 그중 트럼프 후보를 지지하는 3명이 당선되었다.

웨스트버지니아주 공화당에 할당된 34명의 전당대회 대의원 중 주 전체 대표 대의원 22명 선출에는 각 카운티에서 최대 2명까지만 출마할 수 있는데 총 220명이 출마하여 그중 트럼프 후보를 지지하는 18명, 지지 후보 미정 3명, 캐이식John Kasich 후보를 지지하는 대의원 후보 1명이 당선되어 총

〈표 3-18〉 2016년 웨스트버지니아 공화당 프라이머리 결과

선거구	대의원 후보 수	대의원 당선자 수	당연직 대의원	지지 후보와 확보 대의원 수
하원 선거구 1	48	3		트럼프: 3
하원 선거구 2	46	3		트럼프: 3
하원 선거구 3	34	3		트럼프: 3
주 전체 대표	220	22		트럼프: 18 지지 후보 미정: 3 케이식: 1
			3	트럼프: 3
합계	348	31	3	34

22명이 당선되었다. 〈표 3-17〉은 주 전체를 대표하는 전당대회 대의원 선거에 출마한 220명 중에서 선출된 22명만을 집계한 것이다.

할당된 34명 중 나머지 3명은 당연직으로 전당대회에 참가하는 정당지도부 3명이며, 이들은 모두 주 전체에서 가장 많은 지지를 받은 후보, 즉 트럼프의 선언 대의원으로서 참가하게 된다.[15] 〈표 3-18〉은 2016년 웨스트버지니아 공화당 프라이머리에서 트럼프 후보가 할당된 34명의 전당대회 대의원 중 30명을 확보해 압도적인 승리를 거둔 것을 보여주고 있다.

4. 코커스의 실례

1) 비례 배분 코커스proportional caucus의 실례

비례 배분 코커스는 코커스뿐만 아니라 프라이머리를 포함해 예비선거 중 가장 먼저 시작되고 관심이 집중되는 아이오와주의 민주당과 공화당이

---

15) 2012년 웨스트버지니아 공화당 대의원 직접선출 프라이머리의 결과 3명의 정당지도부는 비선언 대의원으로 전당대회에 참가했다.

채택하고 있다. 비례 배분 코커스는 워낙 그 과정이 길고 복잡하기 때문에 이 방식의 실례는 아이오와 코커스를 다루는 바로 다음 부분(106~137쪽)에서 자세히 다루도록 하겠다.

2) 대의원 직접선출 코커스delegate selection caucus의 실례

앞서 코커스의 종류에서 설명했듯이 이 코커스 방식은 2016년에는 총 3개주(미국 해외영토 제외)에서만 채택했으나 2020년에는 7개주로 그 수가 늘었다. 하지만 이 방식의 코커스를 실시하는 주들도 어떤 정해진 규칙이 있는 게 아니라 각 주 나름대로 방식을 가지고 있어 일반적인 설명이 매우 힘들다. 2020년 대의원 직접선출 코커스를 채택한 7개주의 공화당 중 와이오밍주를 제외한 6개주는 모두 코커스를 취소하고 그들 주에 할당된 대의원 전원이 전당대회에서 현직 대통령 공화당 후보인 트럼프를 지지하기로 결정했다. 이 방식의 코커스를 2020년 유일하게 실시한 와이오밍주를 보면 트럼프 후보에 도전하는 다른 공화당 후보가 없어 사실상 형식적인 절차였다고 볼 수 있는데, 자세히 살펴보면 다음과 같다.

(1) 2020년 와이오밍 공화당 코커스

가장 대표적인 아이오와 공화당 코커스도 2016년부터는 대의원 직접선출 코커스에서 비례 배분 코커스로 그 방식을 변경해 대통령 후보에 대한 풀뿌리 당원들의 선호도가 주에 할당된 대의원 수를 각 후보별로 할당하는데 왜곡되지 않게 반영되도록 더욱 민주적으로 바뀌었지만, 와이오밍주는 적어도 2000년 선거부터 현재까지 대의원 직접선출 코커스를 고집하고 있다.

와이오밍주의 공화당은 2020 대통령 선거에서 공화당 전당대회에 참가하는 총 29명을 할당받았다. 공화당의 규정에 의한 대의원 할당의 세부 내역을 보면 10명의 기본 대의원, 연방하원 선거구당 3명의 대의원(와이오밍주의 연방하원 선거구가 1개이므로 3명), 3명의 정당지도부와 13명의 보너스 대의원을 합한 29명이다.

코커스로 가장 유명한 아이오와주의 비례 배분 코커스의 4단계 중 1단계인 구역 코커스에서는 2단계인 카운티 컨벤션에 참가하기 위해 출마한 후보들은 자신들이 선호하는 대통령 후보(지지 후보 미결정을 포함)를 선언해야 한다. 그러나 와이오밍주의 대의원 직접선출 코커스의 1단계인 구역 코커스는 2012년의 경우에는 비공식 여론조사straw poll로 대체되기도 하는 등 공식화된 체계가 없다. 분명한 것은 매 4년 구역 코커스나 혹은 비공식 여론조사에 의해 선출된 약 980명의 당원이 2단계인 카운티 컨벤션에 참가해 와이오밍주에 할당된 29명의 전당대회 참가 대의원 중 12명을 직접선출한다는 것이다. 와이오밍주에는 총 23개의 카운티가 있는데 이 중 래러미Laramie 카운티가 단독 선거구로 1명의 대의원을 선출하고, 나머지 22개의 카운티의 경우는 2개의 카운티가 하나의 선거구를 이루고, 그 11개의 선거구에서 각각 1명의 대의원이 선출됨으로써 카운티 컨벤션에서 선출하는 대의원 수는 총 12명이 된다. 2020년 카운티 컨벤션의 투표 결과를 보면 현직 대통령인 트럼프가 단독 출마했기 때문에 12명의 대의원 전원을 확보했다.

와이오밍주의 대의원 직접선출 코커스에는 비례 배분 코커스의 3단계인 하원의원 선거구를 단위로 하는 디스트릭트 컨벤션이 없기 때문에 카운티 컨벤션에서 선출된 당원들이 4단계인 주 공화당 컨벤션에서 29명의 대의원 중 나머지 17명을 선출한다. 이 중 3명은 정당지도부(공화당 전국위원회 위원, 전국위원회 여성 위원, 그리고 와이오밍주 공화당 의장)로서 당연직으로 비선언 대의원으로 전당대회에 참가하고, 14명은 투표에 의해 선출된다. 여기서 특이한 점은 주 컨벤션에서 공화당 전당대회에 참가할 14명을 대통령 후보들에게 할당하는 공식적인 방식이 없다는 것이다. 주 공화당 컨벤션에 참가한 대의원들이 대통령 후보들에 대한 선호도를 할당 기준으로 할 것을 자체적으로 결정하는 경우에도, 그 선호도를 14명의 전당대회 대의원 선출에 어떤 식으로 반영할 것인지에 대해서도 주 컨벤션에서 임의로 결정한다는 것이다. 따라서 대의원 직접선출 코커스는 2단계까지는 일반 당원들의 후보에 대한 선호도가 반영된다고 해도 마지막 단계인 주의 공화당 컨벤션에서는 일반 당원들의 대통령 후보들에 대한 선호도가 그대로 반영된다는 보장은 없다.

2020년의 경우 와이오밍 공화당 코커스에서 현직 대통령인 트럼프가 단독으로 출마했기 때문에 두 번째 단계인 카운티 컨벤션은 물론 주 컨벤션에서도 3명의 정당지도부 비선언 대의원을 제외한 26명은 모두 트럼프 후보 지지를 선언한 대의원들로 선출되었다. 2020년 와이오밍 공화당 코커스는 이렇게 2020년 5월 7일부터 5월 9일까지 열린 주 컨벤션에서 그 주에 할당된 29명의 대의원 선출을 마감했다.

(2) 2016년 콜로라도 공화당 코커스

2020년 와이오밍 코커스처럼 현직 대통령인 트럼프가 단독 출마해 경쟁 후보가 없는 경우에는 대의원 직접선출 코커스가 승자독식 코커스와 어떻게 다른지 정확하게 구별하기가 힘들기 때문에 다음에서는 현직 후보가 없었던 2016년 콜로라도 공화당 대의원 직접선출 코커스의 예를 들어 보겠다.

2016년 대통령 선거에서 콜로라도주 공화당은 전당대회 참가 대의원 총 2472명 중 37명을 할당받았다. 공화당의 규정에 의한 대의원 할당의 세부 내역을 보면 10명의 기본 대의원, 연방하원 선거구당 3명의 대의원(콜로라도주는 연방하원 선거구가 7개이므로 21명의 대의원), 3명의 정당지도부, 3명의 보너스 대의원을 합한 37명이다.

코커스의 1단계인 구역 코커스는 콜로라도주 64개의 카운티의 2917개의 구역에서 열렸다. 이 2917개의 구역 코커스에서는 2단계인 카운티 집회

assemblies에 참가할 대의원을 선출한다(와이오밍주와는 달리 콜로라도주는 카운티 컨벤션 대신 카운티 집회라고 부른다).

약 1개월에 걸쳐 64개의 카운티 별로 열리는 카운티 집회에서는 3단계인 디스트릭트 컨벤션에 참가할 대의원을 선출하는데 그 정확한 수는 공개되지 않았다.

3단계인 디스트릭트 컨벤션은 선거구 1과 선거구 6이 2016년 4월 2일, 선거구 7은 4월 7일, 나머지 선거구 2, 3, 4, 5는 4월 8일에 열려 하원의원 선거구를 대표하는 21명의 전당대회 대의원을 1개의 선거구당 3명씩 선출한다. 또한 각 디스트릭트 컨벤션에서는 코커스의 마지막 4단계인 주 컨벤션에 참가할 디스트릭트 대표도 선출한다. 〈표 3-19〉는 디스트릭트 컨벤션에서 직접 선출된 전당대회 대의원 21명과 그들이 전당대회에서 지지하기로 선언한 공화당 대통령 후보를 보여준다.

위의 표의 각 하원 선거구에서 전당대회 대의원으로 출마한 당원 중 굵은 이탤릭체로 표시된 당원들이 디스트릭트 컨벤션에서 각 하원의원 선거구를 대표하는 대의원으로 직접 선출된 21명이다. 그중 17명은 크루즈Ted Cruz 후보를 전당대회에서 지지하게 될 대의원이고 나머지 4명은 지지 후보를 선언하지 않은 비선언 대의원으로 전당대회에 가게 된다.

4단계인 주 컨벤션에서는 각 디스트릭트 컨벤션에서 선출된 대표들에 의해 콜로라도 공화당이 할당받은 37명의 전당대회 대의원 중 주 전체 대표인 나머지 16명을 직접선출하게 된다. 하지만 16명 중 3명은 정당지도부(전국위원회 위원, 전국위원회 여성 위원, 콜로라도주 공화당 의장)로서 당연직으로 비선언 대의원으로서 전당대회에 참가하기 때문에 사실상 13명만 직접 선출하는데, 주 컨벤션에서 전당대회 대의원 후보로 출마한 26명 중 선출되지 않은 13명의 명단을 생략하고 13명의 선출된 대의원만을 보면 〈표 3-20〉과 같다.

주 컨벤션 결과 2016년 콜로라도 대의원 직접선출 코커스와 2020년 와

〈표 3-19〉 2016년 콜로라도 공화당 디스트릭트 컨벤션 결과

하원 선거구	할당 대의원 수	대의원 후보	선언 지지 후보
하원 선거구 1	3	*Justin Everett*	크루즈
		Tony Sanchez	크루즈
		Scott Gessler	크루즈
		Carolyn Olson	비선언
		Bill Eigles	크루즈
		Ray Garcia	비선언
하원 선거구 2	3	*Robert Woodward*	크루즈
		Michael McAlpine	비선언
		Marty Neilson	비선언
		John S. Bliss	크루즈
		Rick Fernandez	비선언
		John Edward Toomey III	크루즈
하원 선거구 3	3	*Melanie Sturm*	크루즈
		Anita M. Stapleton	크루즈
		Brita Horn	크루즈
		Steven Hofman	크루즈
		Bradley Barker	크루즈
		Laureen Adele Gutierrez	크루즈
하원 선거구 4	3	*Perry Buck*	크루즈
		Guy Short	크루즈
		Kendal Unruh	크루즈
		Reese Shay	비선언
		Kurt Schlegel	트럼프
		Richard McCaskill	트럼프
하원 선거구 5	3	*Joel Crank*	크루즈
		Robin Gale Coran	크루즈
		Donald Olmstead	크루즈
		Kent Lambert	크루즈
		Randy Licht	크루즈
		Kay Rendleman	크루즈
하원 선거구 6	3	*John Carson*	크루즈
		Randy Corporon	크루즈
		Regina Thomson	크루즈
		Joy Hoffman	비선언
		Andy Jones	크루즈
		Ryan Call	비선언

하원 선거구 7	3	Anil Mathai	비선언
		George Athanasopoulos	비선언
		Libby Szabo	크루즈
		Dan Green	크루즈
		Don Ytterberg	비선언
		Carter Mateer	크루즈
후보별 총확보 대의원 수 크루즈: 17명 비선언: 4명			

* 굵은 이탤릭체는 대의원 당선자들이다.

〈표 3-20〉 2016년 콜로라도 공화당 주 컨벤션 결과

주 전체 대표 대의원 선출	할당 대의원 수	대의원 후보	선언 지지 후보
주 전체 대표 전당대회 대의원	13	Ken Buck	크루즈
		Patrick Neville	크루즈
		Sue Sharkey	크루즈
		Ted Harvey	크루즈
		Kim Ransom	크루즈
		Kevin Grantham	크루즈
		George Teal	크루즈
		Lori Saine	크루즈
		Wayne W. Williams	크루즈
		Dudley Brown	크루즈
		Jim Gilbreath	크루즈
		Kristi Brown Burton	크루즈
		Stephen Humphrey	크루즈
후보별 총 확보 대의원 수			크루즈 : 13명

이오밍 대의원 직접선출 코커스를 비교해 보면 같은 방식이지만 다소 차이가 있음을 알 수 있다. 와이오밍주는 대의원 일부를 카운티 컨벤션에서 직접선출하고 나머지는 주 컨벤션에서 선출하는 반면, 콜로라도주의 경우는 대의원의 일부를 디스트릭트 컨벤션에서 직접 선출하고 나머지는 주 컨벤션에서 선출했음을 볼 수 있다. 와이오밍주는 코커스의 2단계를 카운티 컨벤션이라 부르고 콜로라도주에서는 카운티 집회county assemblies라고 부르는 것

도 다른 점 중 하나이다. 이렇듯 대의원 직접선출 코커스는 주마다 다소 차이가 있으며 명확하게 규정된 부분이 없는 부분도 적지 않다.

적어도 20년 이상 대의원 직접선출 코커스를 채택했던 와이오밍주를 포함해 2020년 이 방식을 선택한 7개주의 공화당이 2024년 대통령 예비선거에서는 모두 다른 방식의 예비선거를 택한 사실로 보아 향후 대통령 예비선거에서 대의원 직접선출 코커스를 선택하는 주는 더 늘어날 것 같지는 않아 보인다. 하지만 지금까지 소개된 예비선거의 방식 중 매우 독특할 뿐만 아니라 명확한 규정을 따르지 않는 방식이라는 점에서는 주목할 만하다.

3) 승자독식 코커스의 실례: 2020년 버지니아 공화당 코커스

2020년 버지니아주가 채택한 승자독식 코커스는 특정 후보에게 주에 할당된 전당대회 대의원을 전부 확보하게끔 해주는 데 있어 훨씬 더 정당의 영향이 강하게 작용하는 예비선거의 방식이다. 2020년부터 적지 않은 주에서 공화당 예비선거 방식을 현직 대통령 예비선거 후보에게 전당대회 대의원을 몰아주는 방식으로 바꾸고 있는데 버지니아주가 그 대표적인 예라고 볼 수 있으며, 앞서 언급했듯이 2020년에는 아예 예비선거를 취소하고 현직 후보인 트럼프에게 주에 할당된 모든 대의원을 배정한 주가 7개주나 있었다는 것을 주의 깊게 볼 필요가 있다.

버지니아 승자독식 코커스는 다음과 같이 진행될 예정이었다: 2020년 4월부터 6월 사이 11개의 하원 선거구 컨벤션에서 각각 3명씩 총 33명의 전당대회 대의원을 선출한다. 선출된 대의원들은 주 공화당 컨벤션에서 실시될 대통령 후보 선호도 투표의 결과에 따라 가장 많은 득표를 한 후보를 전당대회에서 의무적으로 지지해야 한다. 각 하원 선거구 컨벤션의 일정은 〈표 3-21〉과 같다.

<표 3-21> 2020년 버지니아 공화당 하원 선거구 컨벤션 일정

하원 선거구	날짜	하원 선거구	날짜
하원 선거구 1	6월 13일	하원 선거구 7	4월 25일
하원 선거구 2	5월 9일	하원 선거구 8	5월 30일
하원 선거구 3	5월 9일	하원 선거구 9	4월 18일
하원 선거구 4	4월 25일	하원 선거구 10	5월 30일
하원 선거구 5	4월 25일	하원 선거구 11	5월 30일
하원 선거구 6	5월 30일		

그러나 버지니아주 공화당은 2020년 6월 22일 모든 전당대회 대의원 48명을 주 컨벤션에서 선출하기로 결정했고 대통령 후보 선호 투표에서 가장 많이 득표한 후보에게 전당대회 대의원 48명을 배정하기로 결정했다. 이는 사실상 코커스를 취소한 것과 다름없다. 투표 결과는 공개되지 않았지만 후보는 현직 대통령인 트럼프 한 명이었기 때문에 그가 48명의 대의원을 모두 확보한 것은 틀림없고 그들은 모두 트럼프 후보를 지지하는 선언 대의원으로 전당대회에 참가했다.

5. 아이오와 코커스

1) 아이오와 코커스의 역사와 의미

민주당 내에서 대통령 후보 지명에 대한 개혁의 필요성이 1968년 이후 계속 요구되었고 이에 따라 민주당은 대통령 후보 지명과정을 좀 더 긴 기간에 걸쳐 각 주별로 실시하기로 결정했는데 아이오와주는 대통령 후보 지명과정이 다른 주에 비해 많은 단계를 거치고 또한 복잡했기 때문에 제일 먼저 지명과정을 시작하고자 했다. 1972년에 아이오와주는 민주당 코커스를 실시했고 4년 후 공화당도 아이오와주에서 첫 코커스를 실시하게 되었다. 이렇듯 아이오와주는 대통령 후보 지명과정을 코커스 방식으로 50개주와 워싱턴 D.C. 중에서 가장 먼저 시작하는 이른바 전국 첫 번째First in the Nation 주로서 자리를 굳혀왔다. 아이오와주는 대통령 후보 지명과정을 가장 먼저 치를 뿐만 아니라 그 방식에서 정당과 그 조직이 주도하는 코커스를 채택하고 있기 때문에 모든 과정에 있어서 프라이머리보다 정당의 영향력이 두드러질 뿐만 아니라 후보 지명과정에 참가하는 사람들도 훨씬 더 정당의 색채가 강하다. 그렇기 때문에 아이오와 코커스에서는 정당의 색채를 가장 잘 반영하는 후보가 승리하는 경향이 많아 나머지 주들의 후보 지명과정에 영향을 미칠 뿐만 아니라 일반 유권자들이 대통령 후보를 선택하는 데 방향을 제시하는 역할을 하기도 한다. 아이오와 코커스는 또한 미국 대통령 선거의 본격적인 시작을 알리는 역할을 하기 때문에 미국뿐 아니라 전 세계적으로도 많은 주목을 받고 있다.

2) 2016년 아이오와 민주당 코커스

2016년 민주당 전당대회 참가 대의원 총 4763명 중 아이오와주 민주당은 51명을 할당받았다. 51명의 대의원은 4개의 연방하원 선거구에 할당된 29명, 주 전체 대표 대의원 10명, 선언 PLEO 대의원 4명, 비선언 PLEO 대의원 7명이며,[16] 2016년 2월 1일 시작되어 약 6개월 반 후인 6월 18일 주 컨벤션에서 최종 선출하게 된다. 2016년 민주당 아이오와 코커스에는 힐러리 클린턴Hillary Clinton, 버니 샌더스Bernie Sanders, 마틴 오말리Martin O'Malley

---

16) 46쪽 〈표 3-1〉 참고.

〈그림 3-1〉 2016년 아이오와 민주당 코커스 진행 과정

1단계 2월 1일	**구역 코커스** 주 전체 1681개의 구역에서 실시되며 코커스 참가자의 대통령 후보 선호 비율에 따라 각 구역에 할당된 2단계 카운티 컨벤션 참가 대의원 수를 비례 배분한 후 대의원을 선출

2단계 3월 12일	**카운티 컨벤션** 주 전체 99개의 카운티별로 실시되며 각 카운티에 속하는 구역 코커스의 대통령 선호도에 따라 각 후보에 대한 선호그룹을 형성하여 3단계 디스트릭트 컨벤션 (연방하원 선거구 컨벤션)과 주 컨벤션에 참가할 대의원 수를 배분한 후 선출

3단계 4월 30일	**디스트릭트 컨벤션** 아이오와주 연방하원 선거구 4개 별로 각각 실시하며 각 디스트릭트에 속하는 카운티 컨벤션의 대통령 후보 선호 비율에 따라 그룹을 형성한 다음 민주당 전당대회에 참석할 51명의 대의원 중 4개의 하원의원 선거구를 대표하는 대의원 29명을 선출

4단계 6월 18일	**주 컨벤션** 4개의 각각 디스트릭트 컨벤션에 참가했던 대의원들이 모여 각 대통령 후보에 대한 주 전체의 선호 비율에 따라 주 전체를 대표하는 선언 대의원 9명과 선언 PLEO 6명을 선출(나머지 대의원 7명은 비선언 PLEO이며 당연직으로 전당대회 참가)

등이 출마했다. 코커스의 투표에는 폐쇄형 코커스를 채택하여 민주당 당원만 참가할 수 있고 대의원 선출 방법은 비례 배분 코커스를 채택하였다. 주 전체 1681개의 장소에서 2월 1일 오후 7시 구역 코커스17)가 실시되는 아이

---

17) 2010년 인구조사 결과 아이오와주는 2012~2020년의 기간 중 연방 하원의원 4석을 배분받았고,

오와주는 미국 내 그리고 국제적으로도 많은 언론의 집중적인 관심을 받는다. 그리고 그날 늦은 시간에 1681개의 구역 코커스Precinct Caucus를 통틀어 가장 많은 대의원을 확보한 대통령 후보가 사실상 정해지기 때문에, 그 이후에 실시되는 카운티 컨벤션, 연방하원 선거구를 단위로 하는 디스트릭트 컨벤션, 그리고 아이오와주 민주당 컨벤션은 단지 과정에 지나지 않아 구역 코커스에 비해 관심과 주목을 끌지 못한다. 아이오와 코커스 중 특히 민주당의 코커스는 미국 대통령 후보 지명과정의 모든 프라이머리와 코커스 중에 가장 많은 단계를 거치고 가장 복잡한 대의원 선출과정이라고 알려져 있다. 하지만 그 과정을 자세히 보면 의외로 간단하다는 것을 발견할 수 있다. 2016년 민주당 아이오와 코커스 일정과 진행 과정을 간단히 정리하면 〈그림 3-1〉과 같다.

(1) 1단계: 구역 코커스Precinct Caucus

아이오와 민주당 코커스는 투표 참가 자격에 있어 폐쇄형 코커스이기 때문에 민주당 당원만이 참가할 수 있다. 먼저 1단계인 구역 코커스는 아이오와주 전체 1681개의 구역에서 보통 오후 7시에 실시되며 학교, 교회, 공공도서관, 체육관 그리고 때로는 개인주택 같은 곳에서도 열린다. 각각의 구역은 가장 최근의 두 번의 대통령 선거에서의 민주당 후보에 대한 지지율에 비례해 카운티 컨벤션에 참가할 대의원 수를 할당받는다. 구역 코커스의 진행 과정은 다음과 같다.

2020년 인구조사 결과에서도 마찬가지로 2022~2030년 기간 중 4석을 배분받았다. 4개의 연방하원 선거구에는 99개의 카운티가 있고 이 99개의 카운티는 다시 예비선거, 즉 아이오와주의 경우 코커스 방식의 1단계인 구역 코커스를 목적으로 1681개의 구역으로 나누어진다. 이 구역은 행정 단위와는 관련이 없는 지역적 단위이다.

① 코커스 참가자들은 각 대통령 후보를 선호하는 그룹preference group을 형성한다. 아직 후보에 대한 지지를 결정하지 못한 미결정 그룹도 여기에 포함될 수 있다. 약 30분 동안 각 선호그룹은 다른 그룹의 참가자들에게 그들이 지지하는 후보를 지지할 것을 설득하기도 하고 그 이유를 설명하기도 하며 서로 대통령 후보들에 대한 평가와 의견을 나누기도 한다.

② 코커스 진행자가 각 후보를 지지하는 선호그룹별 인원의 수를 파악한 뒤 코커스 참가 인원의 15% 미만의 지지를 받는 후보의 선호그룹은 일단 경쟁력viability이 없다고 판단하고 다시 30분간 선호 후보를 변경할 시간을 주게 된다. 이 단계에서 경쟁력이 없는 선호그룹의 구성원들은 경쟁력 있는 선호그룹으로 지지를 옮기거나 코커스에서 기권할 수 있다. 각 구역 코커스의 진행자가 각 대통령 후보를 지지하는 최종 선호그룹별 인원수를 파악한 뒤 그 결과 최소 충족요건을 만족시키지 못하는 대통령 후보는 해당 구역 코커스에서 탈락한다. 그 최소 충족요건은 다음과 같다.

- 2단계인 카운티 컨벤션에 참가할 대의원을 1명만 선출하는 구역 코커스에서는 50% 득표;
- 2명의 대의원만을 선출하는 선거구의 경우 25% 득표;
- 3명의 대의원만을 선출하는 선거구의 경우 16.66% 득표;
- 3명 이상의 대의원을 선출하는 대다수 선거구의 경우 15% 득표.

아이오와 코커스에서는 다른 예비선거의 방식과는 달리 비밀투표 대신 공개투표의 원칙을 따르고 있다. 다시 말해 투표자들의 후보에 대한 선호를 다른 투표자들이 알 수 있다.

③ 다시 선호그룹별로 지지자 수가 집계되고 구역 코커스의 의장이 각 선호그룹에게 아래의 공식을 적용하여 카운티 컨벤션에 참가할 대의원 수를 배정하게 된다.[18)

$$\frac{\text{선호그룹의 총인원} \times \text{할당 대의원 수}}{\text{참가한 총인원}} = \text{선호그룹에 배정되는 대의원 수}$$

예를 들어 구역 코커스 1에 할당된 카운티 컨벤션 대의원이 7명이고, 코커스 참가 총인원이 100명, 후보 선호그룹이 5개(그룹 Ⓐ, 그룹 Ⓑ, 그룹 Ⓒ, 그룹 Ⓓ, 그룹 Ⓔ)이며 각 그룹의 인원이 순서대로 20, 18, 27, 19, 16이라고 하면 다음과 같이 5개 그룹에 코커스의 2단계인 카운티 컨벤션 참가 대의원 수가 배정된다.

원래 값	조정값
그룹 Ⓐ: (20×7)÷100 = 1.40 반올림 1	그룹 Ⓐ: (20×7)÷100 = 1.40 ➜ 2*
그룹 Ⓑ: (18×7)÷100 = 1.26 반올림 1	그룹 Ⓑ: (18×7)÷100 = 1.26 ➜ 1
그룹 Ⓒ: (27×7)÷100 = 1.89 반올림 2	그룹 Ⓒ: (27×7)÷100 = 1.89 ➜ 2
그룹 Ⓓ: (19×7)÷100 = 1.33 반올림 1	그룹 Ⓓ: (19×7)÷100 = 1.33 ➜ 1
그룹 Ⓔ: (16×7)÷100 = 1.12 반올림 1	그룹 Ⓔ: (16×7)÷100 = 1.12 ➜ 1
합계 = 6*	합계 = 7

---

18) 여기에서의 대의원은 민주당 전당대회에 참가하는 대의원과는 다른 개념이다. 카운티 컨벤션에서 디스트릭트 컨벤션과 주 컨벤션에 참가하기 위해 선출된 대의원도 민주당 전당대회에 참가하는 대의원과 다른 개념의 대의원이다. 2016년 아이오와 민주당 코커스 결과 전당대회에 참가하는 대의원은 4개의 디스트릭트 컨벤션과 주 컨벤션에서 선출된 44명의 대의원과 7명의 비선언 PLEO, 즉 수퍼대의원들이다.

(* 총 7명의 대의원이 배정되어야 하므로 소수점 이하가 0.5에 가장 가까우면서 반올림 처리된 그룹 A가 1명을 더 배정받는다.)

④ 대의원 수 배정이 끝나면 각 선호그룹은 배정된 수에 맞추어 3월 12일에 카운티 컨벤션에 참가할 대의원을 선호그룹 내에서 선출한다. 1681개의 각 구역 코커스의 결과는 구역 코커스의 의장이 아이오와주 민주당에 보고하고 이에 따라 각 대통령 후보가 아이오와주 전체 구역 코커스에서 확보한 총대의원 수가 집계된다. 다시 말하면 1681개 구역 코커스의 투표 결과를 아이오와주 연방하원 선거구 4개별로 반영하면 각 대통령 후보가 각 하원 선거구에서 확보하게 될 예상 대의원 수를 예측할 수 있을 뿐 아니라 모든 구역 코커스의 투표 결과를 주 전체를 선거구 하나로 묶어 반영하면 각 대통령 후보가 확보하게 될 선언 PLEO 수와 주 전체 대표 대의원 수도 역시 예측 가능하다. 2016년부터는 마이크로소프트와 인터놀로지Interknowlogy사가 공동 개발한 스마트폰 앱을 사용해 이러한 집계가 3시간 이내에 가능하게 되었다. 아이오와주의 민주당은 이 결과를 언론에 알리고 언론은 다시 전체 구역 코커스에서 확보한 총대의원 수가 가장 많은 후보, 즉 아이오와 코커스에서 승리한 후보를 일반에 공표하게 된다.

이렇듯 구역 코커스 결과에서 각 후보가 확보한 대의원의 비율은 카운티 컨벤션, 디스트릭트 컨벤션, 그리고 전당대회에 참가하게 될 대의원을 선출하는 마지막 단계인 주 컨벤션까지 그대로 반영된다. 따라서 2월 1일 구역 코커스 이후 5개월 반 후인 6월 18일 마지막 4단계인 주 컨벤션까지 코커스의 모든 과정이 끝나기 훨씬 전인 구역 코커스 당일 바로 아이오와 민주당 코커스에서 가장 많은 전당대회 대의원을 확보한 대통령 후보, 즉 아이오와 코커스의 승자를 거의 정확하게 예측하는 것이 가능한 것이다.

〈표 3-22〉에서 AP통신이 예측한 대통령 후보별 최종 확보 대의원 수는

〈표 3-22〉 1681개의 구역 코커스의 투표 결과를 4개의 하원 선거구별로 집계해
AP통신이 예측한 후보별 최종 확보 대의원 수(수퍼대의원은 제외)

		하원 선거구 1	하원 선거구 2	하원 선거구 3	하원 선거구 4	선언 PLEO	주 전체 대표	합계
	구역 코커스 득표수	38,788	37,176	35,362	28,654	139,980	139,980	
	유효 득표수[1]	38,625	36,963	35,125	28,472	139,185	139,185	
	할당 대의원 수	8	8	7	6	6	9	44
클린턴	구역 코커스 득표수	19,029	17,635	18,829	14,240	69,733	69,733	
	확보 전당대회 대의원 수	3.941	3.817	3.752	3.001	3.006	4.509	
	최종 전당대회 대의원 수	4	4	4	3	3	5	23
샌더스	구역 코커스 득표수	19,596	19,328	16,296	14,232	69,452	69,452	
	확보 전당대회 대의원 수	4.059	4.183	3.248	2.999	2.994	4.491	
	최종 전당대회 대의원 수	4	4	3	3	3	4	21
오말리	구역 코커스 득표수	142	209	230	171	752	752	
	확보 전당대회 대의원 수							
	최종 전당대회 대의원 수							0
부동표	구역 코커스 득표수	21	4	7	11	43	43	
	확보 전당대회 대의원 수							
	최종 전당대회 대의원 수							0

1) 유효 득표수는 민주당의 최소득표 충족 규정을 적용해 전체 득표수의 15%에 미달하는 오말리 후보를 지지
한 대의원의 수와 지지 후보가 없는 부동표의 수를 제외한 득표수이다.
자료: AP Press, 2016년 2월 2일

1681개의 구역 코커스의 결과 각 후보가 얻은 유효 득표수를 기반으로 하고
있다(총구역 코커스에서 오말리 후보를 지지하는 표와 지지 후보가 없는 부동표의 비
율이 15% 미만이기 때문에 민주당 규칙에 의하여 무효표 처리되었다). 최종 확보대
의원 수는 구역 코커스에서 카운티 컨벤션에 참가할 대의원 수를 배정하는
반올림 방식을 적용한다(109~110쪽 참고). 따라서 하원 선거구 3에서 클린턴
후보의 최종 확보대의원 수의 산출을 예로 들면, (득표수÷유효 득표수)×할
당 대의원 수, 즉 (18,829÷35,125)×7=3.752명이며 이를 반올림하면 4명
이 된다. 샌더스 후보의 경우는 3.248명으로 반올림하면 3명이 되고 최소득

표 요건을 충족시키는 더 이상의 후보가 없으므로 하원 선거구 3에 할당된 7명의 대의원은 클린턴 후보가 4명, 샌더스 후보가 3명을 확보하는 것으로 결정된다. 다음으로 선언 PLEO와 주 전체 대표 대의원 15명을 역시 (후보별 총하원 선거구 득표수 ÷ 주 전체 유효 득표수)에 비례해 배정하였다. 다른 말로 표현하면 각 후보가 확보한 최종 대의원 수를 예측하는 데 있어 결국 1681개의 구역 코커스 결과를 단계별로 반영한 것을 알 수 있고 따라서 예측 당시 2, 3, 4단계는 시작조차 하지 않았지만, 2, 3, 4단계는 1단계인 구역 코커스의 결과를 그대로 반영하기 때문에 정확한 예측이 가능했다. 더구나 단계별로 선출된 대의원들의 후보에 대한 지지는 의무적인 것은 아니지만 후보에 대한 선호그룹을 형성하는 것 자체가 후보에 대한 지지를 선언한 것과 같기 때문에 각 단계에서 후보에 대한 대의원들의 지지율이 크게 바뀐 적이 없었던 사실도 이러한 정확한 예측의 가능성을 높여주었다고 할 수 있다.

(2) 2단계: 카운티 컨벤션County Convention

아이오와 코커스의 1단계인 구역 코커스가 끝나는 날 가장 많은 대의원 수를 확보한 대통령 후보가 결정되어 공표되기 때문에 사실상 2단계, 3단계, 그리고 4단계는 형식적인 절차라고도 볼 수 있다. 그뿐만 아니라 2016년의 경우 1단계가 2월 1일에 시행되고 4단계가 6월 18일에 시행되기 때문에 시간적인 차이도 매우 크다. 하지만 아이오와 코커스의 여러 단계와 특징을 이해하기 위해 간단하게 나머지 단계들을 설명하도록 하겠다.

2단계는 3월 12일 아이오와주 내 99개의 카운티에서 각각 실시되는데, 각 카운티 컨벤션의 참가자는 1681개의 구역 코커스에서 대통령 선호 비율에 비례하여 선출된 대의원들이다. 그들은 그들의 거주지가 속해 있는 카운티에서 실시되는 컨벤션에 참가하여 4월 30일 열리는 코커스의 3단계인 아

<표 3-23> 2016년 아이오와 민주당 카운티 컨벤션 하원 선거구별 결과

	하원 선거구 1	하원 선거구 2	하원 선거구 3	하원 선거구 4	합계
선출된 총대의원 수	388	372	354	287	1,401
유효 대의원 수*	388	372	352	287	1,399
클린턴 후보 지지 대의원 수	193	179	183	146	701
샌더스 후보 지지 대의원 수	195	193	169	141	698
오말리 후보 지지 대의원 수	0	0	1	0	1
지지 후보 없는 대의원 수	0	0	1	0	1

* 유효 대의원 수는 디스트릭트 컨벤션과 주 컨벤션에 참가할 선출된 대의원 수이며, 하원 선거구 3의 경우 민주당의 최소득표 충족 규정을 적용해 전체 득표수의 15%에 미달하는 오말리 후보를 지지하는 대의원 1명과 지지 후보가 없는 대의원 1명을 선출된 총대의원 수에서 제외한 대의원 수이다.

이오와주 연방하원 선거구 컨벤션, 즉 디스트릭트 컨벤션과 아이오와주 민주당 컨벤션에 참가할 대의원을 선출한다. 선출방식은 대통령 선호그룹을 형성하여 구역 코커스에서 했던 방법과 같은 방법으로 후보의 선호 비율에 따라 대의원을 뽑는 것이다. 99개의 카운티 컨벤션을 4개의 하원 선거구로 나누어 거기서 선출되는 디스트릭트 컨벤션 참가자는 사실상 코커스의 마지막 4단계인 주 컨벤션에 참가하는 대의원들과 같은 사람들이다(107쪽 〈그림 3-1〉 참고). 99개의 카운티별로 실시된 카운티 컨벤션의 결과를 4개의 하원 선거구별로 집계한 것을 보면 〈표 3-23〉과 같다.

클린턴 후보에게 배정된 하원 선거구 1의 대의원 193명이라는 말은 99개의 카운티 중 하원 선거구 1에 속하는 카운티에서 선출된 388명의 대의원 중 클린턴 후보 지지 대의원의 수가 193명이라는 의미이다. 따라서 4월 30일 민주당 전당대회에 참가할 대의원 8명을 선출하는 하원 선거구 1의 디스트릭트 컨벤션에 참가하게 될 대의원 388명 중 이들 193명은 클린턴 후보를 지지하게 된다(〈표 3-23〉 참고).

같은 식으로 하원의원 선거구 2에 속하는 카운티에서 선출된 클린턴 후보 지지 대의원 179명도 민주당 전당대회에 참가할 대의원 8명을 선출하는 하원 선거구 2의 디스트릭트 컨벤션에 참가해 역시 클린턴 후보를 지지하게 되는 것이다(108쪽 〈그림 3-1〉 참고).

(3) 3단계: 디스트릭트 컨벤션District Convention

3단계인 디스트릭트 컨벤션은 4월 30일 아이오와주 하원의원 선거구 4개 별로 각각 실시되며 각 디스트릭트에 속하는 카운티의 대통령 후보에 대한 선호 비율에 따라 민주당 전당대회에 참석할 51명의 대의원 중 4개의 하원의원 선거구를 대표하는 대의원 29명을 선출한다.

2단계에서 99개의 카운티 컨벤션에서 선출된 총 1401명의 대의원 중에 1399명이 유효 대의원이었다. 그러나 4월 30일 실시된 디스트릭트 컨벤션에 참석한 총대의원 수는 1383명임을 알 수 있는데 이는 16명이 불참한 것이라고 볼 수 있다. 하원 선거구 1에서 전당대회에 참가할 대의원 8명을 선출하는 디스트릭트 컨벤션 결과를 보면 총 388명의 대의원 중 클린턴 후보를 지지하는 대의원 수가 193명이고, 샌더스 후보를 지지하는 대의원 수가 195명이다. 이것을 비례 배분 방식을 이용하면 클린턴 후보의 확보대의원

〈표 3-24〉 2016년 아이오와 민주당 디스트릭트 컨벤션 결과

		하원 선거구 1	하원 선거구 2	하원 선거구 3	하원 선거구 3	합계
	디스트릭트 컨벤션 대의원	388	371	345	279	1,383
	유효 디스트릭트 컨벤션 대의원	388	371	345	279	1,383
	할당 대의원 수	8	8	7	6	*29*
힐러리 클린턴	클린턴 후보 지지 대의원	193	180	181	143	
	확보 전당대회 대의원 수	3.979	3.881	3.672	3.075	
	최종 전당대회 대의원 수	4	4	4	3	*15*
버니 샌더스	샌더스 후보 지지 대의원	195	191	164	136	
	확보 전당대회 대의원 수	4.021	4.119	3.328	2.925	
	최종 전당대회 대의원 수	4	4	3	3	*14*

수는 소수점 이하 셋째 자리까지 3.979명 그리고 샌더스 후보의 확보대의
원수 역시 4.021명이다. 여기에 민주당의 배정방식을 이용하면 최종 대의
원 확보 수는 클린턴 4명 그리고 샌더스 역시 4명이 된다.[19) 이러한 방식으
로 4개의 디스트릭트 컨벤션의 결과를 종합해 보면 민주당에서 아이오와주
에 할당한 전당대회 대의원 51명 중, 하원의원 선거구에 할당된 29명이 클
린턴 후보에 15명, 그리고 샌더스 후보에 14명이 배정된 것을 알 수 있다.

(4) 4단계: 주 컨벤션State Convention

마지막 4단계는 6월 18일 실시되는 아이오와 민주당 주 컨벤션인데 여기
서는 각 대통령 후보에 대한 주 전체의 선호 비율에 따라 주 전체를 대표하
는 전당대회 대의원 15명을 선출한다. 그중 9명은 주 전체 대표 선언 대의원
이고 6명은 선언 PLEO, 즉 정당지도부이다. 주 컨벤션은 카운티 컨벤션에
서 선출된 4개의 디스트릭트 대의원들과 같은 사람들이며 단지 그들이 4개
의 디스트릭트별로 모였던 디스트릭트 컨벤션과는 달리 하나의 그룹으로 모
인 것이다. 다시 말하면 주 전체를 대표하는 민주당 주 컨벤션은 아이오와주
총 4개의 하원의원 선거구를 대표하는 민주당 디스트릭트 컨벤션이 합해진
것이라고 할 수 있다. 2016년 아이오와 민주당 주 컨벤션의 결과는 〈표
3-25〉와 같다.

3단계에서 4개의 디스트릭트 컨벤션에 참가한 대의원 수는 1383명이었
다. 그러나 그들이 한 그룹으로 참석하는 주 컨벤션에는 1285명만이 참가
한 것을 위의 표에서 볼 수 있는데 그 이유는 98명이 불참했기 때문이라고
보인다. 먼저 주 전체를 대표하는 6명의 선언 대의원, 즉 선언 PLEO 선출을
보면 1285명의 대의원 중 클린턴 후보 지지 대의원이 714명 그리고 샌더스

---

19) 아칸소주 민주당 프라이머리 설명 부분을 참고.

<표 3-25> 2016년 아이오와 민주당 주 컨벤션 결과

		선언 PLEO	주 전체 대표	합계
	주 컨벤션 대의원 수	1,285	1,285	
	할당 대의원 수	6	9	**15**
클린턴	클린턴 후보 지지 주 컨벤션 대의원 수	714	714	
	확보 전당대회 대의원 수	3.334	5.001	
	최종 확보 전당대회 대의원 수	3	5	**8**
샌더스	샌더스 후보 지지 주 컨벤션 대의원 수	571	571	
	확보 전당대회 대의원 수	2.666	3.999	
	최종 확보 전당대회 대의원 수	3	4	**7**

후보를 지지하는 대의원이 571명임을 알 수 있다. 여기에서 비례 배분 방식을 적용하면 클린턴 후보와 샌더스 후보 모두 3명의 대의원을 최종 확보했다. 다음으로 주 전체를 대표하는 선언 대의원 9명 중 클린턴 후보 지지가 5명, 샌더스 후보 지지가 4명이 선출되었다. 결과적으로 주 컨벤션에서 15명이 민주당 전당대회 대의원으로 선출되었고, 그중 8명은 클린턴 후보가 그리고 7명은 샌더스 후보가 확보한 것이다.

4단계까지의 결과를 종합해 보면 아이오와주 민주당 전당대회 대의원 총 51명 중 비선언 PLEO를 제외한 44명의 대의원은 클린턴 후보가 23명을 그리고 샌더스 후보가 21명을 확보한 것이다. 두 후보가 최종 확보한 대의원 수는 AP 통신이 예측한 〈표 3-22〉에서의 결과와 일치한다. 이들 44명의 최종 선출된 대의원들과 선거를 거치지 않는 7명의 당연직 비선언 대의원, 즉 수퍼대의원들을 합하면 민주당 전당대회 아이오와주 대의원 총수인 51명이 되고, 이들은 2016년 7월 25일부터 28일까지 필라델피아에서 열리는 민주당 전당대회에 아이오와주 대표로 참석하게 된다.

아이오와 민주당 코커스를 간단히 줄이자면 다음과 같다. 구역 코커스에서 결정된 각 대통령 후보별 지지율에 비례하여 2단계인 카운티 컨벤션에 참석하는 대의원이 선출된다. 그리고 2단계 카운티 컨벤션에서 각 대통령 후보별 지지율에 비례하여 3단계인 디스트릭트 컨벤션에 참가하는 대의원이 선출되기 때문에 최종 민주당 전당대회에 나가는 아이오와주 대의원들은 결국 1681개의 구역 코커스에서 집계된 각 대통령에 대한 지지율에 의해 선출된다고 볼 수 있다. 이렇게 여러 단계로 이루어진 아이오와 민주당 코커스는 사실 자세히 들여다보면 앞서 예를 들었던 아칸소주 민주당을 포함하여 가장 많은 주에서 채택되고 있는 비례 배분 프라이머리를 여러 단계에서 반복적으로 적용하고 있는 것과 같다고 볼 수 있다. 아이오와 민주당 코커스의 공식 명칭이 비례 배분 코커스 또는 컨벤션인 이유가 바로 그것이다(71쪽 참고). 그리고 컨벤션이라는 단어가 붙는 이유는 아이오와 코커스의 1단계만 코커스 방식이고 2단계부터 4단계까지는 컨벤션 방식이기 때문이다. 따라서 아이오와 코커스는 사실 다른 프라이머리와는 완전히 성격이 다른 예비선거 방식이 아니라 가장 많이 쓰이는 비례 배분 프라이머리와 그 성격은 본질적으로 같으며 다른 점이 있다면 대의원 선출과정을 좀 더 세분화하고 단계적으로 만들어 더 많은 사람을 대의원 선출과정에 참가할 수 있도록 한다는 것이다. 아이오와 구역 코커스가 실시된 2월 1일 다음 날 일찍 모든 결과가 집계되고 아이오와 민주당과 주 정부뿐만 아니라 각종 언론도 어떤 후보가 승리했는지를 발표한 후에는 아이오와 코커스는 더 이상 언론의 관심을 끌지는 않지만 그 후 5개월 이상 계속되는 2, 3, 4단계의 절차를 통해 아이오와주는 그들 나름대로의 독특한 예비선거의 방식인 코커스의 전통을 지키고 있다.

3) 2020년 아이오와 민주당 코커스

아이오와주 민주당은 2020년 전당대회에 참석해 대통령 후보를 선출하는 대의원 49명을 할당받았다. 이는 2016년의 대의원 수에 비해 2명이 줄어든 수이다. 49명은 연방하원 선거구 4개에 할당된 27명, 주 전체를 대표하는 대의원 9명, 선언 PLEO 대의원 5명, 그리고 비선언 PLEO 대의원 8명이다.[20] 우선 2020년 아이오와 민주당 코커스에 출마한 대통령 후보들은 조 바이든, 버니 샌더스, 피트 부테제지[21], 에이미 클로부샤, 엘리자베스 워렌, 앤드루 옝 등이다.

(1) 1단계: 구역 코커스

구역 코커스는 2월 3일 실시되었으나 코로나 확산으로 인해 역사상 처음으로 1678개 구역에서의 실제 코커스와 87개의 위성 사이트를 통한 원격 구역 코커스가 동시에 실시되었다. 아이오와 민주당 코커스는 당원만이 참가하는 폐쇄형이기 때문에 위성을 통한 원격 구역 코커스에 참가를 원하는 당원들은 참가 등록을 위해 코커스가 실시되기 전 미리 지정된 위성 사이트에 접속해 참가 의사를 밝혔다. 위성 사이트를 동시에 이용했다는 점을 제외하면 아이오와 민주당 구역 코커스는 종전과 같은 전통적인 방식으로 진행되었다. 예를 들면 각 구역 코커스의 진행자가 각 대통령 후보를 지지하는 최종 선호그룹별 인원수를 파악한 뒤 그 결과 최소 충족요건을 만족시키지 못하는 대통령 후보는 해당 구역 코커스에서 탈락하게 된다. 그 최소 충족요건은 다음과 같다.

- 2단계인 카운티 컨벤션에 참가할 대의원을 1명만 선출하는 구역 코커

---

20) 54쪽 〈표 3-2〉 참고.

21) 2020년 아이오와 민주당 코커스 당시까지도 Pete Buttigieg 후보의 이름(성)을 어떻게 발음해야 할지 많은 미국인들도 정확히 알지 못했으나, Buttigieg 후보는 자신의 이름은 자신의 아버지가 태어난 몰타(Malta)에서는 흔한 이름이고 그 발음은 Boot-edge-edge, 즉 '부테제지'라고 직접 밝힌 바 있다. 출처: 2019년 4월 5일 CBS 뉴스.

스에서는 50% 득표;

- 2명의 대의원만을 선출하는 선거구의 경우 25% 득표;

- 3명의 대의원만을 선출하는 선거구의 경우 16.66% 득표;

- 3명 이상의 대의원을 선출하는 대다수 선거구의 경우 15% 득표.

2020년 구역 코커스의 진행에 대한 내용은 2016년 구역 코커스를 소개한 부분에 자세히 설명했기 때문에 여기서는 생략하도록 한다. 〈표 3-26〉은 1678개의 구역 코커스와 87개의 위성 사이트를 통한 원격 구역 코커스의 투표 결과를 아이오와주 4개의 연방하원 선거구별로 집계해 각 후보가 확보하게 될 전당대회 대의원 수, 즉 디스트릭트 컨벤션의 예측 결과이며 2월 27일 아이오와주 민주당에 의해 공개되었다. 그러나 아이오와주 민주당은 2016년과는 달리 실제 구역 코커스의 투표 결과를 공개하지 않고 4개의 각 하원 선거구별 SDEState Delegate Equivalents 투표수만을 공개했다. SDE 투표수란 구역 코커스의 투표 결과를 반영해 6월의 주 컨벤션에 참가할 대의원의 총투표수를 의미한다. 2016년 아이오와 민주당 코커스에서 언급했듯이, 주 컨벤션 참가 대의원 수는 4개의 디스트릭트 컨벤션 참가 대의원 수를 합한 수와 같다.

아이오와 민주당 코커스의 결과는 1단계인 모든 구역 코커스에서의 대통령 선호도를 통합하여 산출한 주 전체의 선호 비율에 따라 2단계, 3단계, 그리고 마지막 4단계인 주 컨벤션에서 각 후보별 전당대회 대의원이 배정된다. 하지만 실제 모든 구역 코커스의 투표 결과가 없으면 각 단계별 참가 대의원 수 및 그 수를 반영하여 후보별로 확보하게 되는 전당대회 대의원 수를 정확하게 예측한다는 것은 매우 어렵다. 설사 모든 구역 코커스의 투표 결과가 있다 해도 그 결과를 반영해 다음 단계에 참가하게 될 대의원 중 불참하는 인원이 있을 수 있으므로 후보별 확정 대의원 수에는 영향을 주지 않는다고 해도 100% 정확한 결과를 예측하기는 쉽지 않다.

후보별로 확보하게 되는 전당대회 대의원 수를 정확하게 예측하는 데 가장 필수적인 구역 코커스의 투표 결과를 발표하지 않은 데에는 물론 다른 이유도 있었겠지만, 구역 코커스가 일단 1678개의 구역 코커스와 87개의 위성 구역 코커스로 진행되었을 뿐만 아니라 2020년 아이오와 민주당 코커스에서는 전체 구역 코커스의 투표 결과를 수집해 통합한 결과를 아이오와주 민주당으로 송신해주는 스마트폰 앱에 심각한 문제가 가장 큰 이유라고 볼 수 있다. 2016년에는 마이크로소프트와 인터놀로지가 공동 개발한 스마트폰 앱을 사용해 이러한 집계가 3시간 이내에 가능했으나, 2020년의 아이오와 민주당이 도입한 스마트폰 앱은 비교적 잘 알려지지 않았을 뿐만 아니라 아이오와 코커스 정도로 대규모 행사의 방대한 데이터 수집과 전송에 전혀 경험이 없는 쉐도우Shadow, Inc.라는 회사가 만든 스마트폰 앱에 오류가 발생해 데이터의 일부가 전송되지 않았고 아이오와주 민주당도 이 사실을 인정했다. 결국 이 문제로 인해 아이오와주 민주당 의장인 트로이 프라이스Troy Price는 2월 12일 사임하게 되었다.

부테제지 후보와 샌더스 후보가 구역 코커스 투표 결과에 대한 재검표를 요구했고, 2월 8일 아이오와 민주당은 재 검표된 2151표 중 부테제지 후보의 SDE 득표수는 562.954 그리고 샌더스 후보의 SDE 득표수는 562.021표였으며 근소한 차이로 부테제지 후보가 앞섰다고 발표했고, 이에 따라 각 언론도 2020년 아이오와 민주당 코커스의 승자는 부테제지 후보라고 보도했다. 하지만 2016 코커스에서 구역 코커스의 투표 결과에 의해 후보별 최종 확보 전당대회 대의원 수를 정확하게 예측한 AP통신은 코커스의 정확한 결과가 밝혀지기 전까지는 확실한 승자가 누구라고 발표할 수 없다는 기사를 2월 28일 내보냈다.

이렇듯 코커스의 1단계인 구역 코커스 투표 결과에서부터 문제가 발생했

〈표 3-26〉 2020년 아이오와 민주당 디스트릭트 컨벤션 예측 결과(2020년 2월 27일 아이오와주 민주당 공개)

선거구		하원 선거구 1	하원 선거구 2	하원 선거구 3	하원 선거구 4	합계
	SDE 투표수	564.7484	554.2580	609.9859	418.1077	2147.1000
	유효 SDE 투표수	491.4618	413.3300	535.3858	348.2175	1,788.3951
	할당 대의원 수	7	7	8	5	**27**
부테제지	부테제지 지지 대의원 수	147.8163	143.3223	164.2389	107.5763	562.9538
	확보 전당대회 대의원 수	2.105	2.427	2.454	1.545	
	실제 확보 전당대회 대의원 수	2	2	3	2	**9**
샌더스	샌더스 지지 대의원 수	145.2917	157.1856	159.2701	100.2740	562.0120
	확보 전당대회 대의원 수	2.069	2.662	2.380	1.440	
	실제 확보 전당대회 대의원 수	2	3	2	1	**8**
워렌	워렌 지지 대의원 수	95.5602	112.8221	119.0656	60.9924	388.4403
	확보 전당대회 대의원 수	1.361	1.911	1.779		
	실제 확보 전당대회 대의원 수	1	2	2		**5**
바이든	바이든 지지 대의원 수	102.7936	72.7595	92.8112	71.9595	340.3238
	확보 전당대회 대의원 수	1.464		1.387	1.033	
	최종 확보 전당대회 대의원 수	2		1	1	**4**
클로부샤	클로부샤 지지 대의원 수	66.7423	58.9573	69.7616	68.4077	263.8689
	확보 전당대회 대의원 수				0.982	
	최종 확보 전당대회 대의원 수				1	**1**

* SDE 투표수: 전체 구역 코커스의 투표 결과를 반영해 6월의 주 컨벤션에 참가할 대의원의 총투표수를 말하며(소수점 이하 다섯째 자리에서 반올림), 표의 SDE 투표수는 4개의 각 연방하원 선거구 컨벤션을 선거구로 하는 디스트릭트 컨벤션에 참가하는 대의원의 투표수로 분류되어 있다. 주 컨벤션 참가 대의원 총수는 4개의 하원 선거구 참가 대의원 수를 합한 수와 같다.
** 유효 SDE 투표수: 전체 구역 코커스의 투표 결과를 4개의 하원 선거구별로 나누어 집계한 수에서 15% 미만의 지지를 받은 대통령 후보의 득표수를 제외한 투표수이다.

음에도 아이오와주 민주당은 2월 27일 실제 구역 코커스 투표 결과 대신 SDE 투표수를 근거로 〈표 3-26〉과 같이 연방하원 선거구별로 전당대회 대의원을 선출하는 디스트릭트 컨벤션의 예측 결과를 발표했다.

〈표 3-26〉에서 바이든 후보가 하원 선거구 1에서 전당대회 대의원 2명

(굵은 이탤릭체)을 확보한 것을 민주당의 대의원 배분 규정에 따라 설명하면 다음과 같다.

$$\frac{\text{구역 코커스의 투표수에 비례하여 주 컨벤션에서 배정받을 지지 대의원 수} = 102.7936}{\text{하원 선거구 1 유효 SDE 투표수} = 491.4618} \times 7 \,\, \frac{\text{하원 선거구 1에 할당된}}{\text{전당대회 대의원 수}} = 1.464$$

여기서 소수점 이하를 버리면 1명이 되는데 이 방식에 의해 다른 후보들에 할당된 대의원 수의 소수점 이하 첫째 자리보다 바이든 후보의 숫자가 1에 가까우므로 할당된 대의원 7명 중 남은 1명은 바이든 후보에게 배정되어 최종 확보한 전당대회 대의원 수는 2명이 되는 것이다. 단, 클로부샤 후보는 하원 선거구 1에 참가한 대의원들로부터 15% 미만의 지지를 받아 전당대회 대의원을 확보하지 못하고 그녀가 득표한 수는 유효 투표수에서 제외되었다.

〈표 3-26〉을 다시 보면 디스트릭트 컨벤션 결과를 예측한 것임에도 4개의 연방하원 선거구에 참가한 디스트릭트 컨벤션 대의원 수 대신 SDE 투표수가 표시되어 있음을 알 수 있다(115쪽 〈표 3-24〉 2016년 아이오와 민주당 디스트릭트 컨벤션 결과 참고).

같은 날인 2월 27일 아이오와주 민주당은 주 컨벤션에서 각 후보별로 배정될 지지 대의원 수와 각 후보가 확보하게 될 선언 PLEO 대의원 수와 주전체 대표 대의원 수도 예측해 발표했다. 주 컨벤션에서 선출될 전당대회 선언 PLEO 대의원 수는 5명이며 주 전체 대표 전당대회 대의원 수는 9명이다. 〈표 3-27〉는 6월 13일 예정된 주 컨벤션의 예측 결과를 표로 만든 것이다.

〈표 3-27〉에서 2월 27일 아이오와주 민주당이 예측한 SDE 투표수는 2147.1000, 즉 소수점 이하 둘째 자리에서 반올림하면 2147.1표였으나 실제 온라인과 우편 투표의 총수는 1781표였다. 따라서 전체 구역 코커스들의 대통령 선호도를 통합하여 산출한 주 전체의 선호 비율에 따라 각 후보에

〈표 3-27〉 2020년 아이오와 민주당 주 컨벤션 예측 결과(2020년 2월 27일 아이오와주 민주당 공개)

주 컨벤션		선언 PLEO 대의원	주 전체 대표	합계
	SDE 투표수*	2,147.1000	2,147.1000***	
	유효 SDE 투표수**	1,853.7393	1,853.7393	
	할당 대의원 수	5	9	*14*
부테제지	SDE 투표수	562.9538	562.9538	
	확보 전당대회 대의원 수	1.518	2.733	
	최종 전당대회 대의원 수	2	3	*5*
샌더스	SDE 투표수	562.0214	562.0214	
	확보 전당대회 대의원 수	1.516	2.729	
	최종 전당대회 대의원 수	1	3	*4*
워렌	SDE 투표수	388.4403	388.4403	
	확보 전당대회 대의원 수	1.048	1.886	
	최종 전당대회 대의원 수	1	2	*3*
바이든	SDE 투표수	340.3238	340.3238	
	확보 전당대회 대의원 수	0.918	1.652	
	최종 전당대회 대의원 수	1	1	*2*

* SDE 투표수: 구역 코커스의 투표 결과를 반영해 6월의 주 컨벤션에 참가할 대의원의 총투표수를 말하며, 위의 표의 SDE 투표수는 4개의 각 하원 선거구 컨벤션에 참가하는 대의원의 투표수로 분류되어 있다. 주 컨벤션 참가 대의원 총수는 4개의 하원 선거구 참가 대의원 수를 합한 수와 같다.
** 유효 SDE 투표수: 구역 코커스의 투표 결과를 4개의 하원 선거구별로 나누어 집계한 수에서 15% 미만의 지지를 받은 대통령 후보의 득표수를 제외한 투표수이다.
*** 〈표 3-26〉의 4개의 하원 선거구 컨벤션의 SDE 투표수와 주 컨벤션의 SDE 투표수가 같은 이유는 4개의 디스트릭트 컨벤션 대의원들이 주 컨벤션에도 참가하기 때문이다. 한편, 디스트릭트 컨벤션의 유효 SDE 투표수가 더 적은 이유는 디스트릭트 컨벤션에서는 15% 미만 득표한 대통령 후보의 수가 주 컨벤션에서보다 더 많았고 그들이 득표한 수는 유효 득표수에 포함되지 않았기 때문이다.

최종 배정된 2016년의 코커스와 비교해 볼 때, 온라인과 우편 투표에 참여하지 않은 주 컨벤션 대의원들의 수가 훨씬 많았다는 것을 의미한다. 2016년의 경우 주 컨벤션 참가 대의원은 1383명이었다. 그러나 이들 중 1285명이 참가해 98명만이 불참했다. 물론 2020년의 주 컨벤션 불참 인원이 각 후보별 확보 전당대회 대의원 수에 영향을 주지는 않았고 아이오와주 민주당이 2월 27일 발표한 후보별 확보 전당대회 대의원 수의 예측은 빗나가지는

<표 3-28> 아이오와 민주당 코커스 예측 결과: 후보별 확보 전당대회 대의원 수(비선언 PLEO인 수퍼대의원 8명 제외)

		부테제지	샌더스	워렌	바이든	클로부샤
디스트릭트 대표 대의원	27	9	8	5	4	1
주 컨벤션 선언 대의원	14	5	4	3	2	1
합계	*41*	*14*	*12*	*8*	*6*	*1*

않았지만 2016년 코커스에 비해 여러 면에서 만족할 만한 결과를 만들어 내지 못했던 것은 부인할 수 없다.

아이오와주 민주당에 할당된 2020년 전당대회 대의원 49명 중 8명의 비선언 PLEO(수퍼대의원) 대의원을 제외한 41명 중 디스트릭트 컨벤션에서 각 후보가 확보하게 될 대의원 수와 주 컨벤션에서 확보하게 될 선언 PLEO 대의원과 주 전체 대표 대의원 수를 정리해 보면 〈표 3-28〉과 같다.

지금까지 아이오와주 민주당이 2월 3일 실시한 코커스의 1단계인 구역 코커스에서의 대통령 후보 선호 비율을 통합하여 반영한 주 전체의 선호 비율에 따른 디스트릭트 컨벤션과 주 컨벤션 결과에 대한 예측을 살펴보았다. 1678개의 구역 코커스와 87개의 위성 사이트를 통한 원격 구역 코커스의 투표 결과를 반영하여 민주당이 2월 27일 발표한 SDE 투표수에 따르면 코커스의 2단계인 총 99개의 카운티 컨벤션 참가 대의원은 1만 1402명이 되며 그들은 다시 SDE 투표수에 비례하여 3단계인 4개의 각 디스트릭트 컨벤션에 참가할 대의원 2107명을 선출하게 되는데 4개의 디스트릭트 참가 대의원들은 주 컨벤션에도 참가하게 된다.

코커스의 2단계인 카운티 컨벤션은 3월 21일에 실시되기로 예정되어 있었으나, 3월 13일 아이오와주 민주당은 코로나 확산으로 인해 무기한 연기한다고 발표했고, 4월 8일에는 다시 코커스의 2단계인 카운티 컨벤션을 비롯해 3단계인 디스트릭트 컨벤션과 마지막 4단계인 주 컨벤션도 코로나 확

산으로부터의 아이오와 주민의 안전을 고려해 온라인 방식과 우편 투표의
방식으로 실시한다고 발표했다.

(2) 2단계: 카운티 컨벤션

2016년 아이오와주 코커스에서 설명했듯이, 카운티 컨벤션은 주 전체
99개의 카운티별로 실시되며 각 카운티 내 구역 코커스의 대통령 선호 비율
에 따라 각 대통령 후보에 대한 선호그룹을 형성하여 3단계 디스트릭트 컨
벤션과 주 컨벤션에 참가할 대의원 수를 배분한 후 선출하는 과정이다. 하지
만 2020년의 카운티 컨벤션은 이 과정이 온라인과 우편 투표로 진행되었
고, 카운티 코커스의 결과는 공개되지 않았지만, 위의 코커스 1단계에 마지
막 부분에서 언급했듯이 전체 구역 코커스의 SDE 투표수를 비례 적용하면
총 99개의 카운티에서 1만 1402명이 선출되게 된다.

(3) 3단계: 디스트릭트 컨벤션

디스트릭트 컨벤션은 아이오와주 연방하원 선거구 4개별로 실시되며, 각
디스트릭트에 속하는 카운티 코커스에서의 대통령 후보 선호 비율에 따라
각 대통령 후보에 대한 선호그룹을 형성해 민주당 전당대회에 참석할 49명
의 대의원 중 27명을 선출한다. 2020년 디스트릭트 컨벤션은 4월 25일에
실시될 예정이었으나 코로나 팬데믹으로 인해 5월 25일부터 30일까지 카
운티 컨벤션과 같은 방식, 즉 온라인과 우편 투표를 통해 실시되었고, 〈표
3-26〉에서 아이오와주 민주당이 예측한 바와 같이 4개의 연방하원 선거구
를 대표하는 전당대회 대의원 27명 중 부테제지 후보가 9명, 샌더스 후보가
8명, 워렌 후보가 5명 바이든 후보가 4명 그리고 클로부샤 후보가 1명의 전
당대회 대의원을 확보했다.

(4) 4단계: 주 컨벤션

6월 13일로 예정되어 있었던 주 컨벤션에서는 4개의 각 디스트릭트 컨벤션에 참가했던 대의원들이 모여 전체 구역 코커스의 각 대통령 후보에 대한 선호도를 주 전체의 선호도로 환산한 비율에 따라 주 전체를 대표하는 5명의 선언 PLEO 대의원과 9명의 주 전체 대표 대의원을 선출하는데, 코로나 확산으로 인해 6월 3일부터 6월 10일까지 코커스의 2단계와 3단계와 같은 방식인 온라인과 우편 투표로 대체했다. 앞의 1단계에서 언급했듯이 비록 주 컨벤션 참가 대의원 수에는 온라인과 우편 투표의 방식으로 인해 불참 인원이 많이 있었지만 이들 14명의 전당대회 대의원들은 결국 코커스의 1단계인 전체 구역 코커스의 대통령 후보 선호도에 비례해 선출되었기 때문에 이 컨벤션의 결과는 2월 27일 아이오와 민주당이 발표한 주 컨벤션의 결과와 같았다. 따라서 민주당 전당대회에 참가하는 아이오와주 대의원 총 49명 중 비선언 PLEO 대의원 8명을 제외한 41명 중 27명은 3단계인 디스트릭트 컨벤션에서 선출되었고, 4단계인 주 컨벤션의 결과 14명이 추가로 선출되었다. 그들 14명 중 부테제지 후보 5명, 샌더스 후보 4명, 워렌 후보 3명, 바이든 후보는 2명의 전당대회 대의원을 확보했다(124쪽 〈표 3-27〉 참고).

나머지 비선언 PLEO 대의원인 8명은, 5명의 민주당 전국위원회 위원, 3명의 아이오와주의 민주당 연방 하원의원이다(2020년 당시 아이오와주의 4명의 연방 하원의원 중 1명과 연방 상원의원 2명은 공화당이었다).

(5) 2020 아이오와 민주당 코커스: 결론

결과적으로 2020년 2월 3일 1678개의 구역 코커스와 87개의 위성 사이트를 통한 원격 구역 코커스의 결과를 반영해 2단계, 3단계, 4단계를 걸친 아이오와주 민주당 코커스는, 8명의 비선언 PLEO 대의원을 제외한 41명의 전당대회 참가 대의원 중 14명을 확보한 부테제지 후보가 승리했고, 6월 13

일 아이오와 민주당은 2020년 코커스의 최종 결과를 발표했다.

2016년 아이오와 민주당 코커스에서 살펴보았듯이 디스트릭트 컨벤션과 주 컨벤션의 결과는 구역 코커스의 투표 결과를 정확하게 반영하는데 2020년의 코커스에서는 위성 사이트를 통한 원격 구역 코커스, 스마트폰 앱의 결함으로 인한 코커스 결과 발표의 지연, 온라인과 우편 투표 등의 정확도와 각 단계에서의 대의원들의 불참 등 많은 문제가 있어 그 결과에 의혹이 있었던 것은 사실이나 각 후보가 확보한 전당대회 대의원 수와 그에 따라 행해진 전당대회 참가 대의원들의 선출은 예측 결과를 뒤엎을 정도의 오차 없이 이루어졌다.

한편, 2020년 2월 8일 아이오와 민주당 코커스의 결과가 예측된 후, 부테제지 후보와 클로부샤 후보가 수퍼 화요일Super Tuesday22) 전날인 3월 2일 민주당 대통령 후보를 사퇴하고 바이든 후보 지지를 선언했다. 이어서 4월 15일 워렌 후보도 사퇴하고 바이든 후보 지지를 선언함에 따라 6월 3일~10일에 온라인과 우편 투표로 실시된 주 컨벤션 이후 부테제지 후보가 확보하게 될 2명의 선언 PLEO 대의원 그리고 3명의 주 전체 대표 대의원과 워렌 후보가 확보하게 될 1명의 PLEO 선언 대의원과 2명의 주 전체 대표 대의원을 합한 8명, 그리고 디스트릭트 컨벤션에서 클로부샤 후보가 확보한 대의원 1명은 그들의 각자 후보에 대한 지지를 철회하였다. 이들 중 클로부샤 후보가 확보한 대의원 1명을 제외한 8명의 전당대회 참가 선언 대의원들은 바이든 후보에게 배정되어 결과적으로 바이든 후보는 그가 이미 확보한 6명의

---

22) 수퍼 화요일은 뉴햄프셔 프라이머리나 아이오와 코커스 직후 그 외의 주들에서 예비선거(프라이머리 혹은 코커스)가 가장 많이 실시되는 화요일이다. 따라서 수퍼 화요일에 실시되는 여러 주의 예비선거의 결과를 보면 많은 경우 전당대회 이전에 각 정당에서 지명될 후보를 거의 정확히 예측할 수 있다. 2020년의 수퍼 화요일인 3월 3일에는 미국 해외영토 아메리칸 사모아와 14개주에서 예비선거가 실시되었다. 수퍼 화요일은 슈퍼 화요일로 표기하기도 하지만 이 책에서는 수퍼 화요일로 부르기로 한다.

대의원에 8명을 추가함으로써 비선언 PLEO 대의원 8명을 제외한 41명의 전당대회 대의원 중 14명을 확보하게 되었다.[23] 바이든 후보는 2월 4일 아이오와주 민주당이 부테제지 후보의 승리를 발표한 후 아이오와 민주당 코커스의 새로운 승자가 된 셈이다.

2016년의 아이오와 민주당 코커스와 2020년의 코커스를 비교해 보면, 2016년의 코커스가 아이오와 민주당 코커스의 전통적인 과정과 방식을 이해하는데 훨씬 더 좋은 예가 될 수 있다는 점을 부인하기 어렵다. 2020년의 경우 위에서 언급했듯이 코로나 바이러스 확산으로 인한 위성 이용 원격 구역 코커스의 문제와 코커스 결과의 집계와 송신에 있어서의 기술적인 문제, 2단계, 3단계, 그리고 마지막 4단계의 컨벤션이 온라인과 우편 투표로 실시되어 실제로 개최된 컨벤션에 비해 그 결과의 정확성이 떨어졌던 점들을 고려할 때 2020년 아이오와 민주당 코커스는 원래의 코커스의 취지와 방식을 정확히 설명하기에는 부족한 점이 많다고 봐야 할 것 같다.

4) 2016년 아이오와 공화당 코커스

아이오와 공화당 코커스도 민주당과 마찬가지로 폐쇄형 코커스를 채택하고 있어 투표는 공화당 당원만 가능하다. 아이오와주 공화당은 전당대회 참가 총대의원 수인 2472명 중 30명을 할당받았다. 30명의 대의원은 주 전체 대표 대의원 10명, 4개의 연방하원 선거구별로 3명씩 12명, 3명의 정당지도부 대의원과 그리고 보너스 대의원 5명이다.[24]

---

23) 각 대통령 후보가 확보한 전당대회 참가 대의원 수는 전당대회 전이나 혹은 전당대회 기간 중 대통령 후보가 사퇴하는 경우에 바뀔 수 있고, 지지 후보를 선언하지 않고 전당대회에 참가하는 비선언 PLEO 대의원들, 즉 수퍼대의원들도 최종 지지 대의원수에 변수로 작용하게 된다.

24) 58쪽 〈표 3-3〉 참고.

대의원 선출 방법은 앞서 민주당 코커스와 같은 비례 배분 코커스를 채택하고 있으며 역시 4단계로 이루어져 있어 아이오와 민주당 코커스와 유사하다고 볼 수 있다. 하지만 코커스의 각 단계에서 선출된 대의원들은 그들이 지지하는 대통령 후보를 선언하지 않아도 되기 때문에 첫 단계인 구역 코커스에서 집계된 각 대통령 후보에 대한 지지율이 다음 단계에 정확히 반영되지 않았었다.[25] 따라서 3, 4단계에서 선출되는 전당대회 참가 대의원들의 대통령 후보 지지율은 구역 코커스에서 집계된 각 대통령 후보에 대한 지지율과 다소 차이가 있을 수 있었다.[26] 이러한 이유로 공화당은 2016년 아이오와 코커스부터 대의원들은 각 단계에서 구역 코커스에서 집계된 각 대통령 후보에 대한 지지율에 따라 투표해야 하는 이른바 의무 규칙binding rule을 채택하기 시작했고 이로 인해 아이오와 민주당 코커스의 경우와 같이 구역 코커스 결과만으로도 각 대통령 후보의 최종 대의원 확보에 대한 더 정확한 예측이 가능해졌다. 다음에서 공화당 코커스의 4단계를 단계별로 살펴보기로 한다.

(1) 1단계: 구역 코커스

1단계는 구역 코커스이며 각 구역별로 2월 1일 민주당과 같은 날에 실시되었다. 각 구역별로 참가자들은 후보와 이슈에 대한 토론 없이 각자 지지하는 대통령 후보에게 투표하는데 민주당이 구역 코커스에서 대통령 선호그룹을 형성하여 선호그룹별로 인원을 파악하는 공개투표를 채택하는 반면 공화당은 비밀투표를 채택하고 있다. 따라서 공화당 구역 코커스는 민주당의 구역 코커스보다 훨씬 그 절차가 간단하고 시간도 적게 걸린다. 공화당은 이

---

25) 반면 민주당의 경우 대의원들은 단계별로 대통령 후보에 대한 선호그룹으로 나뉘기 때문에 선언 대의원이라고 할 수 있다.
26) 2단계인 카운티 코커스에서는 전당대회 참가 대의원은 선출되지 않는다. 이 점은 민주당 코커스도 마찬가지이다.

<표 3-29> 2016년 아이오와 공화당 전체 구역 코커스의 대통령 후보 지지율

후보	전체 구역 코커스 대통령 후보 지지 투표수	후보별 주 전체 지지율
테드 크루즈(Ted Cruz)	51,666	27.64%
도널드 트럼프(Donald Trump)	45,429	24.30%
마르코 루비오(Marco Rubio)	43,228	23.12%
벤 카슨(Benjamin Carson)	17,394	9.30%
랜드 폴(Randal Howard 'Rand' Paul)	8,481	4.54%
젭 부시('Jeb' Bush)	5,238	2.80%
칼리 피오리나(Carly Fiorina)	3,485	1.86%
존 캐이식(John Kasich)	3,474	1.86%
마이클 허커비(Michael Huckabee)	3,345	1.79%
크리스 크리스티(Christopher Christie)	3,284	1.76%
리처드 샌토럼(Richard Santorum)	1,779	0.95%
기타	117	0.06%
제임스 길모어(James Gilmore)	12	0.01%
총유효 투표수	186,932	100.00%

비밀투표를 대통령 후보 지지투표Presidential poll라고 부른다.

각 구역 코커스에서 행해진 대통령 후보 지지투표의 결과는 곧바로 주의 공화당 본부에 보고되어 주 전체 구역 코커스의 결과가 집계되고, 각 대통령 후보별로 주 전체 득표율에 따라 전당대회에 나갈 대의원 수가 배정된다. 공화당의 코커스도 민주당과 마찬가지로 코커스 당일 승리한 대통령 후보를 알 수 있으며 앞서 언급한 의무 규칙으로 인해 민주당보다 더 정확한 예측이 2016년부터 가능해졌다. <표 3-29>는 2016년 아이오와 공화당 코커스에 출마한 대통령 후보들과 각 후보에 대한 주 전체 구역 코커스의 지지투표의 결과를 보여주고 있다.

<표 3-29>의 후보별 주 전체 지지율에 의해 아이오와주가 할당받은 공화당 전당대회 대의원 30명을 각 후보별로 배정하면 <표 3-30>과 같다. 대의

〈표 3-30〉 2016년 아이오와 공화당 코커스 후보별 전당대회 대의원 배정 수

후보	30 × (각 후보의 총득표수 ÷ 총유효 투표수) =	배정 전당대회 대의원 수
크루즈	30 × (51,666 ÷ 186,932) = 8.292 ➜ 8	8
트럼프	30 × (45,429 ÷ 186,932) = 7.291 ➜ 7	7
루비오	30 × (43,228 ÷ 186,932) = 6.937 ➜ 6*	7
카슨	30 × (17,394 ÷ 186,932) = 2.791 ➜ 2*	3
폴	30 × (8,481 ÷ 186,932) = 1.361 ➜ 1	1
부시	30 × (5,238 ÷ 186,932) = 0.841 ➜ 0*	1
피오리나	30 × (3,485 ÷ 186,932) = 0.559 ➜ 0*	1
캐이식	30 × (3,474 ÷ 186,932) = 0.558 ➜ 0*	1
허커비	30 × (3,345 ÷ 186,932) = 0.537 ➜ 0*	1
총대의원 수		30

* 후보별 배정 대의원 수에서 소수점 이하를 버리고 난 후, 남은 대의원 수는 버린 소수점 이하의 수가 가장 큰 후보별로 배정된다. 공화당에는 최소득표 충족 규정이 없다.

원 배정은 30 × (각 후보의 총득표수 ÷ 총유효 투표수)로 결정된다.

1단계 구역 코커스 이후 2단계, 3단계 컨벤션을 걸쳐 6월 13일 4단계의 주 컨벤션까지 코커스의 과정이 계속되지만, 1단계인 구역 코커스의 결과에 따른 대통령 후보 지지율을 반영해 각 후보에 배정된 전당대회 대의원 수가 사실상 코커스의 최종 결과라고 볼 수 있다.

(2) 2단계: 카운티 컨벤션

2단계는 아이오와주 총 99개의 카운티에서 3월 12일 실시되는데 이를 카운티 컨벤션이라고 한다. 참가자는 각 구역 코커스에서 선출된 대의원들로서 그들은 대통령 후보 지지율에 따라 디스트릭트 컨벤션에 참가할 대의원들을 선출하는데 역시 구역 코커스의 결과에 따른 대통령 후보 지지율을 정확히 반영한다.

(3) 3단계: 디스트릭트 컨벤션

3단계 디스트릭트 컨벤션은 4월 9일 아이오와주 4개의 하원 선거구별로 실시된다. 디스트릭트 컨벤션에서는 아이오와주 공화당에 할당된 30명의 전당대회 대의원 중 4개의 하원 선거구별로 3명씩 배정된 12명의 전당대회 대의원을 각 디스트릭트 컨벤션별로 선출한다. 다시 말하면 4개의 디스트릭트 컨벤션에서 각각 3명의 대의원을 선출하는 것인데 이 또한 주 전체 대통령 후보 지지율 결과에 따른다.

(4) 4단계: 주 컨벤션

5월 12일, 4개의 디스트릭트 컨벤션에 참가했던 사람들이 모여 주 컨벤션을 구성한다. 주 컨벤션에서는 아이오와주 공화당에 할당된 10명의 기본 대의원과 5명의 보너스 대의원, 즉 15명을 선출하는데 그들은 역시 주 전체 대통령 후보 지지율에 따라 각 후보에게 배정된다.

3단계와 4단계에서 선출된 27명의 전당대회 대의원 외에 나머지 3명은 정당지도부인 공화당 전국위원회 위원, 전국위원회 여성 위원, 그리고 아이오와주 공화당 의장이다. 이들은 선거를 거치지 않고 당연직으로 전당대회에 참가하며 모두 선언 대의원이므로 주 전체 대통령 후보 지지율 결과에 따라 각 후보에게 배정되는 대의원 수에 포함된다.

(5) 아이오와 공화당 코커스는 비례 배분 프라이머리의 반복

앞서 예를 든 아이오와 민주당 코커스와 마찬가지로 후보 지명에 있어서 아이오와 공화당 코커스 역시 비례 배분 프라이머리가 단계별로 반복되는 양상을 볼 수 있는데 공화당의 경우가 좀 더 원칙적이고 체계적이며 정확한 비율에 근거한다는 것을 제외하면 민주당과 거의 유사하다고 볼 수 있다. 2016년부터 공화당이 선언 대의원들의 대통령 후보 지지에 의무 규칙을 채택하여 오히려 민주당의 경우보다 구역 코커스의 결과가 주 컨벤션까지 더욱더 정확하게 반영되고 따라서 그 예측도 훨씬 더 정확해졌다고 볼 수 있다. 공화당 코커스 역시 2월 1일 구역 코커스가 끝나 각 대통령 후보별 확보 대의원수가 집계되고 나면 더 이상 언론의 관심을 끌지 못하게 되고 이후 단계들은 형식적으로 치러지는 것도 사실이다. 하지만 민주당의 경우와 마찬가지로 아이오와 공화당 코커스도 다른 대통령 후보 지명방식처럼 풀뿌리 민주주의에 기반을 두고 있다고 할 수 있으며, 바로 이점 때문에 아이오와주에서 계속 코커스의 전통이 이어지고 있다고 볼 수 있다.

5) 2020년 아이오와 공화당 코커스

2020년의 아이오와 공화당 코커스는 민주당과 같은 날인 2월 3일 실시되었다. 아이오와주는 공화당 전당대회 참가 총대의원 수인 2550명 중 40명을 할당받았으며 이 수는 2016년에 비해 10명이 늘어난 것이다. 40명의 대의원은 주 전체 대표 대의원 10명, 4개의 연방하원 선거구별로 3명씩 12명, 3명의 정당지도부 대의원과 그리고 보너스 대의원 15명이다.[27] 2020년 아이오와주 공화당 코커스에는 현직 대통령인 트럼프의 출마로 비교적 적은 수의 후보들이 출마했는데 그들은 트럼프 후보 외에 웰드William Floyd Weld, 월시Joe Walsh 등이다.

(1) 1단계: 구역 코커스

공화당의 구역 코커스는 2016년의 코커스에서 보았듯이 민주당보다 훨씬 간단한 절차를 걸쳐 실시되기 때문에 소요 시간도 훨씬 적다. 각 구역별

---

27) 62쪽 〈표 3-5〉 참고.

〈표 3-31〉 2020년 아이오와 전체 구역 코커스의 대통령 후보 지지율

후보	전체 구역 코커스 대통령 후보 지지투표 수	주 전체 지지율
도널드 트럼프	31,421	97.14%
빌 웰드	425	1.31%
조 월시	348	1.08%
기타	151	0.47%
합계	32,345	100.00%

로 참가자들은 코커스에 출마한 대통령 후보와 그들의 정책과 이슈에 관한 토론 없이 각자 지지하는 대통령 후보에게 투표하며, 민주당이 구역 코커스에서 대통령 선호그룹을 형성하여 선호그룹별로 인원을 파악하는 공개투표를 하는 반면 공화당은 비밀투표를 채택하고 있는데 이를 대통령 후보 지지투표라고 부른다. 다음 과정에서는 각 구역 코커스의 대통령 후보 지지율에 비례하여 각 구역별로 할당받은 2단계인 카운티 컨벤션에 참가할 대의원을 선출하는 것으로 구역 코커스는 마무리된다.

각 구역 코커스에서 행해진 대통령 후보 지지투표의 결과는 곧바로 주의 공화당 본부에 보고되어 주 전체 구역 코커스의 결과가 집계되고, 각 대통령 후보별로 주 전체 득표율에 따라 전당대회에 나갈 대의원 수가 정확하게 배정된다. 이 배정 결과는 코커스 당일 알 수 있기 때문에 아이오와 공화당 코커스의 승자가 발표되게 된다. 〈표 3-31〉은 아이오와주 전체 구역 코커스의 투표 결과와 대통령 후보 지지율이다.

〈표 3-31〉의 주 전체 지지율에 의해 아이오와 주가 할당받은 공화당 전당대회 대의원 40명을 각 후보별로 대의원 배정 공식에 의해 산출하여 배정하면 〈표 3-32〉와 같다.

웰드 후보는 전체 99개의 카운티에서 모두 트럼프 후보에게 패배했는데 이는 4개의 연방하원 선거구인 디스트릭트 컨벤션에서도 모두 패배했다는

후보		배정 대의원 수
트럼프	40 × (31,421 ÷ 32,345) = 38.857 ➔ 39	39
웰드	40 × (425 ÷ 32,345) = 0.526 ➔ 1	1
총대의원 수		40

* 공화당 대의원 배정 공식에 의해 월시 및 기타 후보는 0명으로 산출된다.

것을 의미하기 때문에 그가 확보한 1명의 대의원은 아이오와주 공화당에 할당된 40명의 대의원 중 주 전체 대표 대의원 10명 중 1명이다. 덧붙여 그의 주 전체 지지율이 1.31%에 불과한데도 1명의 전당대회 대의원을 확보할 수 있었던 것은 공화당에는 최소득표 충족 규정이 없기 때문이다.

(2) 2단계: 카운티 컨벤션

2단계인 카운티 컨벤션에서는 3단계 디스트릭트 컨벤션에 참가할 대의원을 단지 주 전체 대통령 후보 지지율 결과에 따라 선출한다.

(3) 3단계: 디스트릭트 컨벤션

3단계인 디스트릭트 컨벤션은 3월 24일로 예정되어 있었으나 코로나 팬데믹으로 인해 4월 25일로 연기되어 실시되었다. 디스트릭트 컨벤션에서는 99개의 카운티 컨벤션에서 선출된 대의원들이 12명의 전당대회 대의원을 선출하는데 4개의 디스트릭트별로 트럼프 후보를 지지하는 전당대회 대의원 각 3명씩을 선출하는 것이다.

(4) 4단계: 주 컨벤션

4단계인 주 컨벤션은 6월 13일 실시되었다. 주 컨벤션에서는 당연직으로 전당대회에 참가하는 3명의 정당지도부 대의원, 즉 공화당 전국위원회 위원, 전국위원회 여성 위원, 아이오와주 공화당 의장을 제외한 나머지 10명의 주 전체 대표 대의원과 15명의 보너스 대의원을 주 전체 대통령 후보 지지율 결과에 따라 선출한다. 10명의 주 전체 대표 대의원은 트럼프 후보를 지지하게 될 9명과 웰드 후보를 지지하게 될 1명이다. 마지막으로 공화당에는 비선언 PLEO 대의원, 즉 수퍼대의원이 없으므로 15명의 보너스 대의원은 주 전체 대통령 후보 지지율 결과에 따라 각 후보에 배정되는데, 2020년의 경우는 15명의 보너스 대의원 전원이 트럼프 후보에 배정되었다. 물론 코커스의 1단계에서 이미 결정이 났지만, 아이오와주 공화당 총 40명의 전당대회 대의원 중 39명은 트럼프 후보에게 그리고 1명은 웰드 후보에게 배정된 것이다.

6) 아이오와 코커스에 대한 찬반론

먼저 코커스에 대한 반대 의견을 보면, 민주당의 코커스에서는 선호 대통령 후보에 대해 비밀투표 대신 선호그룹을 형성해 각 그룹 구성원의 인원을 파악하는 공개투표 형식을 사용한다는 것이다. 공개투표는 일반적으로 민주주의 국가에서 투표의 원칙에 어긋나는 투표 형태로서 민주당 코커스에 참가하는 모든 사람이 그들이 선호하는 대통령 후보를 공식으로 알리는 것은 때때로 문제를 초래할 수 있다. 이웃이나 또래 집단의 압력도 있을 수 있고, 다른 사람이 선호하는 대통령 후보를 알게 됨으로써 생길 수 있는 정치적 견해차나 갈등의 가능성이 있을 수 있다. 그뿐만 아니라 코커스 참가자들은 지방 정치 지도자들의 정치적 연설을 들어야 할 수밖에 없는 상황에 놓일수도 있고, 구역 코커스가 적어도 2시간 이상 지속되기 때문에 개인적 또는 직업적인 업무에 지장을 초래할 수도 있다. 이러한 이유로 구역 코커스의 참여율은 전통적으로 매우 낮고, 이러한 낮은 참여율로 인해 코커스가 여러 단계에서 실시되고 있음에도 불구하고 과연 유권자들의 정치적 참여도를 높일 수 있는지에 대한 의문이 제기되기도 한다.

반면 코커스를 찬성하는 입장은 유권자들이 투표용지에 투표만 하는 방식보다 선거의 과정에 직접 참여함으로써 많은 사람의 의견과 정치적 이슈에 관해 토론할 기회가 훨씬 더 많이 주어진다고 주장한다. 또한 코커스 참가자들은 다른 대통령 후보 지명방식에서보다 훨씬 많은 정보를 대통령 선거 전에 얻을 수 있기 때문에 더 나은 선택을 할 수 있게 한다고도 주장한다.

미국 정치에서 대통령 후보 지명과정의 방식으로 프라이머리를 채택할 것인지, 코커스를 채택할 것인지 아니면 그 외의 방법을 선택할 것인지는 정당과 주 정부가 결정하는 사항이고 미국의 연방정부가 모든 주에 획일적인 방식을 적용할 수는 없는 것이 바로 연방주의의 개념에서 비롯된 것이다. 어느 주가 어떤 대통령 후보 지명방식, 예비선거 방식을 선택할 것인가는 그 주의 정치적 그리고 사회적인 환경과 조건뿐 아니라 주의 정치적 전통과 문화에 맞춰 결정되고 있다. 또한 주들의 이러한 자체적인 결정은 연방주의의 개념에서 비롯된 것이기 때문에 과거에도 그래왔듯이 앞으로도 대통령 후보 지명방식에 주 차원의 새로운 시도와 개혁이 계속될 것으로 예상된다.

6. 뉴햄프셔 프라이머리

뉴햄프셔주의 민주당과 공화당이 채택하고 있는 프라이머리는 앞서 예를 든 2020년 아칸소 민주당 프라이머리와 같은 비례 배분 프라이머리이다. 뉴햄프셔주의 인구는 140만이 채 안 되는 작은 주이지만 뉴햄프셔 프라이머리는 1952년부터 시작해 각 정당에서 실시하는 프라이머리 중 역사도 가장 길뿐만 아니라 가장 먼저 실시되므로 이후 다른 주에서 실시되는 코커스나 프라이머리에 크고 작은 영향을 줄 수 있다는 점에서 매우 중요하다. 아이오와 코커스가 민주, 공화 양당의 많은 대통령 후보를 4~5명으로 정리하는 역할을 한다면 뉴햄프셔 프라이머리는 민주, 공화 양당의 대통령 후보를 2명 정도까지 압축하는 역할을 하고 있다. 2008년 뉴햄프셔 프라이머리 후에 민주당의 에드워즈John Edwards가 경선을 포기하였고, 클린턴Hillary Clinton과 오바마Barack Obama 2명만 남게 되었다. 또한 뉴햄프셔 프라이머리 결과 1위 또는 2위를 차지하면 언론의 집중적인 관심을 받게 되고 선거자금 모금에 있어서도 매우 유리해진다. 따라서 자금과 조직력이 약한 후보도 뉴햄프셔 프라이머리에서 승리하면 민주당 혹은 공화당의 대통령 후보가 될 가능성이 크고 본선에 가서도 대통령에 당선될 가능성이 크다. 따라서 전당대회 참가 대의원 수는 그리 많지 않지만 뉴햄프셔 프라이머리 결과에 대해 미국뿐만 아니라 세계의 이목이 쏠린다.

　뉴햄프셔 프라이머리는 당원만 참가할 수 있는 코커스와 달리 당원이든 비당원이든 누구나 등록만 하면 투표할 수 있고, 코커스처럼 대선 주자들의 공약을 듣고 선택하는 것이 아니라 별도의 행사 없이 투표만 한다. 뉴햄프셔 프라이머리는 당원은 물론 당적이 없는 일반인도 민주, 공화 양당 중 하나를 택일해 투표할 수 있는 수정형 프라이머리다. 2008년 뉴햄프셔 프라이머리에서 민주당의 경우 당원 표는 힐러리 클린턴에게, 비당원 일반인 표는 버락 오바마에게 집중되었다. 1952년 해리 트루먼Harry S. Truman, 1968년 린든 존슨Lyndon B. Johnson 후보는 현직 대통령 신분이었지만 뉴햄프셔에서 부진한 성적이 나오자 재선 출마를 포기했다.

1) 2016년 뉴햄프셔 민주당 프라이머리

뉴햄프셔 민주당 프라이머리는 2016년 2월 9일에 실시되었으며 투표 참

〈표 3-33〉 2016년 뉴햄프셔 민주당 프라이머리 후보별 득표율

	후보	득표수	득표율(%)
1	버니 샌더스(Bernie Sanders)	152,193	60.14%
2	힐러리 클린턴(Hillary Clinton)	95,355	37.68%
3	직접 기명 후보(write-in)*	3,475	1.37%
4	마틴 오맬리(Martin O'Malley)	667	0.26%
5	버민 수프림(Vermin Supreme)	268	0.11%
6	데이비드 존 티슬(David John Thistle)	226	0.09%
7	그레이엄 슈와스(Graham Schwass)	143	0.06%
8	스티브 버크(Steve Burke)	108	0.04%
9	로키 드 라 푸엔테(Roque "Rocky" De La Fuente Guerra)	96	0.04%
10	존 울프(John Wolfe)	54	0.02%
11	존 애덤스(Jon Adams)	53	0.02%
12	로이드 토마스 켈소(Lloyd Thomas Kelso)	46	0.02%
13	키스 러셀 저드(Keith Russell Judd)	44	0.02%
14	에릭 엘봇(Eric Elbot)	36	0.01%
15	스타 로크(Star Locke)	33	0.01%
16	윌리엄 프렌치(William D. French)	29	0.01%
17	마크 스튜어트 그린스타인(Mark Stewart Greenstein)	29	0.01%
18	에드워드 오도넬(Edward T. O'Donnell, Jr.)	26	0.01%
19	제임스 밸런타인(James Valentine)	24	0.01%
20	로버트 러빗(Robert Lovitt)	22	0.01%
21	마이클 앨런 스타인버그(Michael Alan Steinberg)	21	0.01%
22	윌리엄 맥고이(William H. McGaughey, Jr.)	19	0.01%
23	헨리 휴스(Henry Hewes)	18	0.01%
24	에드워드 소니노(Edward Sonnino)	17	0.01%
25	스티븐 로이 립스컴(Steven Roy Lipscomb)	15	0.01%
26	샘 슬론(Sam Sloan)	15	0.01%
27	브록 휴턴(Brock C. Hutton)	14	0.01%
28	레이먼드 마이클 모로스(Raymond Michael Moroz)	8	0.00%
29	리처드 라이온스 와일(Richard Lyons Weil)	8	0.00%
합계		253,062	100.00%

* write-in 후보는 직접 기명 후보이다. 즉, 투표용지에 이름이 올라 있지 않지만 선거인이 직접 후보 이름을 적어 투표한 후보나 후보들을 의미한다.

가 자격에 있어 수정형 프라이머리를 그리고 대의원 선출방식에 있어 비례 배분 프라이머리를 채택하며 최소득표 충족 규정을 10%로 적용하고 있다. 민주당 전당대회 참가 총대의원 수 4763명 중 뉴햄프셔주에 할당된 전당대회 대의원 수는 32명이다. 이들 32명은 2개의 연방하원 선거구를 대표하는 대의원 16명, 주 전체 대표 대의원 5명, 주 전체를 대표하는 선언 PLEO 대의원 3명, 그리고 당연직 비선언 PLEO, 즉 수퍼대의원 8명이다.[28]

뉴햄프셔주가 모든 주에서 가장 빨리 프라이머리를 실시하기 때문에 총 29명이라는 긴 대통령 후보의 명단을 볼 수 있다. 대부분의 주에서 민주당은 15%의 최소득표 충족 규정을 채택하고 있지만 뉴햄프셔주는 10%로 책정해 다른 주에 비해 좀 더 많은 후보가 대의원을 확보할 수 있고 후보들 간에 경쟁력을 높여 처음부터 소수의 후보가 독주하는 것을 막아주는 효과가 있다. 그럼에도 불구하고 2016년에는 〈표 3-33〉에서 보듯이 오직 두 후보가 10%의 최소득표 요건을 충족시킨 것을 볼 수 있다. 이 경우 3위부터 29위까지 후보의 득표수는 유효 투표수에서 제외되고 단 1명의 대의원도 배정받지 못한다. 〈표 3-34〉는 최소득표 요건 10%를 충족시킨 2명의 후보가 연방하원 선거구별로 얻은 투표수와 그에 비례해 배정받은 산술적 대의원 수가 민주당 배정방식에 의해 조정된 값을 나타내고 있다.

뉴햄프셔 프라이머리의 결과 하원 선거구 1을 대표하는 8명의 대의원은 샌더스 후보에게 5명 그리고 클린턴 후보에게 3명이 배정되었고 하원 선거구 2를 대표하는 8명의 대의원 역시 샌더스 후보에게 5명, 클린턴 후보에게 3명이 배정되었다.

뉴햄프셔주가 할당받은 3명의 선언 PLEO와 5명의 주 전체 대표 대의원, 즉 총 8명 중 5명은 샌더스 후보에게 그리고 3명은 클린턴 후보에게 각각 배

---

28) 46쪽 〈표 3-1〉 참고.

〈표 3-34〉 2016년 뉴햄프셔 민주당 프라이머리 결과

후보		하원 선거구 1	하원 선거구 2	선언 PLEO	주 전체 대표	합계
전체	총투표수	125,620	123,967	249,587	249,587	
	유효 투표수	124,532	123,016	247,548	247,548	
	할당 대의원 수	8	8	3	5	24
샌더스	득표수	74,891	77,302	152,193	152,193	
	확보대의원 수	4.811	5.027	1.844	3.074	
	최종 확보대의원 수	5	5	2	3	15
클린턴	득표수	49,641	45,714	95,355	95,355	
	확보대의원 수	3.189	2.973	1.156	1.926	
	최종 확보대의원 수	3	3	1	2	9

정되었음을 알 수 있다. 결과적으로 선출되는 대의원 24명 중 샌더스 후보가 15명 그리고 클린턴 후보가 9명을 확보하게 되어 뉴햄프셔 민주당 프라이머리에서 샌더스 후보가 승리했다고 하는 것이다.

다음은 당연직으로 민주당 전당대회에 참가하는 8명의 비선언 PLEO를 제외한 24명의 후보별로 배정된 대의원들의 선출과정을 보도록 하겠다. 뉴햄프셔주의 대의원 선출과정은 앞서 설명한 아칸소주의 특별 컨벤션Special State convention을 통한 선출방식과 사뭇 다르다(86쪽 참고). 먼저 하원 선거구를 대표하는 16명은 뉴햄프셔주가 프라이머리를 실시하기 전인 2016년 1월 30일 2개의 하원 선거구별 사전 프라이머리 코커스에서 각각 8명씩 선출된다. 이어서 4월 16일 사전 프라이머리 코커스에서 선출된 16명의 대의원이 위원회를 구성해 3명의 선언 PLEO와 5명의 주 전체 대표 대의원을 선출하고 마지막으로 뉴햄프셔주 대의원들을 포함한 보조 인원을 이끌고 전당대회에 참가할 대의원 의장을 8명의 비선출직, 즉 당연직 비선언 PLEO(수퍼대의원) 중에서 선출하는 것을 끝으로 총 32명의 뉴햄프셔주의 대의원이 결정되는 것이다.

2) 2020년 뉴햄프셔 민주당 프라이머리

2020년 뉴햄프셔 민주당 프라이머리는 2020년 2월 11일에 실시되었으며 투표 참가 자격에 있어 수정형 프라이머리[29]를 그리고 대의원 선출방식에 있어 비례 배분 프라이머리를 채택하며 최소득표 충족 규정을 10%로 적용하고 있다. 민주당 전당대회 참가 총대의원 수 4749명 중 뉴햄프셔주에 할당된 전당대회 대의원 수는 33명으로 2016년에 비해 1명이 늘었다. 이들 33명은 2개의 연방하원 선거구를 대표하는 대의원 16명, 주 전체를 대표하는 선언 PLEO 대의원 3명, 주 전체 대표 대의원 5명, 그리고 당연직 비선언 PLEO, 즉 수퍼대의원 9명이다.[30] 〈표 3-35〉는 2020년 뉴햄프셔 민주당 프라이머리에서 각 대통령 후보가 얻은 투표수와 득표율이다.

현직 대통령 후보가 없고 또한 50개주와 워싱턴 D.C. 중 첫 프라이머리인 뉴햄프셔주 프라이머리에는 총 41명의 후보가 출마했으며 10% 최소득표 충족 규정에 따라 4위부터 41위까지 후보의 득표수는 유효 투표수에서 제외되고 단 1명의 대의원도 배정받지 못한다. 〈표 3-36〉은 10% 최소득표 요건을 충족시킨 3명의 후보가 4개의 연방하원 선거구별로 얻은 투표수와 그에 비례해 배정받은 산술적 대의원 수를 민주당 배정방식에 의해 조정한 값을 보여주고 있다.

3) 2016년 뉴햄프셔 공화당 프라이머리

2016년의 뉴햄프셔 공화당 프라이머리는 민주당과 마찬가지로 2월 9일 실시되었고 투표 참가 자격에 있어 수정형 프라이머리를 그리고 대의원 선

---

29) 수정형 프라이머리는 반폐쇄형 프라이머리(semi-closed primary)라고도 불린다.
30) 54쪽 〈표 3-2〉 참고.

〈표 3-35〉 2020년 뉴햄프셔 민주당 프라이머리 후보별 득표율

후보	득표수	득표율(%)
버니 샌더스(Bernard Sanders)	76,384	25.60%
피트 부테제지(Pete Buttigieg)	72,454	24.28%
에이미 클로부샤(Amy Klobuchar)	58,714	19.68%
엘리자베스 워렌(Elizabeth Ann Warren)	27,429	9.19%
조 바이든(Joe Biden)	24,944	8.36%
톰 스타이어(Tom Steyer)	10,732	3.60%
털시 개버드(Tulsi Gabbard)	9,755	3.27%
앤드루 옝(Andrew Yang)	8,312	2.79%
마이크 블룸버그(Mike Bloomberg)*	4,675	1.57%
드발 패트릭(Deval Laurdine Patrick)	1,271	0.43%
도널드 트럼프(Donald Trump)*	1,217	0.41%
마이클 베넷(Michael Bennet)	952	0.32%
코리 부커(Cory Anthony Booker)	157	0.05%
스캐터(Scatter)*	157	0.05%
조 세스탁(Joe Sestak, Jr.)	152	0.05%
카말라 해리스(Kamala D. Harris)	129	0.04%
메리앤 윌리엄슨(Marianne Williamson)	99	0.03%
스티브 버크(Steve Burke)	86	0.03%
줄리안 카스트로(Julián Castro)	83	0.03%
존 딜레이니(John Delaney)	83	0.03%
톰 쿠스(Tom Koos)	72	0.02%
스티브 불럭(Steve Bullock)	64	0.02%
데이비드 티슬(David Thistle)	53	0.02%
로렌츠 크라우스(Lorenz Kraus)	52	0.02%
로비 웰스(Robert Carr "Robby" Wells, Jr.)	45	0.02%
헨리 휴스(Henry Hewes)	43	0.01%
샘 슬론(Sam Sloan)	34	0.01%
모시 보이드(Mosie Boyd)	32	0.01%
글라이브 글라이버만(Gleib Gleiberman)	31	0.01%
마크 스튜어트 그린스타인(Mark Stewart Greenstein)	31	0.01%
토머스 토게슨(Thomas James Torgesen)	30	0.01%
리타 크리체프스키(Rita Anna-Maria Krichevsky)	23	0.01%
마이클 엘링거(Michael A. Ellinger)	19	0.01%

빌 웰드(William Floyd Weld)*	17	0.01%
제이슨 던랩(Jason Evritte Dunlap)	12	0.00%
로키 드 라 푸엔테(Rocky De La Fuente)*	11	0.00%
미트 롬니(Romney)*	10	0.00%
레이먼드 마이클 모로스(Raymond Michael Moroz)	8	0.00%
릭 크라프트(Richard "Rick" Kraft)*	2	0.00%
맷 마턴(Matthew John "Matt" Matern)*	2	0.00%
에릭 메릴(Eric Merrill)*	1	0.00%
합계	298,377	100.00%

* 표시된 후보는 투표용지에 이름이 올라 있지 않지만 선거인이 직접 후보 이름을 적어 투표한 후보나 후보들,
  즉 직접 기명 후보(write-in)를 의미한다.

〈표 3-36〉 2020년 뉴햄프셔 민주당 프라이머리 결과

후보		하원 선거구 1	하원 선거구 2	선언 PLEO	주 전체 대표	합계
	총투표수	147,626	150,751	298,377	298,377	
	유효 투표수	102,639	104,913	207,552	207,552	
	할당 대의원 수	8	8	3	5	24
	득표수	37,257	39,127	76,384	76,384	
샌더스	확보대의원수	2.904	2.984	1.104	1.840	
	최종 확보대의원수	3	3	1	2	9
	득표수	35,940	36,514	72,454	72,454	
부테제지	확보대의원수	2.801	2.784	1.047	1.745	
	최종 확보대의원수	3	3	1	2	9
	득표수	29,442	29,272	58,714	58,714	
클로부샤	확보대의원수	2.295	2.232	0.849	1.414	
	최종 확보대의원수	2	2	1	1	6

출방식에 있어 비례 배분 프라이머리를 채택하며 최소득표 충족 규정을
10%로 적용하는 것도 민주당과 같으나 대의원 할당에 있어서는 약간 다른
방식을 채택하고 있다. 전당대회 대의원 수는 공화당 대의원 수 할당 규칙에
따라 10명의 기본 대의원, 뉴햄프셔주 2개의 하원 선거구당 각 3명씩 6명,
3명의 정당지도부, 그리고 보너스 대의원 4명 이렇게 23명을 할당받았

〈표 3-37〉 2016년 뉴햄프셔 공화당 프라이머리 후보별 득표율

	후보	득표수	득표율(%)
1	도널드 트럼프(Donald Trump)	100,735	35.23%
2	존 캐이식(John Kasich)	44,932	15.72%
3	테드 크루즈(Ted Cruz)	33,244	11.63%
4	젭 부시(Jeb Bush)	31,341	10.96%
5	마르코 루비오(Marco Rubio)	30,071	10.52%
6	크리스 크리스티(Christopher Christie)	21,089	7.38%
7	칼리 피오리나(Carly Fiorina)	11,774	4.12%
8	벤 카슨(Bein Carson)	6,527	2.28%
9	직접 기명 후보(Write-in)	2,942	1.03%
10	랜드 폴(RandPaul)	1,930	0.68%
11	마이크 허커비(Michael Huckabee)	216	0.08%
12	앤디 마틴(Andy Martin)	202	0.07%
13	릭 샌토럼(Richard Santorum)	160	0.06%
14	짐 길모어(James Gilmore)	134	0.05%
15	리처드 위츠(Richard P.H. Witz)	104	0.04%
16	조지 파타키(George E. Pataki)	79	0.03%
17	린지 올린 그레이엄(Lindsey Olin Graham)	73	0.03%
18	브룩스 앤드루 컬리슨(Brooks Andrews Cullison)	56	0.02%
19	팀 쿡(Timothy "Tim" Cook)	55	0.02%
20	보비 진달(Piyush "Bobby" Jindal)	53	0.02%
21	프랭크 린치(Frank Lynch)	47	0.02%
22	조 로빈슨(Joe Robinson)	44	0.02%
23	스티븐 브레들리 컴리(Stephen Bradley Comley, Sr.)	32	0.01%
24	초미 프랙(Chomi Prag)	16	0.01%
25	대니얼 디아스(Jacob Daniel "Daniel" Dyas, Sr.)	15	0.01%
26	스티븐 존 매카시(Stephen John McCarthy)	12	0.00%
27	월터 이와추(Walter N. Iwachiw)	9	0.00%
28	케빈 글랜 휴이(Kevin Glenn Huey)	8	0.00%
29	맷 드로즈드(Matt Drozd)	6	0.00%
30	로버트 로런스 만(Robert Lawrence Mann)	5	0.00%
31	피터 메시나(Peter Messina)	5	0.00%
합계		285,916	100.00%

<표 3-38> 2016년 뉴햄프셔 공화당 프라이머리 결과

후보		주 전체	총대의원 수
	총투표수	285,916	
	대의원 수	23	23
트럼프	득표수	100,735	
	득표율	35.232%	
	확보대의원수	11	11
캐이식	득표수	44,932	
	득표율(%)	15.715%	
	확보대의원수	4	4
크루즈	득표수	33,244	
	득표율(%)	11.627%	
	확보대의원수	3	3
부시	득표수	31,341	
	득표율(%)	10.962%	
	확보대의원수	3	3
루비오	득표수	30,071	
	득표율(%)	10.517%	
	확보대의원수	2	2

다.31) 뉴햄프셔주 공화당의 경우 23명 대의원 모두가 선언 대의원이다. 2016년 뉴햄프셔 공화당 프라이머리의 결과를 보면 〈표 3-38〉과 같다.

뉴햄프셔주 공화당은 민주당과 마찬가지로 최소득표 충족 규정을 10%로 비교적 낮게 책정하고 있으나 31명의 후보 중 오직 5명의 후보가 10%의 최소득표 충족요건을 충족시킨 것을 볼 수 있다. 따라서 득표순으로 트럼프, 캐이식, 크루즈, 부시 그리고 루비오 후보가 대의원 배정 대상이 되며 대의원 배정은 뉴햄프셔주가 채택한 비례 배분 방식에 따른다. 〈표 3-38〉은 10% 최소득표 요건을 충족시킨 5명의 후보의 득표율에 따라 대의원이 배정되는 과정의 일부분을 보여준다. 민주당의 비례 배분 방식은 하원 선거구와

31) 58쪽 〈표 3-3〉 참고.

주 전체를 구분해 대의원을 비례 배분하는데 공화당은 주 전체를 단위로 비례 배분하는 방식을 채택하고 있다.

- 2016년 뉴햄프셔 프라이머리 공화당 후보 대의원 배정
  트럼프: 35.232% × 23 = 8.103 반올림 후 8명
  캐이식: 15.715% × 23 = 3.614 반올림 후 4명
  크루즈: 11.627% × 23 = 2.674 반올림 후 3명
  부시: 10.962% × 23 = 2.521 반올림 후 3명
  루비오: 10.517% × 23 = 2.419 반올림 후 2명

이렇게 배정된 후 나머지 23명의 대의원 중 나머지 대의원 3명은 최고 득표자인 트럼프에게 전부 배정된다. 이 방식은 비례 배분 프라이머리 중 보너스 프라이머리bonus primary라고도 하는데 공화당에서만 채택되고 있는 방식이다. 그 결과 〈표 3-38〉과 같이 트럼프는 11명의 대의원을 배정받고 나머지 4명은 반올림 후 배정된 수를 그대로 유지한다.

뉴햄프셔 공화당 프라이머리가 시작되기 전 각 대통령 후보는 뉴햄프셔 주 주무장관Secretary of State[32]에게 자신을 지지하는 대의원 명단을 제출한다. 프라이머리가 끝나고 주무장관은 각 대통령 후보에게 최종 확정된 배정 대의원 수를 통보하고 이에 따라 각 후보는 제출한 명단 중 10일 이내에 자신에게 배정된 수만큼의 대의원을 최종 지명하게 된다.

---

32) Secretary of State는 미국 연방정부의 경우 국무장관이지만, 주 정부의 Secretary of State는 주 정부의 주무장관으로 번역할 수 있다. 현재 주무장관은 미국 50개주 가운데 47개의 주에 존재하는데 그중 35개주에서는 보통 4년 임기로 선출되며 주지사의 유고 시 부지사(lieutenant governor)가 있는 주에서는 부지사의 바로 다음 승계 서열에 있는 고위직이다. 주의 주무장관은 주 정부의 방대한 행정업무를 총괄하는데 그중 특히 주의 최고선거관리관의 역할을 맡고 있다. 미국 헌법의 규정상 연방선거도 주의 관할이므로 주의 주무장관은 대통령 선거, 연방 상원의원과 하원의원 선거 및 주 정부 내 모든 선거의 최고관리관이다.

한편 뉴햄프셔주 공화당은 3명의 정당지도부, 즉 전국위원회 위원National Committeeman, 전국위원회 여성 위원National Committeewoman, 그리고 주 공화당 의장State Chairman을 당연직으로 전당대회에 보내는데 이들 3명은 뉴햄프셔주에서 전당대회에 참가하는 대의원 23명에 포함되기 때문에 대통령 후보들이 뉴햄프셔 프라이머리 전에 주 총무처 장관에게 제출하는 명단에 포함되는 것이 상례이다. 2016년 뉴햄프셔 프라이머리에서는 전국위원회 위원 스티브 두프리Steve Duprey는 케이식 후보 지지 대의원 명단에, 전국위원회 여성 위원 줄리아나 버거론Juliana Bergeron은 크루즈 후보의 명단에, 그리고 주 공화당 의장 제니퍼 혼Jennifer Horn은 부시 후보의 명단에 이름을 올렸다. 뉴햄프셔 프라이머리가 시작되기 전에 각 후보가 주의 총무처 장관에게 제출한 대의원 명단에 정당지도부 3명 중 단 한 명도 트럼프 후보의 명단에 올라가지 않았던 것은 트럼프 후보가 공화당 내에서 처음부터 강력한 후보로 여겨지지 않았다는 것을 간접적으로 말해주고 있다. 하지만 프라이머리 결과 트럼프가 23명의 전당대회 대의원 중 가장 많은 11명의 대의원을 확보해 뉴햄프셔 공화당 프라이머리에서 승자가 되었다.

4) 2020년 뉴햄프셔 공화당 프라이머리

2020년의 뉴햄프셔 공화당 프라이머리는 2월 11일 민주당 프라이머리와 같은 날 실시되었고 투표 참가 자격은 수정형 프라이머리를 그리고 대의원 선출방식은 비례 배분 프라이머리를 채택했다. 뉴햄프셔주 민주당과 같이 최소득표 충족 규정인 10%를 적용했으나 대의원 할당에 있어서는 2016년 뉴햄프셔 프라이머리에서와 같이 비례 배분 프라이머리 중 보너스 프라이머리 방식을 선택했다.

뉴햄프셔주 공화당은 전당대회 총대의원 수 2550명 중 22명을 할당받았

〈표 3-39〉 2020년 뉴햄프셔 공화당 프라이머리 후보별 득표율

후보	득표수	득표율(%)
도널드 트럼프(Donald Trump)	129,734	84.42%
빌 웰드(Bill Weld)	13,844	9.01%
피트 부테제지(Pete Buttigieg)*	1,136	0.74%
에이미 클로부샤(Amy Klobuchar)*	1,076	0.70%
메리 맥스웰(Mary Maxwell)	929	0.60%
조 월시(Joe Walsh)	838	0.55%
마이크 블룸버그(Mike Bloomberg)*	801	0.52%
버니 샌더스(Bernard Sanders)*	753	0.49%
미트 롬니(Romney)*	632	0.41%
에릭 메릴(Eric Merrill)	524	0.34%
스캐터(Scatter)*	502	0.33%
윌리엄 머피(William N. Murphy)	447	0.29%
털시 개버드(Tulsi Gabbard)*	369	0.24%
조 바이든(Joe Biden)*	330	0.21%
맷 마턴(Matt Matern)*	268	0.17%
스티븐 브레들리 컴리(Stephen Bradley Comley, Sr.)	202	0.13%
톰 스타이어(Tom Steyer)*	191	0.12%
앤드루 옝(Andrew Yang)*	162	0.11%
엘리자베스 워렌(Elizabeth Warren)*	157	0.10%
로키 드 라 푸엔테(Rocky De La Fuente, Jr.)	148	0.10%
릭 크라프트(Rick Kraft)*	109	0.07%
후안 페인(Juan Payne)	83	0.05%
로버트 안드리니(Robert Ardini)	77	0.05%
R. 보디(R. Boddie)	72	0.05%
봅 몰튼-엘리(Robert "Bob" Moulton-Ely)	68	0.04%
스타 루크(Star Locke)	66	0.04%
래리 혼(Lawrence Robert "Larry" Horn)	65	0.04%
졸탄 이스트반(Zoltan Gyurko Istvan)	56	0.04%
마이클 베넷(Michael Bennet)*	17	0.01%
드발 패트릭(Deval Patrick)*	10	0.01%
메리앤 윌리엄슨(Marianne Williamson)*	3	0.00%
코리 부커(Cory Booker)*	1	0.00%
스티브 버크(Steve Burke)*	1	0.00%

줄리안 카스트로(Julián Castro)*	1	0.00%
로키 드 라 푸엔테(Rocky De La Fuente, III)*	1	0.00%
탐 쿠스(Tom Koos)*	1	0.00%
Total	153,674	100.00%

* write-in 후보, 즉 직접 기명 후보는 투표용지에 이름이 올라 있지 않지만 투표인이 직접 후보 이름을 적어 투표한 후보나 후보들을 의미한다. 따라서 위의 표에서 볼 수 있듯이 공화당 프라이머리에서도 민주당 후보의 이름을 적어내는 것도 가능하다. write-in 방식은 대부분의 주에서 허용되지만 그 유효표 인정 여부는 주에 따라 다르다.

〈표 3-40〉 2020년 뉴햄프셔 공화당 프라이머리 결과

			트럼프		
	총투표수	대의원 수	득표수	득표율(%)	확보대의원 수
주 전체	153,674	22	129,734	84.422%	22
총대의원 수		22			22

2020년 뉴햄프셔 프라이머리 공화당 후보 대의원 배정

트럼프: 84.422% × 22 = 18.573 반올림 후 19명

는데 이는 2016년에 비해 1명이 줄어든 것이다. 할당받은 22명의 전당대회 참가 대의원은 공화당 대의원 수 할당 규칙에 따라 10명의 기본 대의원, 뉴햄프셔주 2개의 하원 선거구당 각 3명씩 6명, 3명의 정당지도부, 그리고 보너스 대의원 3명 이렇게 22명이며, 뉴햄프셔주 공화당의 경우 23명 대의원 모두가 선언 대의원이다.[33] 2020년 뉴햄프셔 공화당 프라이머리의 후보들과 그들의 득표수는 〈표 3-39〉와 같다.

36명의 후보 중 오직 1명의 후보인 트럼프만이 10%의 최소득표 요건을 충족시킨 것을 볼 수 있다.

득표수 2위인 웰드 후보는 아이오와 공화당 코커스에서는 최소득표 충족 규정이 없으므로 아이오와주 40명의 전당대회 대의원 중 1명을 배정받았으나 뉴햄프셔 프라이머리에서는 10% 최소득표 규정이 적용되어 1명의 대의

---

33) 62쪽 〈표 3-5〉 참고.

원도 배정받지 못했다. 결국 최소득표 요건을 충족시킨 단 한 명의 후보인 트럼프 후보만 뉴햄프셔주가 채택한 비례 배분 방식에 따라 대의원을 배정받게 된다. 〈표 3-40〉은 10% 최소득표 요건을 충족시킨 단 1명의 후보인 트럼프의 득표율에 의해 대의원이 배정되는 과정을 보여준다.

10% 최소득표 요건을 충족시킨 단 한 명의 후보인 트럼프에게 19명이 배정된 후, 22명의 대의원 중 나머지 대의원 3명은 최고 득표자인 트럼프에게 전부 배정된다. 이는 2016년의 경우와 마찬가지로 비례 배분 프라이머리 중 보너스 프라이머리 방식에 의한 것이다. 최종 결과 트럼프 후보는 22명의 대의원을 모두 배정받아 2020년 뉴햄프셔 프라이머리의 승자가 된 것이다.

뉴햄프셔 공화당 프라이머리가 시작되기 전 각 후보는 뉴햄프셔주 주무장관에게 자신을 지지하는 대의원 명단을 제출한다.[34] 프라이머리가 끝나고 주무장관은 각 대통령 후보에게 최종 확정된 배정 대의원 수를 통보하게 되는데 2020년의 뉴햄프셔 공화당 프라이머리의 경우는 당연히 모든 대의원을 확보한 트럼프 후보에게만 통보된다. 트럼프 후보는 제출한 명단 중 10일 이내에 자신에게 배정된 수, 즉 22명의 대의원을 최종 지명하게 된다.

2016년과 마찬가지로 뉴햄프셔주 공화당은 3명의 정당지도부, 즉 전국위원회 위원, 전국위원회 여성 위원, 그리고 주 공화당 의장을 당연직으로 전당대회에 보내는데 이들 3명은 뉴햄프셔주에서 전당대회에 참가하는 대의원 22명에 포함되기 때문에 대통령 후보들이 뉴햄프셔 프라이머리 전에 주의 주무장관에게 제출하는 명단에 포함된다.

지금까지 두 번의 대통령 선거, 즉 2016년과 2020년의 뉴햄프셔 민주당과 공화당 프라이머리를 살펴보았다. 그전에 아이오와 코커스에서 보았듯이 코커스 방식의 예비선거는 찬반이 엇갈리는 데 반해 뉴햄프셔 프라이머

---

34) 148~149쪽 참고

리를 비롯해 다른 주의 프라이머리 방식의 예비선거는 주마다 다소 방식과 규칙의 차이는 있으나 코커스보다는 훨씬 더 무난한 예비선거 방식으로 인식되고 있는 것이 사실이다.

2024년의 대통령 선거 후보 지명과정에서 각 주가 잠정적 혹은 최종적으로 채택하기로 한 대통령 예비선거 방식을 보면 민주당이 48개주에서 프라이머리를 그리고 3개주에서 코커스를 선택했고, 공화당은 42개주에서 프라이머리 방식을 그리고 9개주에서 코커스 방식을 채택하기로 했는데, 민주당의 경우 워싱턴 D.C.를 포함하면 전체 51개의 지역에서 프라이머리 방식이 94%의 압도적인 우위를 차지하고 있음을 보더라도 코커스 방식보다 훨씬 더 선호되고 있음을 쉽게 알 수 있다. 특히 2020년 아이오와 민주당 코커스에서 드러난 일련의 비효율성과 부정확성으로 인해, 그리고 코커스의 경우 그 비용을 정당이 부담해야 한다는 점에서도 프라이머리 방식의 예비선거가 압도적인 예비선거의 방식으로 자리 잡고 있는 것을 볼 수 있다. 그럼에도 코커스 방식의 예비선거는 당원들의 적극적이고 폭넓은 선거 참여를 가능하게 한다는 점에서 나름대로의 장점을 무시할 수는 없다고 본다. 앞으로 미국 대통령 선거에서 후보 지명과정의 일부인 예비선거의 방식이 어떻게 변화해 갈지는 정확히 예측할 수는 없으나 당분간은 프라이머리가 예비선거의 주류를 이룰 것은 확실하다고 본다.

7. 프론트 로딩

프론트 로딩Front-Loading은 예비선거의 초기 편중 현상을 말한다. 1970년대 이후 미국의 주들은 예비선거 일정을 점점 더 앞당기기 시작했는데 그 이유는 다른 주들보다 예비선거를 먼저 실시함으로써 대통령 후보 지명과정에서 그들의 영향력을 높이고 언론의 주목을 더 받기 위해서였다. 예비선거가 초기에 편중되면 지명도가 떨어지거나 선거자금을 충분히 확보하지 못한 대통령 후보는 객관적으로 자격을 더 갖추었다 하더라도 매우 불리하게 되고 따라서 예비선거 과정 초기에 경쟁에서 탈락할 확률이 높아진다고 볼 수 있다. 민주당은 2004년 선거 이후 대통령 후보 지명의 시기와 일정에 대한 전반사항을 검토하고 개혁하기 위해서 대통령 후보 지명 시기 및 일정 개혁위원회the Commission on Presidential Nomination Timing and Scheduling를 구성하여 새로운 규칙을 위반하는 주들에 대해 전당대회에 참가하는 대의원 수를 대폭 삭감하기로 결정하였다. 실제로 2008년에 플로리다주와 미시간주가 프라이머리를 1월에 실시해 각각 절반의 대의원 수를 삭감 당했다. 한편 공화당도 1992년 이후 대통령 선거에서 민주당에 패하는 사례가 늘자 예비선거의 조기 실시와 그에 따른 후보의 자질에 대해 검토하기 시작했고, 2004년에는 예비선거를 2월 5일 이전에 실시하는 주들에 대해 전당대회에 참가하는 대의원의 수를 반으로 줄이기로 결정했다.

8. 수퍼 화요일과 수퍼 화요일 II

1) 2016년 수퍼 화요일과 수퍼 화요일 II

화요일은 전통적으로 미국의 선거일인데 그중 수퍼 화요일Super Tuesday은 수퍼 두퍼 화요일Super Duper Tuesday 등으로도 불리며 뉴햄프셔 프라이머리나 아이오와 코커스 직후 그 외의 주들에서 예비선거(프라이머리 혹은 코커스)가 가장 많이 실시되는 화요일을 일컫는 비공식적인 용어이다. 미국 전체 다양한 지역에서 그리고 대의원 수가 많은 주에서 수퍼 화요일에 프라이머리나 코커스가 실시되기 때문에 전당대회가 열리기도 전에 수퍼 화요일 이후 각 당의 유력한 대통령 후보의 윤곽이 드러날 수 있고 때로는 후보 지명이 확실해지는 경우가 있다. 따라서 각 당의 후보자들에게는 수퍼 화요일은 후보 지명을 위한 매우 중요한 날이며 이날 이후 후보 지명의 가능성이 낮은 각 당의 대부분 후보들이 사퇴하기도 한다. 일반적으로 수퍼 화요일은 대통령 선거의 해의 2월이나 3월의 화요일이며 2008년의 예를 들면 수퍼 화요일은 2월 5일이었는데 그날 24개의 주들이 프라이머리나 혹은 코커스를 실시했다. 민주당의 경우 그날 52%에 해당하는 선언 대의원이 선출되었으며 공화당 대의원의 경우에는 49%가 선출되었다.

2) 2016년 수퍼 화요일

2016년의 수퍼 화요일은 3월 1일이었으며 민주당은 앨라배마, 아칸소, 콜로라도, 조지아, 매사추세츠, 미네소타, 오클라호마, 테네시, 텍사스, 버몬트, 버지니아의 11개주에서 예비선거(프라이머리 혹은 코커스)를 실시하였고, 공화당은 위의 11개주에 알래스카, 노스다코타, 와이오밍의 3개주를 더한 14개주에서 예비선거(프라이머리 혹은 코커스)를 실시하였다. 3월 1일 수퍼 화요일에 민주당과 공화당의 주요 후보가 승리한 주의 수와 확보한 대의원 수는 각각 〈표 3-41〉과 〈표 3-42〉와 같다.

〈표 3-41〉 2016년 민주당 수퍼 화요일의 예비선거 결과

후보	클린턴	샌더스
수퍼 화요일에 승리한 주	7	4
수퍼 화요일에 확보한 대의원 수	486	321

<표 3-42> 2016년 공화당 수퍼 화요일의 예비선거 결과

후보	트럼프	크루즈	루비오	캐이식	카슨
수퍼 화요일에서 승리한 주	7	5	1	0	0
수퍼 화요일에서 확보한 대의원 수	268	240	101	21	3

* 노스다코타 공화당 코커스는 수퍼 화요일인 2016년 3월 1일 하원 선거구 단위로 열렸으나 코커스 당일 대통령 후보에 대한 지지 투표는 치러지지 않았기 때문에 〈표 3-42〉에는 노스다코타 코커스의 결과는 포함되지 않았다.

3) 2016년 수퍼 화요일 II

수퍼 화요일만큼 많은 주는 아니지만 수퍼 화요일이 지난 다음 여러 주에서 예비선거가 치러지는 화요일을 수퍼 화요일 II라고 부른다. 2016년의 수퍼 화요일 II는 3월 15일이었고 5개주, 즉 일리노이, 플로리다, 노스캐롤라이나, 오하이오, 그리고 미주리주의 민주당과 공화당이 프라이머리를 실시했고, 공화당은 추가로 미국 해외영토인 북마리아나 제도에서 코커스를 열었다. 수퍼 화요일 II에 민주당과 공화당의 주요 후보가 승리한 주의 수와 확보한 대의원 수는 각각 〈표 3-43〉과 〈표 3-44〉와 같다.

<표 3-43> 2016년 민주당 수퍼 화요일 II의 예비선거 결과

후보	클린턴	샌더스
수퍼 화요일 II에 승리한 주	5	0
수퍼 화요일 II에 확보한 대의원 수	347	246

<표 3-44> 2016년 공화당 수퍼 화요일 II의 예비선거 결과

후보	트럼프	캐이식	크루즈	루비오
수퍼 화요일 II에 승리한 주	5	1	0	0
수퍼 화요일 II에 확보한 대의원 수	229	81	51	6

4) 2016년 민주당, 공화당 후보의 사실상 지명 확정

현직 대통령이 선거에 나가지 않는 경우에는 양당의 후보 지명 경합이 매우 치열해지므로 수퍼 화요일 이후에도 전당대회에 나갈 대의원의 과반수를 확보하지 못하는 경우가 많다.

2016년 선거에서는 민주당은 6월 7일 공화당은 5월 24일 사실상의 대통령 후보가 확정되었다.

민주당의 힐러리 클린턴 후보는 6월 7일 실시된 6개주의 프라이머리 중 4개주에서 승리해 매직넘버인 2383명 이상을 확보함으로써 사실상의 후보가 되었다.[35] 6월 7일 힐러리 클린턴이 승리한 민주당의 4개주는 뉴저지, 뉴멕시코, 사우스다코타, 캘리포니아주이고 버니 샌더스에게 패배한 주는 몬태나와 노스다코타주이다.

공화당의 도널드 트럼프 후보는 5월 24일 워싱턴주의 프라이머리에서 승리함으로써 후보 지명에 필요한 매직넘버, 즉 1237명의 대의원 수보다 한 명 많은 1238명을 획득해 사실상 공화당의 후보가 되었다.[36]

한편, 각 당의 전당대회는 보통 7월과 8월에 치러지는데 야당이 먼저 전당대회를 실시하고 여당, 즉 현직 대통령의 정당이 전당대회를 나중에 치르는 것이 전통이다. 2016 공화당 전당대회는 오하이오주 클리블랜드에서 7월 18일부터 21일까지 열렸고 민주당 전당대회는 7월 25일부터 28일까지 필라델피아에서 열렸다. 전당대회 이전에 각 당의 대통령 후보가 프라이머리와 코커스의 결과 사실상 후보가 되는 경우가 많기 때문에 전당대회가 꼭

---

35) 2016년 민주당 전당대회에서 대통령 후보로 지명되기 위해서는 전체 대의원 4763명의 50%인 2381.5명을 반올림한 수인 2382명보다 1명 많은 수인 2383명 이상의 지지가 필요하다. 이 수를 매직넘버라고 한다.

36) 2016년 공화당 전당대회에서 대통령 후보로 지명되기 위해서는 전체 대의원 2472명의 과반인 1237명 이상의 지지가 필요하다.

필요한 것인가에 대한 반론도 만만치 않다. 다음 4장에서 민주당과 공화당의 전당대회를 소개하고 그 목적과 의미 그리고 그 필요성에 대해서 자세히 살펴보기로 한다.

5) 2020년 수퍼 화요일

2020년 수퍼 화요일은 3월 3일로 예비선거가 14개주에서 모두 프라이머리 방식으로 열렸는데, 그 주들은 앨라배마, 아칸소, 캘리포니아, 콜로라도, 메인, 매사추세츠, 미네소타, 노스캐롤라이나, 오클라호마, 테네시, 텍사스, 유타, 버몬트, 그리고 버지니아주이다. 민주당의 경우, 바이든 후보는 앨라배마, 아칸소, 메인, 매사추세츠, 미네소타, 노스캐롤라이나, 오클라호마, 테네시, 텍사스, 버지니아주에서 승리했고 샌더스 후보는 캘리포니아, 콜로라도, 유타 그리고 버몬트주에서 승리했다. 〈표 3-45〉는 3월 3일 수퍼 화요일 민주당 주요 후보가 승리한 주의 수와 확보한 대의원 수이다.

〈표 3-45〉 2020년 민주당 수퍼 화요일의 예비선거 결과

후보	바이든	샌더스
수퍼 화요일에 승리한 주	10	4
수퍼 화요일에 확보한 대의원 수	726	505

한편 현직 대통령 트럼프가 출마한 공화당의 수퍼 화요일의 결과는 트럼프 후보가 웰드 후보를 압도적으로 누르고 승리했으며 심지어 6개주의 공화당은 코커스를 취소하고 할당된 전당대회 대의원을 전부 트럼프 후보에게 배정했다. 승자독식 코커스의 예로 앞서 소개한 버지니아주도 사실상 코커스를 취소한 것과 다름없어 버지니아 공화당에 할당된 전당대회 대의원 48명 전원이 트럼프 후보에게 배정되었다.[37]

〈표 3-46〉 2020년 공화당 수퍼 화요일의 예비선거 결과

후보	트럼프	웰드
수퍼 화요일에 승리한 주	14	0
수퍼 화요일에 확보한 대의원 수	785	0

6) 2020년 수퍼 화요일 II

2020년의 수퍼 화요일 II는 3월 3일 수퍼 화요일의 일주일 후인 3월 10일이었다. 민주당은 5개주, 즉 아이다호, 미시간, 미주리, 미시시피, 워싱턴주에서 프라이머리를 그리고 1개주인 노스다코타주에서는 코커스를 실시했다. 그리고 같은 날 공화당은 위의 6개주 중 노스다코타주를 제외한 5개주에서 모두 프라이머리를 실시했다. 2020년 수퍼 화요일 II에 민주당과 공화당의 주요 후보가 승리한 주의 수와 확보한 대의원 수는 각각 〈표 3-47〉과 〈표 3-48〉과 같다.

〈표 3-47〉 2020년 민주당 수퍼 화요일 II의 예비선거 결과

후보	바이든	샌더스
수퍼 화요일 II에 승리한 주	5	1
수퍼 화요일 II에 확보한 대의원 수	215	137

〈표 3-48〉 2020년 공화당 수퍼 화요일 II의 예비선거 결과

후보	트럼프	웰드
수퍼 화요일 II에 승리한 주	5	0
수퍼 화요일 II에 확보한 대의원 수	241	0

---

37) 104~105쪽 참고.

7) 2020년 민주당, 공화당 후보의 사실상 지명 확정

2020년 선거에서 민주당의 바이든 후보는 6월 6일 대통령 후보 지명에 필수적인 전당대회 총선언 대의원 3979명의 과반인 1991명 이상을 확보했다. 그의 가장 강력한 경쟁자인 샌더스 후보는 4월 바이든 후보 지지를 선언했으나 후보에서 사퇴는 하지 않았다. 샌더스 후보는 그 후의 많은 주의 프라이머리에서도 15% 최소득표 요건을 충족시키지 못해 바이든 후보는 더 많은 전당대회 대의원을 확보하게 되었고, 또한 6월에는 여러 주의 프라이머리에서 추가로 승리함으로써 민주당의 대통령 후보 자리를 굳혔다.[38] 현직 대통령인 트럼프 후보는 3월 17일 플로리다와 일리노이 프라이머리에서 승리함으로써 일찌감치 사실상의 공화당 대통령 후보로 확정되었다.[39]

---

38) 2020년 민주당 전당대회에서 대통령 후보로 지명되기 위해서는 전체 전당대회 대의원 수가 아닌 전당대회 선언 대의원 3979명의 50%인 1989.5명을 반올림한 수 1990명보다 1명 많은 수인 1991명 이상의 지지가 필요하다.

39) 2020년 공화당 전당대회에서 대통령 후보로 지명되기 위해서는 전체 대의원 2550명의 과반수인 1276명의 지지가 필요하다.

4장 전당대회

 각 당의 전당대회는 보통 7월과 8월에 치러지는데 야당이 먼저 전당대회를 실시하고 여당, 즉 현직 대통령의 정당이 전당대회를 나중에 치르는 것이 전통이다. 2016년 공화당 전당대회는 오하이오주 클리블랜드에서 7월 18일부터 21일까지 열렸고 민주당 전당대회는 7월 25일부터 28일까지 펜실베이니아주 필라델피아에서 열렸다. 예비선거, 즉 프라이머리와 코커스의 결과 각 당의 대통령 후보가 전당대회 이전에 정해지는 경우가 대부분이기 때문에 전당대회가 꼭 필요한 것인가에 대한 반론도 만만치 않다. 이번 4장에서 민주당과 공화당의 전당대회를 소개하고 그 목적과 의미 그리고 그 필요성에 대해서 자세히 살펴보기로 한다.

 책 앞부분에서 1830년부터 1900년까지 대통령 후보 지명을 위한 초기의 전국 전당대회를 소개한 바 있다. 그 당시 전당대회의 가장 큰 문제는 대통령 후보를 지명하는 대의원들이 대부분 폴리티컬 머신[1]이나 정치적 보스들

---

1) 25쪽 각주 3) 참고.

의 영향력에 의해 선출되었기 때문에 비민주적이라는 것이었다. 다시 말하자면 대의원들은 민주적인 절차도 밟지 않고 보스들에 의해 선출되었으므로 일반 유권자를 대표했다고 볼 수 없었다. 이러한 초기 전당대회는 민주적인 절차에 의해서 대의원이 선출되는 프라이머리가 도입됨으로써 비로소 정당 내에서 민주적으로 후보를 지명할 수 있는 전당대회로 발전할 수 있었고 프라이머리 이후 일부 주가 코커스를 실시하면서 대통령 후보 지명에 더 많은 유권자가 참가할 수 있는 계기를 마련했다. 결국 예비선거라고 일컫는 프라이머리 혹은 코커스가 모든 주에서 채택되면서 지금의 정당별 전당대회는 그 어느 때보다 많은 수의 유권자가 직접 후보 지명과정에 여러 단계에 걸쳐 참여할 수 있게 된 것이다. 앞서 자세한 예를 들었던 아이오와 코커스와 뉴햄프셔 프라이머리를 보면 언론에 보도되는 것 이상으로 훨씬 많은 유권자가 많은 장소에서 그리고 긴 기간 동안 대통령 후보 지명과정에 참여하고 있음을 알 수 있다.

전당대회는 정당별로 미국의 모든 주와 지역을 대표하는 대의원들이 4년마다 한 번 모이는 가장 중요한 행사이며 마치 축제와 같은 분위기 속에서 이루어지는 것이 그 특징이다. 대의원, 정당 관계자, 신문, 방송 등을 포함한 미디어 종사자 등 수만 명이 한 도시에 모여 치르는 행사이고 개최 도시의 국내외 홍보는 물론 지역경제에도 매우 큰 도움이 되기 때문에 각 도시별로 전당대회를 유치하기 위한 경쟁이 매우 치열하다. 올림픽이 열리는 해와 겹칠 뿐 아니라 비슷한 시기에 두 정당의 전당대회가 열리기 때문에 그 규모에 있어 자주 올림픽과 비교되기도 할 정도이다. 2016년 각 정당의 전당대회에는 1만 5000여 명의 공식 취재진이 몰렸고 전 세계인은 방송과 인터넷 그리고 SNS를 통해 전당대회의 과정을 실시간으로 지켜볼 수 있었다.

2001년 9·11테러 이후 전당대회는 테러나 기타 안전을 위협하는 행위로부터 철저한 대비를 위해 비록 정당의 행사이기는 하지만 미국의 연방정부가 '국가 특별 안전행사National Special Security Event'로 지정해 국토안전부 Department of Homeland Security와 그 소속인 비밀경호국United States Secret Service이 직접 안전을 담당하고 있다. 예를 들어 민주당의 전당대회가 열린 펜실베이니아주 필라델피아 경찰청은 테러와 폭동에 대비하기 위한 경찰 개인장비 구입과 인건비로 연방정부로부터 5000만 달러, 당시 우리 돈으로 약 550억 원을 지원받았으며, 공화당의 전당대회 장소인 오하이오주 클리블랜드 경찰청도 같은 액수를 지원받았다. 심지어 물총, 테니스공, 아이스박스 같은 물품도 전당대회가 열리는 장소의 반경 약 2.7km 이내로는 반입이 금지되었다.

흔히 미국 정당의 대통령 후보를 선출하기 위한 전당대회는 축제와 같다고 표현한다. 그러나 정치에 무관심하고 냉소적인 대중에게 다가가기 위한 노력의 결과로 표면적으로는 그렇게 보일 수는 있어도 사실상 양당의 전당대회는 매우 치열한 경쟁 속에 개최될 뿐만 아니라 치밀하게 짜인 계획에 따라 움직이는 군사작전과 같은 것이다. 특히 후보가 전당대회 전까지 정해지지 않아서 전당대회에서 정해지는 경우라면 더욱 그러하다.

1. 전당대회의 필요성과 의미

50개의 주, 워싱턴 D.C. 그리고 5개의 미국 해외영토에서 예비선거가 끝나기 전에 사실상 정당별로 대통령 후보가 결정될 수 있는데도 전당대회를 개최할 필요성이 있는지에 대해 가끔 의문이 제기되기도 한다. 하지만 전당대회는 각 정당의 대통령 후보 지명만이 목적이 아니다. 대통령 후보 지명 외에 전당대회의 필요성은 다섯 가지로 요약할 수 있다.

1. 전국의 대의원이 4년마다 한자리에 모여 정당조직과 정강을 점검하고 보완하는 것이다. 특히 대통령 후보 지명과정에서 드러난 문제점을 수정하고 쟁점이 되는 이슈에 대해 모든 주의 대표가 모인 자리에서 정당의 입장을 정리하는 것이 전당대회의 목적인 것이다.

2. 전당대회 전에 사실상 후보가 정해졌다고 할지라도 그 후보의 자격에 결격사유가 있을 경우 전당대회에서 재검증하는 것이다. 그뿐만 아니라 사실상 정해진 후보가 사퇴하거나 사망했을 경우에도 전당대회를 통해서 새로운 후보를 선출할 수 있다.

3. 전당대회 이전에 어떤 후보도 대의원의 과반수를 확보하지 못했을 경우에 전당대회는 실제로 후보를 선출하는 기능을 가지게 된다. 다시 말해 두 명 혹은 두 명 이상의 후보에게 지지도가 비슷하게 분산되어 어느후보도 과반수를 확보하지 못한 경우를 예로 들 수 있다. 1차 투표에서 과반수의 대의원 지지가 없어 후보가 결정되지 못하는 경우를 중재 전당대회brokered convention, 경쟁 전당대회contested convention, 혹은 개방 전당대회open convention이라고 부른다. 이러한 경우 정당별로 2차 투표 이후에 관한 규정이 있기는 하지만 일반적으로 대의원들은 그들이 지지하기로 되어 있는 후보에게 투표해야 하는 구속에서 벗어나 사실상자유롭게 투표할 수 있어 예비선거의 결과와 관계없이 후보가 결정될 수 있다.

4. 대통령 후보에 지명된 자가 러닝메이트인 부통령 후보를 공식적으로 지명하는 것 역시 전당대회에서 이뤄진다. 부통령 후보는 대통령 후보의 당선에 유리한 역할을 할 수 있으며 유권자 지지에 있어서 대통령 후보의 약점을 보완해 줄 수 있는 사람을 대통령후보가 직접 지명하는 것이 일반적이다. 즉 대통령 후보의 정치적 성향, 지역, 나이, 그리고 인종과 같은 여러 사항에 대해 보완해 줄 수 있는 것이 부통령 후보이기 때

문이다.

5. 전당대회에서는 예비선거 기간 동안 분열되었던 대통령 후보자들이 최종 지명된 후보를 적극적으로 지지하고 그를 중심으로 선거에서의 승리를 위해 단합하는 모습을 유권자들에게 보여줄 뿐 아니라 이렇게 단합된 당의 세력을 언론을 통해 전국의 유권자들에게 과시하는 의미도 매우 크다.

2. 2016년 양당의 전당대회

1) 민주당

(1) 전당대회 위원회

4개의 전당대회 위원회가 결성되는 공화당과는 달리, 민주당은 일반적으로 하나의 민주당 전당대회 위원회가 정강기획위원회Platform Drafting Committee를 포함한 8개의 팀을 두고 전당대회 준비와 진행을 관장하고 있는데 나머지 7개의 팀은 다음과 같다. 커뮤니케이션Communications, 물류Logistics, 전당대회 시설 관리Convention Complex Management, 대중 참여Public Engagement, 행정 및 재정Administration and Finance, 기술Technology, 그리고 총괄Production 팀이다. 이 중 가장 중요한 정강기획위원회를 2016년 전당대회에서의 활동을 중심으로 설명하면 다음과 같다.

정강기획위원회: 이 위원회는 15명으로 구성되며 민주당 전국위원회 의장의 권한으로 임명된다. 이 위원회가 2016년 전당대회에 앞서 기획한 정강은 매우 다양한 분야에 걸쳐 있을 뿐만 아니라 매우 진보적인 것이 특징이

다. 경제 분야의 경우 월스트리트를 개혁하기 위한 세부적인 사안과 강도 높은 금융 규제 그리고 최저 임금을 15달러로 높이는 방안이 마련되었다. 또한 위원회는 형사 관련 사법제도의 개혁과 사설 교도소의 폐지, 사회 보장제도의 확대와 사형제도 폐지에 대해서도 심도 높은 방안을 제시하였다. 낙태 문제에 있어서 민주당은 2016년에도 낙태를 허용하는 프로 초이스pro choice의 입장을 재확인하였다. 공화당의 정강이 극보수적인 반면 민주당의 정강이 이처럼 매우 진보적인 것이 2016년 양당 전당대회의 특징이라고 볼 수 있으며 대통령 선거 후 이 두 정당이 여러 가지 분야에 많은 갈등을 겪을 것이 예상된다.

(2) 2016년 민주당 전당대회 행사

민주당 전당대회는 7월 25일부터 28일까지 펜실베이니아주 필라델피아 웰스파고 센터Wells Fargo Center에서 개최되었으며 공화당의 전당대회와 마찬가지로 테러와 기타 소요사태에 대비한 연방정부와 필라델피아시의 공조가 이루어진 가운데 진행되었다. 첫날인 7월 25일과 마지막 날인 7월 28일은 대부분의 일정이 초청 연사의 연설로 구성되었다. 26일에는 대통령 후보가 공식적으로 지명되었고 27일에는 민주당 정강이 채택되었다. 전당대회의 주요 내용을 날짜별로 살펴보면 아래와 같다.

7월 26일: 대의원들의 투표에 의해 힐러리 클린턴이 대통령 후보에 지명되었다. 투표는 호명 투표roll call vote의 형식으로 이뤄졌다. 즉 각 주의 이름을 알파벳 순서로 호명하면 그 주의 대의원들이 각 후보에 대한 지지 수를 표명하는 형식이다. 1970년대 이후부터는 오하라 위원회 개혁의 일환으로 제비뽑기를 통해 그 순서를 정하였으나 최근 다시 주들은 알파벳순으로 각 후보에 대한 지지 수를 발표하고 있다. 예비선거의 결과 클린턴 후보가 전당

〈표 4-1〉 2016년 민주당 전당대회 후보별 득표 상황

후보	득표수	득표율
힐러리 클린턴	2,842	59.67%
버니 샌더스	1,865	39.16%
기권	56	1.18%
합계	4,763	100%*

* 반올림으로 인해 산술적으로는 100.1%임.

대회 전 이미 실질적으로 과반수 대의원의 지지를 확보하여 후보로 결정되었기 때문에 후보 지명은 1차 투표에서 결정되었다. 전당대회의 대의원 투표 결과는 〈표 4-1〉과 같다.

7월 27일: 클린턴 후보는 전당대회 이전인 7월 22일 버지니아주를 대표하는 연방 상원의원 팀 케인Tim Kaine을 러닝메이트로 발표한 바 있는데, 7월 27일 케인은 전당대회에서 공식적으로 민주당 부통령 후보로 지명되었다. 한편 같은 날 민주당 정강기획위원회가 제출한 정강이 전체 대의원이 모인 자리에서 채택되었는데. 정강은 앞서 간단히 소개했지만 55쪽에 달하는 매우 방대한 양이었다. 다시 강조하자면 2016년 공화당의 정강은 극보수적인 반면 민주당의 정강은 한 언론의 기사를 인용하자면 '더 이상 좌익일 수 없는No further left to go'이라는 표현이 나올 정도로 극진보적인 색깔을 띠고 있다.

7월 25일과 28일: 매사추세츠주 연방 상원의원 엘리자베스 워렌이 기조연설자로 나선 것을 비롯해 현직 대통령 버락 오바마, 전 대통령이자 클린턴 후보의 남편인 빌 클린턴, 현직 부통령인 조 바이든, 퍼스트레이디 미셸 오바마Michelle Obama, 전 하원의장 낸시 펠로시Nancy Pelosi, 전 뉴욕시장 마이

크 블룸버그 등 민주당을 대표하는 인사들이 연사로 나서 '함께하면 더 강하다Stronger Together'라는 주제로 민주당의 단합과 클린턴 후보의 지지를 촉구하였다.

7월 28일: 28일 연사 중 마지막으로 클린턴 후보가 약 1시간에 걸친 후보 수락 연설을 하면서 전당대회가 종료되었다. 클린턴 후보는 유권자들에게 그녀의 오랜 공직 경험에 바탕을 둔 경험과 판단을 신뢰해 줄 것을 촉구하면서 미합중국 국새The Great Seal에 새겨진 라틴어 문구인 'E Pluribus Unum', 즉 여럿이 힘을 합쳐 하나가 될 것을 촉구하며 후보수락 연설을 마쳤다.

2) 공화당

(1) 4개의 전당대회 위원회

공화당은 일반적으로 전당대회가 열리기 전 4개의 전당대회 위원회가 결성되어 전당대회에 관한 규칙, 진행, 정강, 대의원의 자격 심사 그리고 일정과 실행 계획을 세운다. 이 4개의 위원회는 공화당의 규정에 따라 50개주, 5개의 미국 해외영토 그리고 워싱턴 D.C.를 각각 대표하는 1명의 남성과 1명의 여성 대표로 구성된다. 즉, 4개의 각 위원회는 56명의 남성과 56명의 여성, 총 112명으로 구성된다. 4개의 전당대회 위원회를 간단히 소개하면 다음과 같다.

규칙위원회Committee on Rules and Order: 4개의 위원회 중 가장 영향력 있는 위원회로 전당대회의 전반적인 규칙을 제정하며 2016년의 경우 전당대회 1주일 전에 클리블랜드에서 소집되었다. 2016년 규칙위원회가 제정한 규정 중 가장 중요한 예는, 2012년 이후 대통령 후보가 8개주 이상의 프라이머리나 코커스에서 승리해야만 전당대회에서 후보 지명의 자격을 가질 수 있다는 규정을 그 이전의 규정, 즉 5개주 이상의 승리로 자격 요건을 되돌려 놓은 것이다.

정강위원회Platform Committee: 2016년에 공화당 정강위원회가 채택한 가장 중요한 사안은 동성애와 동성 간의 결혼에 관한 것이다. 2015년 6월 '오버게펠 대 하지스Obergefell v. Hodges' 판결에서 미국 연방대법원은 동성결혼이 헌법에 의해 보호받는 권리인 만큼 미국의 모든 주에서 합법화되어야 한다고 결정했다. 정강위원회는 연방대법원의 이 같은 결정은 미국 사회의 전통적인 관념에 반하는 것이므로 헌법 수정에 의해 번복되어야 한다는 입장을 확고하게 견지했다. 또한 정강위원회는 연방대법원 판사 임명의 경우에도 미국 사회가 가진 전통적인 가족의 가치에 대한 존중이 선행되어야 한다는 것도 채택했다. 이러한 정강의 채택은 공화당이 다시 극보수 쪽으로 움직이고 있는 것을 의미하기도 한다.

자격심의위원회Credentials Committee: 이 위원회는 전당대회에 참가하는 대의원의 자격에 대한 이의와 분규를 전당대회에 앞서 해결한다.

준비위원회Committee on Arrangement: 준비위원회는 전당대회의 모든 일정과 실행을 준비하는 위원회이며 역시 전당대회가 열리기 훨씬 전에 만나 세부적인 일정과 시간 그리고 실행 사항을 결정하고 점검한다.

(2) 2016년 공화당 전당대회 행사

전당대회는 보통 3~4일에 걸쳐 열리는데 2016년 공화당 전당대회는 앞서 언급했듯이 7월 18일부터 21일까지 오하이오주 클리블랜드의 퀴큰론스 아레나Quicken Loans Arena에서 열렸다. 전당대회 전에 실시된 예비선거의 결과로 사실상 후보가 확정된 경우 전당대회의 전 과정은 그 후보의 의견을 주로 반영하는 것이 상례이며 2016년 공화당 전당대회에서는 대부분의 과정을 트럼프 후보가 주도했다. 특히 그는 많은 연설자를 초청해 정강 채택과 후보 선출과정을 제외한 전당대회의 대부분의 일정을 연설로 구성했다.

7월 18일: 정강위원회가 채택한 정강이 전당대회에서 큰 마찰 없이 채택되었다. 앞서 언급했듯이 채택된 정강은 성소수자, 즉 LGBTLesbian, Gay, Bisexual, and Transgender들의 권리에 반대하는 정책이며 헌법을 개정해서라도 연방대법원이 허용한 동성 간의 결혼을 금지할 뿐만 아니라 동성연애, 양성연애, 그리고 성전환자들의 권리를 인정하지 않는다는 것이 그 내용이다. 이 정강은 공화당이 2008년과 2012년에 채택한 LGBT에 관한 정강보다 훨씬 강도가 높은 극보수주의적인 정강이며 트럼프 후보의 성소수자에 대한 견해를 반영하고 있다. 이는 트럼프가 당선될 경우 적지 않은 파장이 예상되는 정강이며 이미 성소수자의 권리를 옹호하는 많은 사람과 단체의 큰 반발을 사고 있었다.

7월 19일: 대의원들의 투표에 의해 트럼프가 공화당 대통령 후보로 결정되었다. 첫 번째 투표에서 후보 지명에 필요한 대의원 과반수의 지지를 확보했기 때문에 2차 투표 없이 트럼프가 공화당 대통령 후보로 지명된 것이다. 트럼프는 2016년 5월 3일 인디애나 공화당 프라이머리가 끝났을 때 이미 후보 지명에 필요한 대의원 과반의 지지를 확보했다. 즉 전체 대의원 2472명 중 과반수는 1236명인데 두 후보가 동수의 지지를 받을 수 있기 때문에 1237표 이상이면 후보 지명이 가능하다(58쪽 〈표 3-3〉 참고). 트럼프는 7월

〈표 4-2〉 2016년 공화당 전당대회 후보별 득표 상황

후보	득표수	득표율
도널드 트럼프	1,725	69.78%
테드 크루즈	484	19.58%
존 캐이식	125	5.06%
마르코 루비오	123	4.98%
벤 카슨	7	0.28%
젭 부시	3	0.12%
랜드 폴	2	0.08%
기권	3	0.12%
합계	2,472	100%

18일 전당대회 첫 번째 투표에서 1725표를 얻어 후보에 지명되었는데 각 주에서 프라이머리 혹은 코커스를 통해 대의원에 선출된 대의원 중 비선언 대의원으로 선출된 사람들이 대부분 트럼프를 지지했으며 심지어 그가 예비 선거에서 패배하였던 아이오와, 알래스카, 유타 그리고 워싱턴 D.C.의 대의 원들이 전원 트럼프를 지지하는 쪽으로 입장을 바꾸었기 때문이다. 예비선 거에서 특정 후보를 지지하기로 선언한 대의원들이 전당대회에서 그 후보를 지지해야 하는 것은 당의 강력한 권고 사항이다. 그럼에도 불구하고 그렇지 않을 경우에 특별한 제재가 없으므로 이 같은 경우가 가능하다. 트럼프가 얻 은 69.78%는 1976년 이후 공화당 전당대회 사상 가장 낮은 대의원 지지율 로써, 그다지 압도적인 지지로 후보에 지명된 것은 아니다. 〈표 4-2〉는 각 후보가 전당대회에서 획득한 투표수이다.

대통령 후보 지명에 이어 현직 인디애나 주지사인 마이크 펜스Mike Pence 가 러닝메이트인 부통령 후보로 지명되었는데, 사실 전당대회 7일 전에 트 럼프는 이미 자신의 러닝메이트를 발표했었다. 펜스는 정치경력이 거의 없 는 트럼프의 약점을 보완하고 공화당 내에서의 반트럼프 세력을 끌어안을

수 있는 적격자라고 보는 것이 일반적인 견해이다.[2]

7월 21일: 일반적으로 전당대회 마지막 날 대통령 후보 지명자가 후보수락 연설을 하는데 트럼프도 역시 관례대로 마지막 날인 7월 21일 후보수락 연설을 하면서 전당대회의 대미를 장식했다. 그의 후보수락 연설은 75분에 걸쳐 진행되었는데 주요 정당의 전당대회 사상 유례없이 긴 연설 중 하나였다. 트럼프는 범죄, 불법 이민, 낮은 고용률, 가계수입의 감소, 중동문제, 그리고 테러 등 다양한 이슈에 대해 언급하고 민주당 후보인 클린턴에 대한 비난에도 긴 시간을 할애했다.

위에 언급한 일정 외의 전당대회의 일정은 거의 매일 대부분 연설로 구성되었고 전 현직 상원의원, 하원의원, 전 현직 주지사, 공화당 지도부, 트럼프 후보의 가족과 그의 사업 동반자, 군인, 운동선수, 종교 지도자 그리고 기타 유명인들이 연사로 초대되었다. 연설은 두 가지의 큰 주제로 나뉘었는데 하나는 "미국을 다시 최고의 나라로 만들자Make America First Again" 그리고 다른 하나의 주제는 "미국을 다시 하나로 만들자Make America One Again"였다.

이렇게 두 정당이 전당대회를 통해 공식적으로 각각의 후보를 지명하게

---

2) 앞서 전당대회의 필요성과 의미에서 설명했듯이 부통령 후보는 대통령 후보의 약점을 보완해 줄 수 있는 사람을 대통령 후보가 직접 지명하는 것이 일반적이다. 즉 대통령 후보의 정치적 성향, 지역, 나이, 그리고 인종과 같은 여러 사항에 대한 결점이나 약점을 보완해 줄 수 있는 것이 부통령 후보이기 때문이다. 1960년 동부 출신 민주당 대통령 후보 존 F. 케네디는 그의 급진적 진보 성향을 상쇄해 줄 수 있는 린든 B. 존슨을 러닝메이트로 지명했다. 당시 미국의 남부는 보수 성향의 민주당이 장악하고 있었기 때문에 남부 민주당의 지지를 받기 위해서 남부 출신이면서 보수 성향인 존슨을 택했던 것이다. 1976년 남부의 조지아주 출신 민주당 대통령 후보 지미 카터는 북부 출신 진보 성향의 월터 먼데일(Walter Mondale)을 러닝메이트로 지명했다. 공화당을 보면 1980년 캘리포니아주의 보수 세력을 기반으로 하는 로널드 레이건 대통령 후보는 남부의 중도성향인 조지 H.W. 부시를 러닝메이트로 지명했는데 부시 집안은 원래 대대로 동부 출신이라 동부의 보수층에도 상당한 정치적 기반을 가지고 있었기 때문이다.

되면 11월 초에 실시되는 유권자 투표 때까지 치열한 선거운동에 돌입하게 된다. 약 3개월간의 선거운동 기간 두 당의 후보는 각종 미디어, SNS 등을 통해 사회적으로 다양한 계층의 유권자들에게 광범위한 차원에서 다가가는 데 엄청난 선거자금과 자원을 동원하게 된다. 특히 두 후보의 지지도가 비슷한 경우 선거운동 기간에 승리를 예측하기 힘들게 하는 많은 변수가 작용할 수 있는데 2016년 선거가 바로 좋은 예이다.

3) 제3당 후보

미국 정치에서 양대 정당인 민주당과 공화당이 아닌 제3당 혹은 군소정당이나 무소속 후보로 연방선거, 즉 하원, 상원, 그리고 대통령 선거에서 당선되는 것은 매우 어려운 일이다. 왜냐하면 미국 정치에서는 양당 구도가 굳어져 있기 때문인데 그 이유를 요약하면 다음과 같다. 첫째, 거의 모든 공직 선거는 단순 다수제인 소선거구제도에 기초하고 있다. 가장 많은 표를 얻은 한 명의 후보만 당선되기 때문에 제3당은 당선자를 내기 힘들고 유권자는 승리하지 못할 정당에 투표해서 지지표가 낭비되는 것을 꺼리게 되는 것이다. 둘째, 자본주의와 민주주의를 지속적으로 거부하고 사회주의나 전제주의를 표방하는 큰 규모의 정치세력이 존재하지 않는다. 셋째, 미국에서는 종교와 정치가 건국 초부터 확실하게 분리되어 왔는데 이는 미국이 유럽의 국가들과는 달리 종교개혁 이후에 건국되었기 때문이다. 따라서 유럽에서 흔히 볼 수 있는 기독교 정당Christian party이 존재하지 않는다. 넷째, 대부분의 주의 법과 규정은 제3당 후보가 출마하는 것을 현실적으로 매우 어렵게 하고 있다. 다섯째, 예비선거와 전당대회를 통해 양대 정당 내의 소수 세력이나 불만 세력도 후보 선출에 직접 참여할 기회를 가질 수 있어 정당 내에서 많은 문제를 해결할 수 있기 때문이다.

초대 대통령인 조지 워싱턴을 제외하고는 대통령 선거에서는 한 번도 주요 정당 이외의 제3당 후보나 무소속 후보가 당선된 적이 없었다. 1912년 진보당Progressive party 후보인 시어도어 루즈벨트는 유권자 투표 27%와 선거인단 투표의 88표를 얻는 데 그쳐 민주당의 우드로 윌슨Woodrow Wilson에게 패했고, 1992년 로스 페로Ross Perot는 무소속으로 출마해 유권자 투표 19%를 얻었으나 단 한 주에서도 승리하지 못해 선거인단 표는 1표도 얻지 못했다. 페로는 1996년에는 개혁당으로 다시 출마했으나 유권자 투표의 8.4%를 얻는 데 그치고 말았다. 비록 1992년과 1996년 모두 패배했으나 페로는 두 선거에서 모두 50개주와 워싱턴 D.C.의 투표용지에 이름을 올릴 정도로 다른 제3당 후보들에 비해서는 매우 선전한 경우였다.

사실 대통령 선거에서 모든 주의 투표용지에 이름을 올리는 것도 쉬운 일은 아니다. 양대 정당의 후보는 자동으로 모든 주의 투표용지에 이름이 올라가지만 제3당 후보의 경우 여러 가지 조건을 만족시켜야 하는데 이러한 조건들을 규정한 것이 투표용지 등재법Ballot Access law이다. 이러한 규정들은 주별로 다르기 때문에 선거에 출마한다고 해도 일부 주의 투표용지에만 이름을 올릴 수 있는 경우가 대부분이다. 그러한 조건 중에는 후보등록비 외에 대부분 주에서는 일정한 수의 유권자가 서명해야 하는 신청서petition, 그리고 부통령 후보 동시등록 조건 등이 있는데 주마다 다른 기준을 가지고 있어 50개주의 조건을 모두 만족시키는 것이 매우 어렵다.

자유당Libertarian Party의 후보는 1980년 이후 적어도 46개주의 투표용지에 이름을 올리고 있으나 1984년에는 데이비드 버그랜드David Bergland 후보가 36개주에서 이름을 올리는 데 그쳤다. 다시 1992년과 1996년에 자유당은 50개주에서 모두 후보의 이름을 올리는 데 성공한다. 2004년 무소속으로 입후보한 랄프 네이더Ralph Nader는 34개주에서 이름을 올렸다. 이렇듯 미국 대통령 선거에서 제3당 후보 또는 군소정당 후보는 민주당과 공화당의 후보에 비해 출마 자체가 힘들고 더욱이 출마한다고 해도 당선이 거의 불가능하다.

3. 2020년 양당의 전당대회

1) 민주당

(1) 전당대회 위원회

2016년의 전당대회의 경우와 같이 2020년에도 정강기획위원회를 포함한 8개의 팀으로 구성된 전당대회 위원회의 관장하에 전당대회의 준비와 진행이 이루어졌다.[3] 2020년에는 바이든 후보와 샌더스 후보가 통합 태스크 포스를 만들어 수개월에 걸쳐 향후 4년간의 민주당의 주요 정강을 입안해 전당대회 대의원에 의해 채택되었는데 그 내용은 2020년 민주당 전당대회의 뒷부분에서 다시 소개하도록 하겠다.

전당대회의 안전을 위한 조치

2020년은 민주당 전당대회뿐만 아니라 공화당 전당대회도 매우 예외적으로 치러진 해였다. 세계적인 코로나의 확산으로 거의 대부분의 집회와 공적 및 사적인 여행이 금지 또는 제한되고, 교육시설의 폐쇄로 온라인으로 수업이 진행되는 등 세계의 모든 사람이 전염병으로 인한 생명의 위험과 불안 그리고 방역 방침으로 불편을 겪고 있던 때였다. 원래 계획에 의하면 약 5000명이 위스콘신주 밀워키Milwaukee에서 열리는 민주당 전당대회에 참가하도록 예정되어 있었으나 코로나 확산을 염려하여 1000명으로 축소되었

---

3) 165쪽 참고.

고 다시 그 수는 300명으로 축소되었는데, 이 수는 언론사의 기자들도 포함된 수이다. 하지만 밀워키시의 보건부는 집회의 인원을 250명으로 제한함으로써 민주당 밀워키 전당대회 참가자는 최대 250명으로 결정되었다. 이런 이유로 6월에 들어 민주당 전국위원회는 전당대회 대의원들로 하여금 밀워키에 직접 오는 대신 온라인으로 참석하여 투표하도록 했고, 7월 중순에는 민주당 소속 연방의원들도 전당대회에 직접 참가하지 않도록 요청했다. 따라서 사실상, 어떤 주에서도 전당대회 대의원들은 밀워키에 가지 않았고 대신 원격으로 전당대회 대부분의 일정이 진행되었다.

전당대회라는 주제의 첫 부분에서 언급했듯이 2001년 9·11테러 이후 양당의 전당대회는 테러나 폭동, 폭력 등 기타 안전을 위협하는 행위로부터 철저한 대비를 위해 비록 정당의 행사이기는 하지만 미국의 연방정부가 '국가 특별 안전행사'로 지정해 국토안전부와 그 소속인 비밀 경호국이 직접 안전을 담당한다. 하지만 2020년 양당의 전당대회는 안전 위협의 대상이 테러나 폭력보다는 오히려 코로나 팬데믹이라는 대상으로 바뀐 양상을 보여주었다. 민주당 전당대회 장소인 위스콘신 센터Wisconsin Center에 입장할 예정인 사람들은 적어도 72시간의 자가격리를 요구받았고 매일 코로나 감염 여부 검사와 함께 질병 통제와 방지 지침을 따르도록 요구받았다.

한편 연방정부는 2016년과 마찬가지로 테러와 폭동에 대비하기 위한 장비 구입과 인건비로 5000만 달러, 즉, 우리 돈으로 약 550억 원을 지원하기로 되어 있었으나 전당대회의 대부분의 일정이 원격으로 진행되었기 때문에 지원금은 4000만 달러로 줄었다. 밀워키시는 사이버 보안 강화는 물론 전당대회가 열리는 위스콘신 센터 주변에 공기총, 드론, 유리 용기, 아이스박스 등의 반입을 금지시키고 위스콘신 센터를 에워싸는 울타리를 설치하였다. 오후 6시부터 11시까지의 비행을 잠정적으로 금지시키고 드론을 띄우는 것 역시 금지시켰다. 위스콘신주의 민병대 수백 명도 전당대회의 안전을 돕기 위한 계획을 세우기도 하였다.

(2) 2020년 민주당 전당대회 행사

2020년 민주당 전당대회는 2020년 6월 13부터 6월 16일까지 열릴 예정이었으나, 역시 코로나 팬데믹으로 인해 8월 17일부터 8월 20일로 연기되어 위스콘신주 밀워키의 위스콘신 센터에서 열렸다.

민주당 대통령 후보 지명: 2020년 민주당은, 어느 대통령 후보도 선언 대의원 과반의 지지를 얻지 못하는 경우를 제외하고는 비선언 대의원, 즉 수퍼대의원들은 전당대회의 1차 투표에서 투표권을 행사하지 못한다는 규정을 만들었다. 다시 말하면 1차 투표에서 선언 대의원 과반의 지지를 얻는 후보가 대통령 후보로 결정된다는 것이다. 만일 선언 대의원 과반의 지지를 얻은 후보가 없을 경우 2차 그리고 그 이후에 있을 수 있는 투표에서는 비선언 대의원들이 투표권을 행사할 수 있고 이 경우에는 총대의원(선언 대의원과 비선언 대의원)의 과반의 지지를 얻는 후보가 대통령 후보로 결정된다.[4]

대통령 후보 지명 투표(8월 3일~8월 15일): 투표는 각 대의원이 전당대회에 현장 참가하지 않았기 때문에 전통적인 호명 투표의 형식, 즉 각 주의 이름을 알파벳 순서로 호명하면 그 주의 대의원들이 지지하는 후보의 수를 표명하는 형식 대신 특별 안전 코드를 이용하여 이메일을 이용하여 투표했다. 이 투표 과정에는 선호하는 대통령 후보와 민주당의 새로운 정강의 채택에 대한 동의 여부도 포함되었다. 각 대의원의 투표 결과는 그들이 각자 속한

---

4) 2020년 민주당은 대통령 후보 지명과정에서 비선언 PLEO 대의원, 즉 정당의 엘리트인 정당지도부와 선출직 공직자인 수퍼대의원들의 영향력을 줄이는 개혁을 감행했다. 이는 대통령 후보 지명과정에서 평당원들의 영향력을 높이기 위한 것이다.

<표 4-3> 2020년 민주당 전당대회 후보별 득표 상황

후보	득표수	득표율(%)[1]
조 바이든	2,716	68.26%
버니 샌더스	1,112	27.95%
엘리자베스 워렌	63	1.58%
마이크 블룸버그	59	1.48%
피트 부테제지	21	0.53%
에이미 클로부샤	7	0.18%
털시 개버드	2	0.05%
합계	3,979[2]	100%[3]

1) 소수점 이하 셋째 자리에서 반올림.
2) 투표 대의원들 3979명은 모두 선언 대의원이며 비선언 대의원은 여기에 포함되지 않았다. 비선언 대의원인 수퍼대의원들을 합하면 전당대회 참가 대의원수는 총 4749명이나 1차 투표에서 선언 대의원 수 3979명의 과반의 지지를 얻은 바이든이 후보로 지명되었다.
3) 반올림으로 인해 산술적으로는 100.03임.

주의 민주당에서 집계된 후, 각 주의 민주당 의장은 전당대회 본부로 후보별 득표 기록과 정강 채택의 동의 여부를 제출하는 방식으로 후보 지명 투표 과정이 진행되었다.

투표는 8월 3일에 시작해 각 주의 전당대회 대의원 의장이 8월 15일 민주당 전국위원회에 그 결과를 통보함으로써 종결되었다.

(3) 향후 4년간의 민주당 정강의 입안과 채택

2020년 4월 샌더스 후보가 바이든 후보를 지지한 직후 두 후보는 향후 4년간의 민주당 정강의 초안을 만들기 위한 합동 태스크포스unity task force를 구성했다. 수개월 간의 협의와 협상의 결과 민주당의 새로운 정강은 10가지 부문으로 나누어 만들어졌다. 열거하자면 ① 코로나COVID-19 팬데믹에 대한 조치 ② 경제 ③ 건강 보험 ④ 형사사법제도 ⑤ 기후 ⑥ 이민 정책 ⑦ 교육 ⑧ 외교 정책 ⑨ 투표권 ⑩ 성정체성 관련 권리이다.

합동 태스크포스가 입안한 110쪽에 달하는 방대한 정강은 전당대회에서 세부적으로 제시되었고 대의원들은 이메일 투표를 통해 8월 18일 이 정강을 채택하였다. 여기에서 10개 부문으로 분류된 새 정강의 모든 자세한 내용은 생략하기로 한다. 바이든 후보와 샌더스 후보의 주도로 구성된 태스크포스가 입안한 정강은 지금까지 민주당 역사상 가장 진보적이라는 평가와 함께 일부에서는 건강 보험에 대한 적용 범위가 너무 좁다는 비난이 나오기도 했다. 어쨌든 민주당 후보인 바이든이 대통령에 당선되는 경우 향후 4년간 민주당의 가장 주된 정책의 노선과 분야가 전당대회에서 채택된 것이다. 전당대회의 가장 중요한 목적은 바로 대통령 후보를 지명하는 것과 정당의 새로운 정강을 입안하여 채택하는 것이니만큼 비록 전당대회가 온라인으로 치러졌지만 민주당은 전당대회 본연의 목적을 달성한 것이다.

(4) 전당대회 일정별 행사

다음은 8월 17일~8월 20일 나흘간 민주당 지지 이익단체들의 회의 일정과 주요 연설자들이다. 코로나 방역 시기였기 때문에 아래의 회의들과 연설은 전부 온라인으로 진행되었다.

8월 17일　**회의:** 히스패닉위원회/ 소수민족위원회/ 여성위원회/ 청년위원회
　　　　　주요 연설자: 연방 상원의원 겸 민주당 대통령 후보 버니 샌더스/ 뉴욕주 지사 앤드루 쿠오모Andrew Cuomo/ 연방 상원의원 에이미 클로부샤/ 전 대통령 부인 미셸 오바마

8월 18일　**회의:** 성소수자LGBTQ[5)]위원회/ 중소기업위원회/ 장애인위원회/ 유대인위원회/ 아메리카 원주민위원회

주요 연설자: 빌 클린턴 전 대통령/ 전 부통령 부인 질 바이든

(그 외의 8월 18일 전당대회 연설자들은 대부분 주 정부와 지방 정부의 인사들이었다.)

8월 19일　**회의:** 히스패닉위원회/ 노동위원회/ 소수민족위원회/ 여성위원회

부통령 후보 지명 : 8월 15일 민주당 대통령 후보 지명이 확정된 바이든 대통령 후보는 8월 19일 연방 상원의원 카말라 해리스를 그의 부통령 후보로 지명했다.

주요 연설자: 하원의장 낸시 펠로시/ 전 국무장관 힐러리 클린턴/ 연방 상원의원 겸 민주당 대통령 후보 엘리자베스 워렌/ 전 대통령 버락 오바마

8월 20일　**회의:** 성소수자위원회/ 중소기업위원회/아메리카 원주민위원회

주요 연설자: 전 뉴욕시장 마이클 블룸버그/ 전 사우스밴드 시장 겸 민주당 대통령 후보 피트 부테제지/ 연방 상원의원 카말라 해리스

민주당 대통령 후보 조 바이든 후보수락 연설

　바이든 후보는 전당대회 마지막 날인 8월 20일 그의 출신 주인 델라웨어주 윌밍턴의 체이스 센터Chase Center에서 후보수락 연설을 했다. 이로써 민주당 전당대회는 끝이 났으며 11월 3일 있을 유권자 투표까지 본격적인 선거운동에 들어갔다.

---

5)　LGBTQ는 lesbian, gay, bisexual, transgender, queer의 약자로 성소수자를 뜻한다.

2) 공화당

(1) 4개의 전당대회 위원회

2016년 공화당 전당대회에 대한 내용에서 언급했듯이 공화당은 전당대회가 열리기 전 50개주, 워싱턴 D.C., 5개의 미국 해외영토를 각각 대표하는 56명의 남성과 56명의 여성, 총 112명으로 구성된 4개의 전당대회 위원회가 구성되어 전당대회의 규칙, 진행, 정강, 대의원의 자격 심사 그리고 일정과 실행계획을 세운다. 4개의 전당대회 위원회의 임무와 역할은 일반적으로 전당대회마다 비슷하기 때문에 2016년 공화당 전당대회에서 소개한 내용으로 대신하기로 하겠다.[6] 2020년의 전당대회 위원회 중 정강위원회는 2016년의 정강에 추가해 새로운 정강을 입안하지는 않았다.

2020년 공화당 정강위원회

일반적으로 각 정당은 전당대회에서 향후 4년간의 정강을 채택하는 것이 관례였으나 과거와는 달리 2020년에는 새로운 정강을 채택하는 대신 2016년에 입안되어 채택된 정강을 향후 4년간 그대로 유지하는 것으로 결정했는데 그 이유는 두 가지이다. 현직인 트럼프 대통령이 재선될 경우 그와 공화당의 정강에는 변함이 없을 것이라는 점과 2020년에 들어 전당대회의 규모가 코로나 사태로 대폭 축소됨으로 인해 극소수의 전당대회 대의원들에 의해 새로운 정강이 채택되는 것이 바람직하지 않다는 것이었다. 2016년에 공화당 정강위원회가 채택한 가장 중요한 사안은 앞서 언급했듯이 동성애와 동성 간의 결혼에 관한 것이었고, 미국과 멕시코의 국경에 장벽을 설치하는 것도 2016년 공화당의 주요 정강 중 하나였다.

---

[6]   168쪽 참고.

전당대회의 안전을 위한 조치

2020년 공화당 전당대회는 원래 노스캐롤라이나주 샬럿Charlotte의 스펙트럼 센터Spectrum Center에서 약 5만 명의 인원이 참가한 가운데 개최되기로 예정되었으나 코로나 안전 문제로 노스캐롤라이나주 정부가 트럼프 대통령이 요구하는 규모의 전당대회를 허락하지 않자 공화당 측은 전당대회를 플로리다주 잭슨빌Jacksonville에서 개최하기로 변경하였다. 그러나 다시 7월 23일 트럼프 대통령은 플로리다주에서 열리기로 되어 있던 공화당 전당대회를 취소한다고 발표했다. 하지만 그 대신 2020년 8월 24일부터 8월 27일까지 노스캐롤라이나주 샬럿에서 소규모로 열기로 했는데 사실상 2020년 공화당 전당대회 행사의 대부분은 수도인 워싱턴 D.C.의 앤드루 W. 멜론 회관Andrew W. Mellon Auditorium에서 진행되었고 일부만 노스캐롤라이나 샬럿에서 치러졌다. 결과적으로 공화당은 2020년 전당대회를 과감하게 대폭 축소했으며 대부분의 행사는 온라인으로 대체되었다.

비록 정당의 행사이기는 하지만 양당의 전당대회는 미국의 연방정부가 '국가 특별 안전행사'로 지정해 국토안전부와 그 소속인 비밀 경호국이 직접 안전을 담당하고 있다는 것은 앞서 언급한 바 있다. 2020년 공화당의 전당대회 역시 '국가 특별 안전행사'로 지정되었고 민주당과 같은 수준의 지원금을 받아 개최되었다.

(2) 2020년 공화당 전당대회 행사

전당대회의 가장 큰 목적은 각 당의 대통령 후보를 공식적으로 지명하고 향후 4년간의 정당의 정강을 채택하는 것을 포함한다는 것은 앞서 전당대회의 필요성과 의미 부분에서 자세히 설명했다. 2020년 공화당의 경우는 새로운 정강을 입안하지 않았기 때문에 후보 지명과 후보 지명 투표, 날짜별 일정과 연설자들, 대통령 후보 지명자에 의한 부통령 후보의 지명, 그리고

〈표 4-4〉 2020년 공화당 전당대회 득표 상황(후보는 트럼프 1인)

주	투표수	트럼프	주	투표수	트럼프
앨라배마	50	50	뉴햄프셔	22	22
알래스카	29	29	뉴저지	49	49
애리조나	57	57	뉴멕시코	22	22
아칸소	40	40	뉴욕	94	94
캘리포니아	172	172	노스캐롤라이나	71	71
콜로라도	37	37	노스다코타	29	29
코네티컷	28	28	오하이오	82	82
델라웨어	16	16	오클라호마	43	43
워싱턴 D.C.	19	19	오리건	28	28
조지아	76	76	펜실베이니아	88	88
하와이	19	19	로드아일랜드	19	19
아이다호	32	32	사우스캐롤라이나	50	50
일리노이	67	67	사우스다코타	29	29
인디애나	58	58	플로리다	122	122
아이오와	40	40	테네시	58	58
캔자스	39	39	텍사스	155	155
켄터키	46	46	유타	40	40
루이지애나	46	46	버몬트	17	17
메인	22	22	버지니아	48	48
메릴랜드	38	38	워싱턴	43	43
매사추세츠	41	41	웨스트버지니아	35	35
미시간	73	73	위스콘신	52	52
미네소타	39	39	와이오밍	29	29
미시시피	40	40	미국령 사모아	9	9
미주리	54	54	괌	9	9
몬태나	27	27	북마리아나	9	9
네브래스카	36	36	푸에르토리코	23	23
네바다	25	25	버진아일랜드	9	9
합계 투표수		*2,550*	**합계 득표수**		*2,550*

* 주들의 순서는 영어 알파벳 순서임

후보 지명자의 후보수락 연설에 대한 부분만 설명하도록 하겠다.

후보 지명 확정

2020년 공화당의 경우 현직인 트럼프 대통령이 재선 후보로 출마했기 때문에 예비선거에서의 경쟁도 없었을 뿐만 아니라, 3월 17일 플로리다와 일리노이 프라이머리에서 승리함으로써 트럼프는 일찌감치 사실상의 대통령 후보로 확정되었다.[7]

약 300명으로 대폭 축소된 소수의 전당대회 대의원들이 노스캐롤라이나주 샬럿에 모여 트럼프를 공화당 후보로 지명하기로 했다. 트럼프 후보의 예비선거에서의 득표율은 모든 후보 가운데 93.99%였으나, 8월 24일 온라인으로 진행된 각 주별 호명 투표 결과에 의하면 득표율 100%를 기록했다(〈표 4-4〉 참고).

부통령 후보 지명: 2020년 공화당 전당대회에서는 대통령 후보에 의한 부통령 후보 지명에 대한 공식적인 발표는 없었지만 이미 2018년 11월 7일과 2019년 8월 18일에도 트럼프 대통령은 2020년 선거에서도 다시 마이크 펜스를 러닝메이트로 지명하기로 공표한 바 있다. 그리고 전당대회 셋째 날인 8월 26일에는 부통령 후보 지명자 자격으로 온라인으로 연설하기도 했다.

(3) 전당대회 일정별 주요 연설자들

2020 공화당 전당대회에서는 특별한 행사 일정은 거의 취소되었다. 대부분의 연설은 미리 녹화되어 온라인으로 진행되었다.

---

7) 2020년 3월 17일 트럼프 후보는 공화당 예비선거에서 후보 지명에 필요한 총대의원 수 2550명 중 1237명 이상을 확보해 사실상 후보 지명이 확실시되었다.

8월 24일　주요 연설자: 대통령 도널드 트럼프/ 부통령 마이크 펜스/ 전 유엔 주재 미국 대사 니키 헤일리Nikki Haley

8월 25일　주요 연설자: 대통령 후보 지명자의 딸 티파니 트럼프/ 아이오와주 지사 킴 레이놀즈Kim Reynolds/ 대통령 후보 지명자의 아들 에릭 트럼프/ 대통령 후보 지명자의 부인 멜라니아 트럼프(실황 연설)

8월 26일　주요 연설자: 테네시주 출신 연방 상원의원 마샤 블랙번Marsha Blackburn/ 부통령 후보 지명자 부인 카렌 펜스/ 부통령 후보 지명자 마이크 펜스

8월 27일　주요 연설자: 케빈 매카시Kevin McCarthy 연방하원 소수당(공화당) 원내총무/ 미치 매코넬Mitch McConnell 연방상원 다수당(공화당) 원내총무/ 전 뉴욕시장 루디 줄리아니Rudy Giluliani/ 대통령 후보 지명자의 딸이며 트럼프 대통령 수석보좌관 이반카 트럼프

공화당 대통령 후보 도널드 트럼프 후보수락 연설

공화당 전당대회 마지막 날인 8월 27일 현직 대통령인 트럼프 후보는 백악관에서 후보수락 연설을 했다. 그의 후보수락 연설 장소로 백악관을 선택하기로 한 결정에는 많은 논란이 있었는데, 1939년에 제정된 해치 법(The Hatch Act)에 의하면 대통령과 부통령을 제외한 연방정부 행정부의 공무원이 어떤 형태로든 정치 활동에 참여하는 것을 금지하고 있기 때문이다. 그런데도 트럼프는 최종적으로 그의 연설 장소로 백악관을 선택했다.8) 그의 후보

---

8)　연방정부 행정부 공무원들이 트럼프 후보의 백악관에서의 후보수락 연설이라는 정치 활동에 참여

수락 연설에는 약 1000명이 모였으며 그중에는 공화당이 2016년에 채택한 정강 중 하나인 미국과 멕시코 국경 사이의 장벽 설치가 성공적으로 실행되고 있음을 과시하기 위해 국경 순찰대 연합원들도 포함되었다. 트럼프의 후보수락 연설로 2020년 공화당의 전당대회는 막을 내렸다.

해 해치 법(The Hatch Act)을 위반한다고 해도 현직 대통령인 트럼프가 사면권을 행사할 수 있으므로 실제로 그들에 대한 어떤 형태의 기소도 이루어지지 않았다.

5장 유권자 투표[1]와 선거인단 제도

18세 이상[2]이며 투표인 등록이 된 미국 시민들은 11월 첫 번째 월요일 다음 화요일에 지지하는 대통령 후보에게 투표한다(러닝메이트인 부통령 후보 포함). 유권자가 투표용지에 올라 있는 대통령 후보에 직접 투표함으로 마치 대통령을 직접 선거로 선출하는 것 같으나 사실은 선호하는 대통령 후보에게 투표함으로써 해당 주의 선거인들을 선출하는 것이다. 즉 다시 말해 각 주별로 유권자 투표에 의해 가장 많은 표를 얻은 대통령 후보가 승자독식제 winner-take-all에 의해 그 주에 할당된 선거인을 모두 가져가는 것이다. 따라서 유권자 투표에서 승리한 후보가 속한 정당의 선거인들만 선거인단의 구성원으로서 12월 두 번째 수요일 다음 월요일에 각 주의 주도에 모여 대통령을 선출하게 되고 패배한 정당의 선거인들은 투표를 위해 모일 필요가 없다.

---

1) 유권자 투표popular vote는 일반 유권자 투표라고도 하며 18세 이상의 미국 시민 중 대통령 선거를 위해 등록을 마친 일반인들의 투표이다.

2) 현재의 투표 연령인 18세 이상은 1971년 7월 1일 비준된 수정 제26조에 의해 21세에서 18세로 낮추어진 것이다.

1. 유권자 투표의 역사

1820년 이전의 대통령 선거에서는 유권자 투표에 대한 기록이 존재하지 않는다.[3] 그 이유는 대부분의 주가 유권자 투표에 의하지 않고 주 의회에서 선거인을 선출했기 때문이다. 유권자 투표에 대한 기록은 1824년 선거부터 존재하지만 1845년 이전까지는 유권자 투표일로부터 당시 선거인단이 대통령을 선출하는 날이었던 12월 첫 번째 수요일 전까지의 34일 이내에 각주가 임의로 유권자 투표를 실시하면 되었다. 하지만 1845년 연방의회가 유권자 투표에 의해 선거인을 선출하는 날을 통일하는 법을 제정하여 지금의 선거일인 11월 첫 번째 월요일 다음 화요일이 되었다. 따라서 대통령 선거일은 선거가 있는 해의 빠르게는 11월 2일부터 가장 늦게는 11월 8일이된다. 2016년의 경우가 바로 가장 늦은 선거일인 11월 8일이었고 2020년의 경우는 11월 3일이었다.

선거일이 11월 첫 번째 화요일이 아닌 첫 번째 월요일 다음 화요일로 지정된 이유는 다음과 같다. 1845년 연방의회는 처음에는 선거일을 11월 첫번째 화요일로 지정할 것을 고려했으나 그럴 경우 11월의 첫 번째 화요일과원래의 선거인단 투표일이었던 12월의 첫 번째 수요일[4]의 간격이 1792년에 선거인단 법에서 규정한 34일을 초과하는 경우가 있었기 때문에 11월 첫번째 화요일 대신 첫 번째 월요일 다음 화요일로 결정한 것이다. 이렇게 함으로써 유권자 투표일과 선거인단이 직접 대통령을 뽑는 12월의 첫 번째 수요일의 간격은 언제나 29일이 되고 34일 규정을 항상 지킬 수 있었던 것이다.

유권자 투표일이 화요일로 정해진 데 대해서는 영국의 선거일이 목요일

---

3) 이 책의 부록 '미국 대통령 선거 결과' 참고.
4) 선거인단 투표일은 1792년 12월의 첫 번째 수요일에서 1887년에는 1월의 두 번째 월요일로 바뀌었고, 또다시 1936년에 지금의 12월 두 번째 수요일 다음 월요일로 연방의회에 의해 변경되었다.

<표 5-1> 각 주별 대통령 선거일 휴일과 임금에 관한 규정(50개주와 워싱턴 D.C.)

규정	주의 수	
대통령 선거일을 휴일로 지정하고 유급 휴가로 인정하는 주	5개주	하와이, 일리노이, 메릴랜드, 뉴욕, 웨스트버지니아
대통령 선거일을 휴일로 지정하지만 유급 휴가로 인정하지 않아도 되는 주	9개주	델라웨어, 인디애나, 켄터키, 루이지애나, 미시간, 몬태나, 뉴저지, 로드아일랜드, 버지니아
대통령 선거일을 휴일로 지정하지 않지만, 투표하기 위한 시간에 대해 임금을 지불해야 하는 주	17개주	알래스카, 애리조나, 캘리포니아, 콜로라도, 아이오와, 캔자스, 미네소타, 미주리, 네브래스카, 네바다, 뉴멕시코, 오클라호마, 사우스다코타, 테네시, 텍사스, 유타, 와이오밍
대통령 선거일을 휴일로 지정하지도 않고 투표하기 위한 시간에 대해 임금을 지불하지 않아도 되는 주	19개주와 워싱턴 D.C.	앨라배마, 아칸소, 코네티컷, 워싱턴, D.C., 플로리다, 조지아, 아이다호, 메인, 매사추세츠, 미시시피, 뉴햄프셔, 노스캐롤라이나, 노스다코타, 오하이오, 오리건, 펜실베이니아, 사우스캐롤라이나, 버몬트, 워싱턴, 위스콘신

이기 때문에 미국의 자존심상 목요일을 피했다는 등의 여러 가지 추측들이 있지만 확실한 근거는 없다. 선거일이 11월 초 화요일로 지정된 확실한 이유는 당시 미국 사회가 농경사회였기 때문에 11월 초가 추수가 끝난 후 한가해지기 시작하는 때이며, 한 주가 실질적으로 시작되는 월요일과 기독교의 안식일을 피하려고 했기 때문이다. 책의 앞부분에서 선거에 관한 모든 권한은 주 정부가 가지고 있고 이것은 미국 연방주의의 특징이라고 설명한 바 있다. 따라서 미국 대통령 선거에서 유권자 투표일은 전국적인 공휴일은 아니다. 하지만 주의 법에 의해 대통령 선거일을 휴일로 지정하거나 유급 휴가로 인정하는 주가 늘고 있는 추세이다. 많은 주에서는 대통령 선거일은 또한 주 의회 의원, 주지사, 그리고 지방 정부의 선출직 공직자에 대한 선거일이기도 하다. <표 5-1>은 2023년 현재 대통령 선거일에 대한 50개주와 워싱턴 D.C.의 휴일과 임금에 관한 규정을 보여주고 있다.

1845년 지정된 투표일 외에 현재도 유권자 투표에 관한 모든 법과 규정, 예를 들면 유권자 등록, 투표 시간, 투표용지, 그리고 개표 등에 관한 법과 규정은 주 정부에 의해 정해진다. 만일 연방정부가 이러한 권한들이나 그 일부를 연방법을 제정함으로써 침해한다면 연방대법원의 헌법 심사 대상이 될 수도 있다.

2. 선거인과 선거인단

유권자 투표가 실시되기 이전에는 대부분의 주가 주 의회에서 선거인을 선출했다고 설명한 바 있다(188쪽 참고). 하지만 선거인들은 유권자 투표가 실시되면서부터 각 주의 정당에서 임명 혹은 선출되고 있으며 그 방식과 규정은 주에 따라 다르다. 선거인의 자격에 대해 미국 헌법 제2조 1절 2항에서는 상원의원이나 하원의원, 또는 합중국에서 위임에 의한 또는 유급의 관직에 있는 자는 선거인이 될 수 없다고 간단하게 언급하고 있다.5) 일반적으로 유권자 투표 이전 각 주의 정당들(주로 민주당과 공화당)은 주 컨벤션에서 주에 할당된 수의 선거인들을 임명해 명단slate을 만들거나 혹은 정당의 최고 위원회에서 투표에 의해 선거인들을 선출한다. 일반적으로 각 정당의 선거인 후보는 선출하는 정당에서 헌신적으로 정치 활동을 했거나, 정당의 지도자 또는 대통령 후보와 개인적 혹은 정치적으로 유대 관계가 있는 주 내의 인사들이다.

각 주에는 그 주의 연방 하원의원과 연방 상원의원을 합한 수만큼 선거인이 할당되는데 워싱턴 D.C.는 어느 주에도 속하지 않는 특별구이기 때문에 선거인이 할당되지 않았지만 1961년 수정헌법 제23조에 의해 3명의 선거

---

5) 추가적으로, 헌법 수정 제14조 3절(1868년)에는 과거에 연방의회 의원, 합중국 관리, 주 의회 의원, 또는 주의 행정관이나 사법관으로, 합중국 헌법을 지지할 것을 선언하고, 후에 이에 대한 폭동이나 반란에 가담하거나 또는 그 적에게 원조를 제공한 자는 누구라도 연방의회의 상원의원이나 하원의원, 대통령 및 부통령의 선거인, 합중국이나 각 주에서 문무의 관직에 취임할 수 없다. 다만, 연방의회는 각 원의 3분의 2의 찬성투표로써 그 실격을 해제할 수 있다.

인을 할당받고 있다. 따라서 선거인의 총수는 50개주의 연방 상원의원 총수인 100명과 연방 하원의원 총수 435명을 합한 수와 같은 535명에 워싱턴 D.C.의 3명을 합해 538명이다. 이들 538명을 집합적으로 선거인단이라고 부르며 미국 헌법은 이 선거인단이 대통령을 선출한다고 규정하고 있다.

각 주에 할당된 하원 의석수는 10년 주기의 인구조사decennial census에 의해 조정되기 때문에 하원의원의 수가 포함된 각 주의 선거인 수 역시 10년마다 한 번씩 조정된다. 인구조사는 미국 인구조사국U.S. Census Bureau에 의해 10으로 나뉘는 해에 실시되는데, 그 결과는 인구조사가 실시된 2년 후부터 하원 선거 그리고 그해에 대통령 선거가 있을 경우 대통령 선거에도 적용된다. 예를 들면 2010년 인구조사 결과 각 주의 하원 의석수 그리고 그에 따른 선거인 수가 재할당되어 2012년 하원 선거와 대통령 선거에 적용되고 2020년까지 유효하다. 〈표 5-2〉는 2010년 인구조사 결과 재할당된 각 주별 선거인 수, 선거인단 538명에 대한 각 주별 선거인의 비율, 미국 전체 인구, 그리고 미국 전체 인구에 대한 각 주별 인구 비율을 보여주고 있다. 인구 비율과 선거인 비율에 대해서는 선거인단과 연방주의에서 다시 언급하도록 하겠다.

3. 2020년 인구조사 결과에 따른 2024년 대통령 선거에서의 주별 선거인 수의 변화

2020년 인구조사에 의한 인구 변화에 따라 2022년 연방하원 선거부터는 하원 의석수가 재할당되었고 따라서 하원 의석수가 변화한 주는 2024년 대통령 선거와 2028년 대통령 선거에서는 선거인의 수가 변하게 된다(2022년에는 대통령 선거가 없는 해이기 때문에 선거인 수의 변화는 적용되지 않는다). 다음

주	인구	총인구 대비(%)	선거인 수	총선거인단 대비(%)
앨라배마	4,779,736	1.55%	9	1.67%
알래스카	710,231	0.23%	3	0.56%
애리조나	6,392,017	2.07%	11	2.04%
아칸소	2,915,918	0.94%	6	1.12%
캘리포니아	37,253,956	12.07%	55	10.22%
콜로라도	5,029,196	1.63%	9	1.67%
코네티컷	3,574,097	1.16%	7	1.30%
델라웨어	897,934	0.29%	3	0.56%
워싱턴 D.C.	601,723	0.19%	3	0.56%
플로리다	18,801,310	6.09%	29	5.39%
조지아	9,687,653	3.14%	16	2.97%
하와이	1,360,301	0.44%	4	0.74%
아이다호	1,567,582	0.51%	4	0.74%
일리노이	12,830,632	4.16%	20	3.72%
인디애나	6,483,802	2.10%	11	2.04%
아이오와	3,046,355	0.99%	6	1.12%
캔자스	2,853,118	0.92%	6	1.12%
켄터키	4,339,367	1.41%	8	1.49%
루이지애나	4,533,372	1.47%	8	1.49%
메인	1,328,361	0.43%	4	0.74%
메릴랜드	5,773,552	1.87%	10	1.86%
매사추세츠	6,547,629	2.12%	11	2.04%
미시간	9,883,640	3.20%	16	2.97%
미네소타	5,303,925	1.72%	10	1.86%
미시시피	2,967,297	0.96%	6	1.12%
미주리	5,988,927	1.94%	10	1.86%
몬태나	989,415	0.32%	3	0.56%

네브래스카	1,826,341	0.59%	5	0.93%
네바다	2,700,551	0.87%	6	1.12%
뉴햄프셔	1,316,470	0.43%	4	0.74%
뉴저지	8,791,894	2.85%	14	2.60%
뉴멕시코	2,059,179	0.67%	5	0.93%
뉴욕	19,378,102	6.28%	29	5.39%
노스캐롤라이나	9,535,483	3.09%	15	2.79%
노스다코타	672,591	0.22%	3	0.56%
오하이오	11,536,504	3.74%	18	3.35%
오클라호마	3,751,351	1.22%	7	1.30%
오리건	3,831,074	1.24%	7	1.30%
펜실베이니아	12,702,379	4.11%	20	3.72%
로드아일랜드	1,052,567	0.34%	4	0.74%
사우스캐롤라이나	4,625,364	1.50%	9	1.67%
사우스다코타	814,180	0.26%	3	0.56%
테네시	6,346,105	2.06%	11	2.04%
텍사스	25,145,561	8.14%	38	7.06%
유타	2,763,885	0.90%	6	1.12%
버몬트	625,741	0.20%	3	0.56%
버지니아	8,001,024	2.59%	13	2.42%
워싱턴	6,724,540	2.18%	12	2.23%
웨스트버지니아	1,852,994	0.60%	5	0.93%
위스콘신	5,686,986	1.84%	10	1.86%
와이오밍	563,626	0.18%	3	0.56%
합계	308,745,538	100.00%	538	100.00%

* 미국 인구조사국(U.S. Census Bureau)이 2010년에 실시한 인구조사 결과인 미국 총인구 308,745,538, 그리고 50개주와 워싱턴 D.C.의 인구를 토대로 작성.

<표 5-3> 2020년 인구조사 결과에 따른 2024년 대통령 선거에서의 각 주별 선거인 수*의 변화

주	하원 의석수	상원 의석수	대통령 선거인 수	2012~2020년 대통령 선거 이후 각 주별 선거인 수 변화
앨라배마	7	2	9	0
알래스카	1	2	3	0
애리조나	9	2	11	0
아칸소	4	2	6	0
캘리포니아	52	2	54	−1
콜로라도	8	2	10	+1
코네티컷	5	2	7	0
델라웨어	1	2	3	0
워싱턴 D.C.	0	0	3	0
플로리다	28	2	30	0
조지아	14	2	16	0
하와이	2	2	4	0
아이다호	2	2	4	0
일리노이	17	2	19	0
인디애나	9	2	11	0
아이오와	4	2	6	0
캔자스	4	2	6	0
켄터키	6	2	8	0
루이지애나	6	2	8	0
메인	2	2	4	0
메릴랜드	8	2	10	0
매사추세츠	9	2	11	0
미시간	13	2	15	−1
미네소타	8	2	10	0
미시시피	4	2	6	0
미주리	8	2	10	0

몬태나	2	2	4	+1
네브래스카	3	2	5	0
네바다	4	2	6	0
뉴햄프셔	2	2	4	0
뉴저지	12	2	14	0
뉴멕시코	3	2	5	0
뉴욕	26	2	28	−1
노스캐롤라이나	14	2	16	+1
노스다코타	1	2	3	0
오하이오	15	2	17	−1
오클라호마	5	2	7	0
오리건	6	2	8	+1
펜실베이니아	17	2	19	−1
로드아일랜드	2	2	4	0
사우스캐롤라이나	7	2	9	0
사우스다코타	1	2	3	0
테네시	9	2	11	0
텍사스	38	2	40	+2
유타	4	2	6	0
버몬트	1	2	3	0
버지니아	11	2	13	0
워싱턴	10	2	12	0
웨스트버지니아	2	2	4	−1
위스콘신	8	2	10	0
와이오밍	1	2	3	0
합계	435	100	538	

* 위 표의 주별 선거인 수는 2024년 대통령 선거와 2028년 대통령 선거까지만 적용된다.

인구조사는 2030년이고 연방하원 의석수는 2032년 선거부터 각 주별로 재할당되어 그 수는 2040년 선거까지 유효하게 된다(각 주별로 재할당되는 하원 의석수는 주에 따라 늘어나거나, 줄어들거나 혹은 같은 수를 유지할 수도 있다). 2032년에 각 주별로 재할당된 하원의석수는 2032년, 2036년, 그리고 2040년 대통령 선거에서 각 주별 선거인 수 할당에 적용되는 것이다.

4. 유권자 투표의 결과에 의한 선거인 배정

앞서 설명했듯이 각 주의 유권자 투표 결과 그 주에서 가장 많은 득표를 한 대통령 후보가 그 주에 할당된 선거인을 독점하는데 이 제도를 승자독식제라고 한다. 승자독식제는 메인주와 네브래스카주를 제외한 48개주와 워싱턴 D.C.에서 채택되고 있다. 메인주는 1972년 승자독식제 대신 '하원 선거구 방식district plan'이라고 하는 선거인 배정 제도를 채택했는데 이 제도는 유권자 투표의 결과 각 하원의원 선거구에서 승리한 대통령 후보에게 선거인 1표씩을 그리고 주 전체에서 승리한 대통령 후보에게 2표를 배정하는 방식이다. 네브래스카주도 1996년 대통령 선거부터 이 방식을 쓰기 시작했다. 이렇듯 각 주에 할당된 선거인을 유권자 투표 결과에 따라 승자독식제 혹은 하원 선거구 방식을 채택하는 것은 연방정부의 권한이 아닌 주의 권한이기 때문에 앞으로도 승자독식제를 폐지하고 다른 배정 방법을 채택하는 주가 생겨날 수도 있다.

각 주에서 유권자 투표의 결과 다수의 표를 득표한 대통령 후보가 그 주에 할당된 선거인 수를 모두 차지하게 되고 후보 별로 승리한 주들의 선거인 수를 합산하여 538표의 총선거인단 표 중 270표 이상을 확보한 후보가 대통령에 당선되는 것이다. 그리고 대통령 선거가 연방정부 차원에서 이루어지는 것이 아니라 주 정부들이 실시, 관리, 감독, 그리고 개표하기 때문에 각주 정부의 개표 결과를 집계하여 대부분의 경우 투표일 다음 날 당선자 발표가 언론에 의해 이루어지는 것이 미국 대통령 선거의 또 하나의 특징이다.6) 선거에서 패한 후보들은 당선자에게 축하 전화를 함으로써 선거 결과에 승복하고 당선자를 인정하는 것이 관례화되었다.

1) 2016년 미국 대통령 선거 결과

최종 대통령 당선 여부는 12월 두 번째 수요일 다음 월요일7)에 각 주의 선거인들이 주도에 모여 투표하고 다음 해 1월 6일 하원에서 개표하여 확정되지만 유권자 투표가 끝난 직후 언론의 발표로 사실상 대통령 당선인을 알수 있다. 물론 12월 선거인단 투표 결과 선거인이 유권자가 선택한 대통령 후보와 부통령 후보에게 투표하지 않고 다른 사람에게 투표할 경우 달라질수도 있다(212쪽 참고). 하지만 미국 대통령 선거의 역사에서 아직 이러한 신뢰를 저버린 선거인들faithless electors8)의 투표가 대통령 선거의 결과를 바꾸어놓을 정도로 많았던 선거는 다행히 한 번도 없었다.

어느 후보도 270표를 얻지 못하는 경우 대통령은 하원에서 선출되는데이 경우 50개 각 주에 1표가 할당되어 26표 이상을 획득한 후보가 대통령에 당선된다. 이 경우 하원 의석이 없는 워싱턴 D.C.에는 투표권이 주어지지

---

6) 미국 헌법은 연방선거(대통령, 연방상원, 연방하원 선거)에 대한 규제와 관리는 연방정부의 관할이 아니라 주 정부 관할로 명시하고 있다. 따라서 연방정부 차원에서 연방선거를 실시, 감독, 관리, 그리고 개표하는 기관이 없기 때문에 각 주 정부가 발표하는 대통령 선거 결과를 종합해 각종 미디어에서 당선자의 발표가 이루어진다.

7) 2016년 선거의 경우 12월 19일이었고, 2020년의 경우는 12월 14일이었다.

8) 신뢰를 저버린 선거인들이란 각 주별로 유권자들이 더 많이 지지한 대통령과 부통령 후보에게 투표해야 하는 의무를 저버리고 그들이 투표하기로 서약한 후보 대신 다른 후보나 다른 사람의 이름을 적어 투표하는 선거인들을 말한다. 다시 말하면 배신투표 선거인이라는 말과 같다.

주 (괄호 안은 주의 선거인 수)	클린턴(민주당)			트럼프(공화당)		
	유권자 투표 득표수	득표율(%)	선거인단 득표수	유권자 투표 득표수	득표율(%)	선거인단 득표수
앨라배마(9)	729,547	34.36%	0	1,318,255	62.08%	9
알래스카(3)	116,454	36.55%	0	163,387	51.28%	3
애리조나(11)	1,161,167	45.13%	0	1,252,401	48.67%	11
아칸소(6)	380,494	33.65%	0	684,872	60.57%	6
캘리포니아(55)	8,753,788	61.73%	55	4,483,810	31.62%	0
콜로라도(9)	1,338,870	48.16%	9	1,202,484	43.25%	0
코네티컷(7)	897,572	54.57%	7	673,215	40.93%	0
델라웨어(3)	235,603	53.09%	3	185,127	41.72%	0
워싱턴 D.C.(3)	282,830	90.48%	3	12,723	4.07%	0
플로리다(29)	4,504,975	47.82%	0	4,617,886	49.02%	29
조지아(16)	1,877,963	45.64%	0	2,089,104	50.77%	16
하와이(4)	266,891	60.98%	3	128,847	29.44%	0
아이다호(4)	189,765	27.48%	0	409,055	59.25%	4
일리노이(20)	3,090,729	55.83%	20	2,146,015	38.76%	0
인디애나(11)	1,033,126	37.77%	0	1,557,286	56.94%	11
아이오와(6)	653,669	41.74%	0	800,983	51.15%	6
캔자스(6)	427,005	36.05%	0	671,018	56.65%	6
켄터키(8)	628,854	32.68%	0	1,202,971	62.52%	8
루이지애나(8)	780,154	38.45%	0	1,178,638	58.09%	8
메인(4)	357,735	46.35%	3	335,593	43.48%	1*
메릴랜드(10)	1,677,928	60.33%	10	943,169	33.91%	0
매사추세츠(11)	1,995,196	59.05%	11	1,090,893	32.29%	0
미시간(16)	2,268,839	47.27%	0	2,279,543	47.50%	16
미네소타(10)	1,367,716	46.44%	10	1,322,951	44.92%	0
미시시피(6)	485,131	40.11%	0	700,714	57.94%	6
미주리(10)	1,071,068	38.14%	0	1,594,511	56.77%	10
몬태나(3)	177,709	35.75%	0	279,240	56.17%	3
네브래스카(5)	284,494	33.70%	0	495,961	58.75%	5**
네바다(6)	539,260	47.92%	6	512,058	45.50%	0
뉴햄프셔(4)	348,526	46.83%	4	345,790	46.46%	0

뉴저지(14)	2,148,278	55.45%	14	1,601,933	41.35%	0
뉴멕시코(5)	385,234	48.26%	5	319,667	40.04%	0
뉴욕(29)	4,556,118	58.40%	29	2,819,533	36.14%	0
노스캐롤라이나(15)	2,189,316	46.17%	0	2,362,631	49.83%	15
노스다코타(3)	93,758	27.23%	0	216,794	62.96%	3
오하이오(18)	2,394,164	43.56%	0	2,841,005	51.69%	18
오클라호마(7)	420,375	28.93%	0	949,136	65.32%	7
오리건(7)	1,002,106	50.07%	7	782,403	39.09%	0
펜실베이니아(20)	2,926,441	47.85%	0	2,970,733	48.58%	20
로드아일랜드(4)	252,525	54.41%	4	180,543	38.90%	0
사우스캐롤라이나(9)	855,373	40.67%	0	1,155,389	54.94%	9
사우스다코타(3)	117,458	31.74%	0	227,721	61.53%	3
테네시(11)	870,695	34.72%	0	1,522,925	60.72%	11
텍사스(38)	3,877,868	43.24%	0	4,685,047	52.23%	36
유타(6)	310,676	27.46%	0	515,231	45.54%	6
버몬트(3)	178,573	55.72%	3	95,369	29.76%	0
버지니아(13)	1,981,473	49.75%	13	1,769,443	44.43%	0
워싱턴(12)	1,742,718	52.54%	8	1,221,747	36.83%	0
웨스트버지니아(5)	188,794	26.48%	0	489,371	68.63%	5
위스콘신(10)	1,382,536	46.45%	0	1,405,284	47.22%	10
와이오밍(3)	55,973	21.63%	0	174,419	67.40%	3
합계	65,853,510	48.14%	227	62,984,824	46.04%	304

출처: www.thegreeenpapers.com

* 메인주의 2개의 하원 선거구 중 클린턴 후보가 한 곳에서 유권자 투표 결과 다수 득표하였고 다른 한 곳에서는 트럼프 후보가 다수 득표하여 두 후보가 각각 1명씩의 선거인을 확보했다. 주 전체의 유권자 투표 결과에서는 클린턴 후보가 다수 득표하여 2명의 선거인을 확보했다. 결과적으로 총 4명의 선거인이 할당된 메인주에서는 클린턴 후보가 3명, 그리고 트럼프 후보가 1명을 확보했다.

** 네브래스카주도 메인주와 같은 선거인 배정방식을 채택하고 있으나 3개의 모든 하원 선거구와 전체 유권자 투표에서 트럼프 후보가 앞섰기 때문에 네브래스카주에 할당된 선거인 5명 전부를 트럼프 후보가 차지했다.

▷ 두 후보의 득표율의 합이 94.18%인 이유는 군소정당 후보들의 득표율이 포함되지 않았기 때문이다.

▷ 두 후보가 얻은 선거인단 투표수의 합이 538이 아닌 531인 이유는 7명의 선거인이 선거인단 투표에서 배신 투표, 즉 신뢰를 저버린 투표를 했기 때문이다(213쪽 참고).

〈표 5-5〉 2020년 미국 대통령 선거 결과: 유권자 투표와 선거인단 투표 결과

주 (괄호 안은 주의 선거인 수)	바이든(민주당)			트럼프(공화당)		
	유권자 투표 득표수	득표율(%)	선거인단 득표수	유권자 투표 득표수	득표율(%)	선거인단 득표수
앨라배마(9)	849,624	36.57%	0	1,441,170	62.03%	9
알래스카(3)	153,778	42.77%	0	189,951	52.83%	3
애리조나(11)	1,672,143	49.36%	11	1,661,686	49.06%	0
아칸소(6)	423,932	34.78%	0	760,647	62.40%	6
캘리포니아(55)	11,110,639	63.48%	55	6,006,518	34.32%	0
콜로라도(9)	1,804,352	55.40%	9	1,364,607	41.90%	0
코네티컷(7)	1,080,831	59.26%	7	714,717	39.19%	0
델라웨어(3)	296,268	58.74%	3	200,603	39.77%	0
워싱턴 D.C.(3)	317,323	92.15%	3	18,586	5.40%	0
플로리다(29)	5,297,045	47.86%	0	5,668,731	51.22%	29
조지아(16)	2,473,633	49.47%	16	2,461,854	49.24%	0
하와이(4)	366,130	63.15%	4	196,864	33.95%	0
아이다호(4)	287,021	33.07%	0	554,119	63.84%	4
일리노이(20)	3,471,915	57.54%	20	2,446,891	40.55%	0
인디애나(11)	1,242,416	40.96%	0	1,729,519	57.02%	11
아이오와(6)	759,061	44.65%	0	897,672	52.80%	6
캔자스(6)	570,323	41.51%	0	771,406	56.14%	6
켄터키(8)	772,474	36.15%	0	1,326,646	62.09%	8
루이지애나(8)	856,034	39.85%	0	1,255,776	58.46%	8
메인(4)	435,072	52.53%	3	360,737	43.55%	1*
메릴랜드(10)	1,985,023	65.36%	10	976,414	32.15%	0
매사추세츠(11)	2,382,202	65.12%	11	1,167,202	31.91%	0
미시간(16)	2,804,040	50.62%	16	2,649,852	47.84%	0
미네소타(10)	1,717,077	52.40%	10	1,484,065	45.28%	0
미시시피(6)	539,398	41.06%	0	756,764	57.60%	6
미주리(10)	1,253,014	41.41%	0	1,718,736	56.80%	10
몬태나(3)	244,786	40.55%	0	343,602	56.92%	3
네브래스카(5)	374,583	39.17%	1	556,846	58.22%	4**

네바다(6)	703,486	50.06%	6	669,890	47.67%	0
뉴햄프셔(4)	424,937	52.71%	4	365,660	45.35%	0
뉴저지(14)	2,608,335	57.33%	14	1,883,274	41.40%	0
뉴멕시코(5)	501,614	54.29%	5	401,894	43.50%	0
뉴욕(29)	5,230,985	60.39%	29	3,244,798	37.46%	0
노스캐롤라이나(15)	2,684,292	48.59%	0	2,758,773	49.93%	15
노스다코타(3)	114,902	31.76%	0	235,595	65.11%	3
오하이오(18)	2,679,165	45.24%	0	3,154,834	53.27%	18
오클라호마(7)	503,890	32.29%	0	1,020,280	65.37%	7
오리건(7)	1,340,383	56.45%	7	958,448	40.37%	0
펜실베이니아(20)	3,458,229	50.01%	20	3,377,674	48.84%	0
로드아일랜드(4)	307,486	59.22%	4	199,922	38.51%	0
사우스캐롤라이나(9)	1,091,541	43.43%	0	1,385,103	55.11%	9
사우스다코타(3)	150,471	35.61%	0	261,043	61.77%	3
테네시(11)	1,143,711	37.45%	0	1,852,475	60.66%	11
텍사스(38)	5,259,126	46.48%	0	5,890,347	52.06%	38
유타(6)	560,282	37.65%	0	865,140	58.13%	6
버몬트(3)	242,820	65.46%	3	112,704	30.38%	0
버지니아(13)	2,413,568	54.11%	13	1,962,430	44.00%	0
워싱턴(12)	2,369,612	57.97%	12	1,584,651	38.77%	0
웨스트버지니아(5)	235,984	29.69%	0	545,382	68.62%	5
위스콘신(10)	1,630,866	49.45%	10	1,610,184	48.82%	0
와이오밍(3)	73,491	26.39%	0	193,559	69.50%	3
합계	*81,269,313*	*51.27%*	*306*	*74,216,241*	*46.82%*	*232*

출처: www.thegreeenpapers.com

* 메인주의 2개의 하원 선거구 중 바이든 후보가 한 곳에서 유권자 투표 결과 다수 득표하였고 다른 한 곳에서는 트럼프 후보가 다수 득표하여 두 후보가 각각 1명씩의 선거인을 확보하였고, 주 전체의 유권자 투표 결과에서는 바이든 후보가 다수 득표하여 2명의 선거인을 확보했다. 결과적으로 메인주의 총 4명의 선거인 중 바이든 후보가 3명, 그리고 트럼프 후보가 1명의 선거인을 확보했다.

** 네브래스카주도 메인주와 같은 선거인 배정방식을 채택하고 있으며 3개의 하원 선거구 중 한 곳에서 바이든 후보가 다수 득표해 1명의 선거인을 확보했고 나머지 2개의 하원 선거구에서는 트럼프 후보가 다수 득표해 2명의 선거인을 확보했다. 주 전체의 유권자 투표 결과에서는 트럼프 후보가 앞서 2명의 선거인을 추가했다. 결과적으로 네브래스카주에 할당된 초 5명의 선거 중 바이든 후보가 1명, 트럼프 후보가 4명을 확보했다.

▷ 두 후보의 득표율의 합이 98.09%인 이유는 군소정당 후보들의 득표율이 포함되지 않았기 때문이다.

않는다. 대통령의 러닝메이트인 부통령은 이 경우 상원에서 선출되는데 투표권은 상원 100명에게 각 한 표씩 주어지고 그중 51표 이상을 획득한 후보가 부통령에 당선된다. 〈표 5-4〉는 2016년 11월 8일 미국 대통령 선거에서 민주당과 공화당 후보가 얻은 각 주의 유권자 투표 득표수와 그 결과에 따라 두 후보가 득표한 선거인단 투표수이다.

2016년 선거의 결과를 보면 클린턴 후보가 일반 유권자 투표에서 약 280만 표 이상 더 많은 득표를 하였음에도 불구하고 선거인단 확보 수에서 과반수인 270표 이상을 확보한 트럼프 후보에게 패한 것을 알 수 있는데 이 문제에 대해서는 다음의 선거인단 제도의 맹점에서 자세히 다루도록 한다.

2) 2020년 미국 대통령 선거 결과

〈표 5-5〉는 2020년 11월 3일 미국 대통령 선거에서의 민주당과 공화당 후보가 얻은 각 주의 유권자 득표수와 그에 따라 확보한 선거인들의 수이다.

5. 선거인단 제도의 맹점

2016년과 2020년의 선거 결과에서도 볼 수 있듯이, 선거인단 투표가 승자독식제를 채택하고 있기 때문에 선거인이 많이 할당된 큰 주에서 승리하는 후보가 대통령에 당선될 확률이 높다. 실제로 선거인 수가 많이 할당된 순으로 11개주에서만[9] 승리하면 선거인단의 과반수를 얻기 때문에 나머지

---

9) 2020년의 인구조사에 의한 주별 하원 의석수 재할당의 결과에 따라 재조정된 주별 선거인 수가 반영되는 2024년과 2028년의 대통령 선거에서는 선거인 수가 많은 순서의 11개주에서 모두 승리해도 선거인단 과반이 되지 않는 268명밖에 확보하지 못한다. 이렇듯 11개라는 주의 수는 고정적이 아니라 10년 주기의 인구조사 결과 바뀔 수도 있다(194쪽 〈표 5-3〉 참고).

주에서 모두 패배하더라도 대통령에 당선될 수 있다. 그뿐만 아니라 작은 주들에서 압도적으로 승리했으나 큰 주들에서 근소한 차로 패하는 경우 유권자 투표에서 승리했음에도 불구하고 선거인단 투표에서 패배해 대통령에 당선되지 못하는 경우가 나올 수 있다.

선거인단 제도의 또 다른 문제는 어느 후보도 선거인단의 과반수를 획득하지 못하는 경우 하원에서 대통령이 선출된다는 것이다. 이 경우 50개주가 인구에 관계없이 각 1표씩을 할당받아 대통령을 선출하는데 26표 이상을 획득한 후보가 대통령에 선출되기 때문에 인구가 적은 주들의 지지로 대통령이 선출되는 경우 대표성이 심각하게 왜곡될 수 있는 문제가 있다.

다음에서는 헌법이 문제가 되었던 1800년 대통령 선거, 유권자 투표와 선거인단 투표에서 더 많은 표를 획득하였으나 선거인단 과반을 획득하지 못해 하원에서 대통령을 선출했던 1824년 선거,[10] 그리고 유권자 투표에서 이겼으나 선거인단 투표에서 패배해 대통령에 당선되지 못했던 선거, 즉 1876, 1888, 2000, 그리고 2016년 선거를 살펴보기로 하겠다.

1) 1800년 선거

앞서 언급했듯이 당시 헌법 조항에 의해 각 당에서는 대통령과 부통령 후보를 명시하지 않았기 때문에 전혀 의도되지 않았던 결과가 1800년 선거에서 나타나게 된다. 선거인단 수는 1796년과 같이 138명이었고 각 선거인이 2표씩을 가져 총투표 수는 276표였는데 그중 민주공화당의 토머스 제퍼슨

---

10) 1824년 선거는 유권자 투표와 선거인단 투표에서 모두 이긴 후보가 당선되지 못한 경우이기 때문에 유권자 투표에서 이겼으나 당선되지 못한 경우에도 포함될 뿐 아니라, 유권자 투표와 선거인단 투표에서 모두 이긴 후보가 당선되지 못한 경우에도 해당 될 수 있다. 또한 1824년 선거는 어느 후보도 선거인단 과반수를 차지하지 못해 하원에서 대통령이 선출된 경우이기도 하다.

Thomas Jefferson이 73표, 같은 당의 애런 버Aaron Burr도 역시 73표, 페더럴리스트의 존 애덤스John Adams가 65표, 같은 페더럴리스트의 찰스 핑크니Charles Pinckney가 64표 그리고 존 제이John Jay가 1표를 획득하였다(부록의 1800년 선거 참고). 애런 버가 민주공화당의 부통령 후보였으나 대통령과 부통령 후보에 대해 따로 투표하지 않고 각 선거인이 2표를 가지기 때문에 초래된 결과였다. 즉 다시 말해 민주공화당을 지지하는 선거인 73명이 1표는 제퍼슨에게 그리고 1표는 버에게 똑같이 투표했기 때문이다. 그 결과 같은 당의 제퍼슨과 버는 둘 다 선거인단 과반을 차지하게 되고 선거인 득표수도 동수가 되었다. 결국 헌법 제2조 1절 3항에 의하여 하원에서 36번의 투표 결과 제퍼슨이 과반수를 확보해 대통령에 선출되었고 2위인 버는 부통령에 선출되었다. 1800년 선거에서 비롯된 이런 뜻하지 않은 결과로 인해 대통령 선출방식은 1804년 수정헌법 제12조에 의해 선거인들이 별개의 투표용지에 대통령 후보와 부통령 후보를 따로 투표하는 방식으로 변경되었다.

2) 1824년 선거

당시 앤드루 잭슨Andrew Jackson 후보가 존 퀸시 애덤스John Quincy Adams 후보에게 유권자 투표에서 41.4% 대 30.9%로 크게 앞섰고 선거인단 투표에서도 91 대 84로 승리했으나 선거인단 투표의 과반을 얻지 못해 하원에서 대통령을 선출하게 되었고 그 결과 존 퀸시 애덤스가 당선되었다. 대통령 선거 사상 유권자 투표와 선거인단 투표에서 이겼으나 선거인단 투표의 과반을 차지하지 못해 결과적으로 대통령 당선에 실패한 유일한 경우이다. 대통령 후보가 선거인단 과반을 얻지 못하는 경우는 경쟁력 있는 후보가 3인 이상 출마할 때 그 가능성이 커지는데, 공화당과 민주당의 양당 체제가 자리 잡고 나서부터는 군소정당의 후보는 당선 가능성이 거의 없기 때문에 이런 경우는 그 후로 다시 생기지 않았다(부록의 1824년 선거 참고).

3) 1876년 선거

민주당의 사무엘 틸든Samuel Tilden 후보는 공화당의 러더퍼드 헤이스 Rutherford Hayes 후보에게 유권자 투표에서 50.9% 대 47.9%로 승리했으나 선거인단 투표에서는 184대 185로 패배하였다. 결국 선거인단 과반인 185 표를 간신히 획득한 헤이스 후보가 당선되었다(부록의 1876년 선거 참고).

4) 1888년 선거

당시 현직 대통령이었던 민주당의 그로버 클리블랜드Grover Cleveland 후보는 공화당의 벤저민 해리슨Benjamin Harrison 후보에게 유권자 투표에서 48.6% 대 47.8%로 승리했으나 선거인단 투표에서는 168표 대 233표로 패배하였다. 해리슨 후보는 당시 선거인단 401표 중 58.1%인 233표를 획득해 대통령에 당선되었다. 다음 선거인 1892년 선거에서 클리블랜드는 해리슨 후보에 승리해 대통령 선거 사상 처음으로 연임이 아니라 두 번에 걸쳐 당선되었다. 현재 바이든 미국 대통령이 46대 대통령이지만 미국 역대 대통령이 45명인 이유는 바로 이 때문이다(부록의 1888년 선거 참고).

5) 2000년 선거

민주당의 앨 고어Al Gore 후보는 공화당의 조지 W. 부시George W. Bush 후보에게 유권자 투표에서 48.4% 대 47.9%로 승리했다. 그러나 선거인단 투표 결과 고어 후보는 538표 중 266표를 획득한 반면 부시 후보가 271표를 획득해 앨 고어 후보가 패배했다. 고어 후보에게 투표하기로 되어 있던 워싱턴 D.C.의 3명의 선거인 중 한 명이 기권함으로써 총선거인단 투표수는 537표였다(부록의 2000년 선거 참고).

6) 2016년 선거

민주당의 힐러리 클린턴Hillary Clinton 후보는 공화당의 도널드 트럼프 Donald Trump 후보에게 유권자 투표에서 48.1%(65,853,510표) 대 46.0%(62,984,824표)로 앞섰으나, 선거인단 투표 결과 227표 대 304표라는 큰 차이로 트럼프 후보에게 패했다. 유권자 투표에서 이겼으나 선거인단 투표에서 패해 대통령에 당선되지 못한 경우는 1876년, 1888년, 그리고 2000년 선거에 이어 2016년 선거가 네 번째이다. 만일 미국이 대통령 선거가 선거인단 투표가 아닌 유권자 투표에 의한 직선제national popular vote를 채택하고 있었다면 유권자 투표에서 패배한 후보가 자신보다 더 많은 지지를 받은 후보를 누르고 당선되는 경우는 없었을 것이다. 이러한 선거인단 제도로 인해 생기는 대통령 선거 결과에 대해 미국 내에서 그동안 끊임없이 비민주적이라는 비판과 함께 여러 대안이 제시되어 오고 있지만 아직까지 현재의 대통령 선거 방식은 흔들림 없이 유지되고 있다. 그동안 현재의 대통령 선출 방법에 대해 제안된 대안들에 대해 잠깐 살펴보기로 하겠다.

6. 대통령 선출방식의 대안

유권자 투표 결과와 선거인단 투표 결과의 불일치로 인해 야기된 대통령 선거 결과에 대해서 지금까지 약 200여 년 동안 꾸준히 논란이 제기되었으며 현재의 대통령 선거제도에 대한 대안들도 제안되었는데 이 대안들은 다음의 네 가지로 크게 분류할 수 있다.

1) 비례 할당 방식proportional plan

비례 할당 방식은 각 주의 선거인 표를 유권자 투표 결과에 따라 나누는 방식이다. 이 경우 선거인 표는 정수가 아닌 소수 단위까지 나누어져야 하는데 반올림을 할 경우 실제 유권자 투표수가 정확히 당선에 반영되지 않아 전체 50개주로 볼 때 정확한 비례 할당이 정확히 이뤄지지 않을 수 있다. 반면 소수점까지 그대로 반영할 경우 대의원 1명을 1보다 더 낮은 수로 나눌 수 없는 단점이 있다. 예를 들면 선거인 수가 10명이고 유권자 수가 560만 명인 주에서 후보 A가 53%를 득표하고 B가 46%, 그리고 제3의 후보가 1%를 득표했다고 가정하면 후보 A는 선거인 5.3명, B는 4.6명, 그리고 C는 0.1명의 선거인을 획득하게 된다. 여기에 반올림을 적용할 경우 A 후보는 5명의 선거인, B 후보도 5명의 선거인을 획득하게 되고 두 사람의 유권자 득표 격차인 7%에 해당하는 39만 2000명의 표가 무시되는 것이다. 따라서 반올림을 적용할 경우 각 주 정부의 계산 방식의 차이뿐만 아니라 그로 인해 야기되는 선거인단 비례 할당에 반영되지 않는 유권자 투표수가 많은 문제를 발생시킬 수 있다.

2) 하원 선거구 방식district plan

이 방식은 헌법이 제정되었던 당시에도 이미 제안되었던 오래된 방식이다. 이 방식은 승자독식제에서 야기될 수 있는 문제들을 보완하는 방식으로 앞서 현재 메인주와 네브래스카주에서 채택되고 있다고 설명한 바 있다. 하원 선거구 방식은 각 주 선거인단 표의 2표만 승자독식제를 따르고 나머지 표의 배정방식을 바꾸는 방식인데 선거인단 제도를 그대로 유지할 수 있는 특징이 있다.

3) 자동 할당 방식automatic plan

이 방식은 선거인단을 없애고 각 주에 할당된 현재의 선거인 표가 그 주의 유권자 투표에서 승리한 후보에게 자동으로 주어지는 방식이다. 이 방식은 선거인단 투표에서 신뢰를 저버리는 투표와 기권을 방지하는 효과가 있으나 선거인단 제도 폐지가 전제되기 때문에 헌법을 수정해야 하는 문제가 있다.

4) 직접 선거 방식direct election plan

지금까지 대안 중에 가장 많은 관심과 지지를 받아온 방식으로서 대통령 직선제를 의미한다. 전국적으로 유권자 투표에서 가장 많은 득표를 한 후보가 대통령에 당선되는 방식이며 이 방식을 채택하는 경우 역시 선거인단 제도는 폐지된다. 그러나 이 방식을 채택하는 경우 헌법의 수정뿐 아니라 미국 정치제도 자체가 근본적으로 바뀔 수밖에 없는데 그 이유는 지금의 대통령 선거제도가 연방주의의 산물이기 때문이다.

7. 선거인단 제도와 연방주의

미국의 대통령 선거 결과 유권자 투표 득표수에서 앞섰으나 선거인단 투표수에서 패배해 대통령에 당선되지 못한 경우에 대해 앞서 설명했고, 앞으로도 이러한 가능성을 배제하기는 힘들다. 이러한 문제로 인해 미국 대통령 선거는 비민주적일 뿐만 아니라 비합리적인 제도라고 미국 내에서뿐 아니라 국제적으로도 많은 비난을 받는 것도 사실이다. 그럼에도 불구하고 대부분의 미국인은 지금의 제도에 큰 불만을 갖지 않고 있으며 어쩌면 당연한 제도라고까지 생각하고 있다. 지금부터는 미국 대통령 선거제도가 왜 지금까지 굳건하게 유지되고 있고 앞으로도 계속 바뀌지 않을 확률이 높은지 그 이유에 대해서 다루도록 하겠다.

미국 대통령은 선거인단의 투표에 의해 선출된다. 각 주의 선거인의 수는 그 주의 하원과 상원 의석수를 합친 수이며 따라서 선거인단은 535명이 되고 여기에 워싱턴 D.C.의 선거인 3명을 추가해 전체가 538명이다. 선거인단 할당에 있어 하원 의석수는 인구비례에 의한 것이므로 미국의 연방주의에서 단일국가적인 면을 반영하고 상원은 연합적인 특징을 잘 보여주고 있는데 그 이유는 인구와 영토의 크기에 관계없이 모든 주가 각각 동일하게 상원 의석을 2석씩 가지기 때문이다. 2016년 주별 선거인 할당 및 주별 인구 비율을 나타내고 있는 〈표 5-2〉를 보면 미국에서 인구가 가장 적은 7개주 알래스카, 델라웨어, 몬태나, 노스다코타, 사우스다코타, 버몬트, 그리고 와이오밍주는 인구가 많은 캘리포니아주와 같은 2석의 상원 의석을 가지기 때문에 538명의 선거인단에 대한 주별 비율이 미국 전체 인구에 대한 주별 비율보다 평균 약 두 배에 달한다. 이 중 알래스카주와 캘리포니아주를 예로 들면 알래스카주의 인구는 미국 전체 인구의 0.23%나 선거인의 수는 선거인단 수 538명의 0.56%를 차지하고 있다. 이는 인구가 적음에도 다른 주와 같이 상원 의석이 2석이기 때문에 선거인 수에서 알래스카주는 과다 대표 되고 있음을 알 수 있다. 반대로 캘리포니아주의 인구는 미국 전체 인구의 12.07%나 선거인의 수는 선거인단 수 538명의 10.22%에 불과해 캘리포니아주는 선거인의 수에서 과소 대표되고 있음을 알 수 있는데 이는 가장 인구가 많은 주임에도 불구하고 다른 주와 같이 상원 의석이 2석이기 때문이다. 이처럼 선거인의 수에서 알래스카주의 과다 대표 그리고 캘리포니아주의 과소 대표는 각 주가 동등한 권리를 가진다는 연합적인 면을 설명해 주고 있다.

유권자 투표에서 승리한 후보에게 그 주에 할당된 선거인 표를 모두 주는 승자독식제 또한 대통령 선거에서 미국 정치제도의 연합적인 성격을 잘 드러내고 있다. 각 주가 한목소리로 한 후보를 지지하는 것, 다시 말해 각 주가 실질적으로 자신들이 원하는 대통령 후보를 선출하고자 하는 것은 미국 50개의 주가 동등한 차원에서 연합을 맺고 있다는 개념에서 비롯된 것이기 때문이다.

선거인단 제도를 없애고 대통령 선출방식을 바꾼다는 것은 선거인단 구성에 반영된 상원의 개념을 없애는 것이고 상원의 개념을 없애는 것은 미국 정치제도의 두드러진 특징인 연방주의의 연합적인 측면을 부인하는 것과 같다. 연합적인 면을 부인하는 것은 다시 미국 정치제도를 단일국가적인 제도로 만드는 것이기 때문에 연방주의의 근간을 흔드는 것과 같은 것이다. 다시 말해 대통령 선출 제도를 바꾼다는 것은 미국의 정치제도 자체를 완전히 바꾼다는 의미이다. 이러한 이유 때문에 현재의 대통령 선출방식이 비난을 받기도 하지만 계속 유지되는 것이고 다른 대안들이 비중 있게 본격적으로 대두되지 못하는 것이다. 앞으로도 다른 대안들이 논의는 될 수 있으나 머지않은 장래에 미국의 대통령 선출방식이 바뀔 가능성이 거의 없다고 보는 것은 이러한 이유 때문이다.

6장 선거인단 투표와 결과 선포

11월 첫 번째 월요일 다음 화요일 유권자 투표가 끝나고 24시간 이내에 사실상 대통령 당선인이 발표되지만 각 주의 선거인들은 유권자 투표 결과에 따라 12월 두 번째 수요일 다음 월요일에 각 주의 주도에 모여 대통령과 부통령 후보를 투표용지에 기재한다. 예를 들면 55명의 선거인을 할당받은 캘리포니아주에서 민주당의 A 대통령 후보가 11월의 유권자 투표에서 승리하는 경우 캘리포니아주의 민주당이 선출한 55명의 선거인과 그리고 공화당이 선출한 55명 선거인들 중 민주당의 선거인 55명이 캘리포니아의 주도인 새크라멘토Sacramento에 12월 두 번째 수요일 다음 월요일에 모여 그들이 미리 서약한 대로 55명 전원이 민주당 대통령 후보인 A 후보의 이름을 적은 투표용지와 그의 러닝메이트인 부통령 후보의 이름을 적은 투표용지를 각각 제출하게 된다. 한편 유권자 투표에서 패배한 캘리포니아주 공화당의 선거인 55명은 선출은 되었지만 투표를 위해 모일 필요 없이 해체된다.

1. 선거인들의 신뢰성 문제

선거인단 제도의 맹점과 함께 문제가 될 수 있는 것은 선거인이 투표하기로 되어 있는 후보에게 투표하지 않거나 기권하는 경우가 종종 있다는 것이다. 이러한 경우는 1948, 1956, 1960, 1968, 1972, 1976, 1988, 2000, 그리고 2020년에 걸쳐 16명이 있었고 이들을 '신뢰를 저버린 16명Faithless Sixteen'이라 부른다(부록 참고). 아래는 그들을 시대 순으로 정리한 것이다.

1948년: 민주당 트루먼Harry Truman 후보의 선거인이 대통령 선거에서 반 연방당인 State's Rights당의 후보 스트롬 서몬드Strom Thurmond에게 투표했다.

1956년: 민주당 애들라이 스티븐슨Adlai Stevenson 후보의 선거인이 앨라배마주의 판사인 월터 존슨Walter B. Johnson에게 투표했다.

1960년: 공화당 닉슨 후보의 선거인이 해리 버드Harry Flood Byrd, Sr.에게 투표했다.

1968년: 공화당 닉슨 후보의 선거인이 미국독립당American Independent Party의 조지 월러스George Wallace 후보에게 투표했다.

1972년: 공화당 닉슨Richard M. Nixon 후보의 선거인이 자유당의 존 호스퍼스John Hospers에게 투표했다.

1976년: 공화당 포드Gerald Ford 후보의 선거인이 선거에 출마하지도 않은 로널드 레이건Ronald Reagan에게 투표했다.

1988년: 민주당 두카키스Michael Dukakis 후보의 선거인이 두카키스의 러닝메이트인 로이드 벤슨Lloyd Bentsen에게 투표했다.

2000년: 워싱턴 D.C.의 민주당 고어Al Gore후보의 선거인 바버라 렛-시몬스Barbara Lett-Simmons는 고어 후보의 이름을 기재하지 않아 기권표가 되었다.

2004년: 기명하지 않은 미네소타주의 존 케리John Kerry 후보 선거인이 그의 러닝메이트인 존 에드워즈John Edwards에게 투표했다.

2016년: 하와이주의 클린턴Hillary Clinton 후보 선거인인 데이비드 멀리닉스David Mulinix가 버나드 샌더스Bernard Sanders에게 투표했다.

- 텍사스주의 트럼프 후보Donald Trump 선거인인 윌리엄 그린William Green은 전 연방 하원의원 론 폴Ron Paul에게 투표했다. 그럼에도 그는 공화당 부통령 후보인 마이크 펜스Mike Pence에게는 신뢰를 지켜 투표해 선거인단 투표 결과 펜스 부통령 후보는 대통령 후보보다 선거인단 투표를 더 많이 득표한 세 번째 부통령이 되었다. 펜스 부통령 후보는 트럼프 대통령 후보보다 1표 많은 선거인단 표(305표)를 득표했다.

- 텍사스주의 트럼프Donald Trump 후보 선거인인 크리스 수프런Chris Suprun이 공화당 출신 오하이오주 지사 존 캐이식John Kasich에게 투표했다.

- 워싱턴주의 클린턴Hillary Clinton 후보 선거인인 피터 키아팔로Peter Bret Chiafalo가 전 국무장관 콜린 파월Colin Powell에게 투표했다.

- 워싱턴주의 클린턴Hillary Clinton 후보 선거인인 레비 게라Levi Guerra가 전 국무장관 콜린 파월Colin Powell에게 투표했다.

- 워싱턴주의 클린턴Hillary Clinton 후보 선거인인 에스더 존Esther John이 전 국무장관 콜린 파월Colin Powell에게 투표했다.

- 워싱턴주의 클린턴Hillary Clinton 후보 선거인인 로버트 사타이어컴Robert Satiacum이 아메리카 원주민 환경운동가인 페이스 스파티드 이글Faith Spotted Eagle에게 투표했다.

2. 신뢰를 저버린 선거인들에 대한 2020년 연방대법원의 판결

33개주와 워싱턴 D.C.에서는 선거인이 투표하기로 서약한 후보가 아닌 사람에게 투표하는 것을 법으로 금지하고 있지만 근래까지 소위 배신투표를 한 선거인들에 대한 실질적인 제재는 거의 이루어지지 않았다. 그렇지만 다행히도 선거인의 신뢰를 저버린 투표, 즉 배신투표로 인해 유권자 투표의 결과와 반대로 대통령 당선인이 바뀐 적은 한 번도 없었다. 그러나 2016년 대통령 선거에서 워싱턴주의 선거인 피터 키아팔로Peter Chiafalo와 다른 3명의 선거인이 워싱턴주의 유권자 투표에서 승리한 클린턴Hillary Clinton 후보의 이름 대신 각기 다른 사람의 이름을 적어 제출했다(213쪽 참고). 이에 워싱턴주 정부는 주의 법에 의거해 이 4명의 배신투표 선거인들에게 서약을 어겼다는 이유로 각기 1000달러의 벌금을 부과했지만 그들은 헌법이 대통령 선거인들에게 원하는 대로 투표할 수 있는 권리를 부여하고 있다고 주장하면서 주 법원에 벌금에 대한 이의를 제기했다. 워싱턴주 고등법원[1]은 그 주장을 기각했고, 워싱턴주 대법원 역시 1952년의 연방대법원의 레이 대 블레어(Ray v. Blair)[2] 사건에 대한 판결을 근거로 워싱턴주 고등법원의 판결을 지지했다. 그러자 4명의 배신투표 선거인들은 이 사건을 연방대법원에 상고했다. 2020년 연방대법원은, 미합중국 헌법에는 대통령 선거인들의 독립성이나 재량을 규정하거나 보장하는 어떤 문구도 없으므로 각 주는 그들 대통령 선거인들에 대한 투표 규정을 의무화하고 강요하는 데 있어 어떠한 구속도 받지 않는다고 만장일치로 판결해 워싱턴주 대법원의 판결을 지지했다.

---

1) 워싱턴주 고등법원(The Washington Superior Court)은 주 전체에 대해 관할권을 가지며 중죄, 부동산 권리, 가정 문제, 재산, 청소년 및 기타 민사 사건 등을 다룬다.
2) 레이 대 블레어(Ray v. Blair, 1952) 사건에서 연방대법원은 주 정부의 권한에 의해 주의 정당이 대통령 선거인들을 선출할 때 그 주의 유권자 투표에서 승리한 후보에게 투표하겠다는 서약을 요구하는 것은 합헌이라는 판결을 내린 바 있다.

연방대법원의 2020년 판결은 결국 연방주의에 근거하여 대통령 선거인들의 투표 방식을 규정하는 데 있어 각 주에 포괄적 재량을 부여한 것이다.

3. 선거인단 투표 결과의 발표와 대통령 당선인 선언

12월의 선거인단 투표가 끝나고 각 주의 투표함은 워싱턴 D.C.로 송부된다. 그리고 다음 해 1월 6일 상원의장인 부통령이 의장이 되어 상원, 하원이 모인 가운데 주의 알파벳순으로 투표함을 개봉하고 투표용지를 확인하는 절차를 거친다. 상원의장은 확인 결과를 발표하고 대통령과 부통령 당선자를 선언하게 된다. 이로써 약 1년간에 걸친 모든 미국 대통령 선거의 모든 절차는 마무리되고 대통령 당선인은 1월 20일에 취임하게 된다.

미국 대통령 선거 결과

(1789~2020)

연도	대통령 후보 (진한 글씨는 당선자)	정당	선거인단 득표수	유권자 투표 득표수와 득표율(상위 2인)	부통령 후보
1789	**George Washington(초대)**	--*	69	기록 없음**	**John Adams**
	John Adams	--	34		
	John Jay	--	9		
	Robert H. Harrison	--	6		
	John Rutledge	--	6		
	John Hancock	--	4		
	George Clinton	--	3		
	Samuel Huntington	--	2		
	John Milton	--	2		
	James Armstrong	--	1		
	Benjamin Lincoln	--	1		
	Edward Telfair	--	1		

*--: 당시 정당이 없었던 것을 의미함.

** 1820년 선거와 그 이전의 선거에서는 일반 유권자 투표의 기록이 존재하지 않는데 그 이유는 단지 몇 개의 주에서만 선거인단을 선출하기 위하여 일반 유권자 투표를 실시했기 때문이다.

연도	대통령 후보 (진한 글씨는 당선자)	정당	선거인단 득표수	유권자 투표 득표수와 득표율(상위 2인)	부통령 후보
1792	**George Washington(초대)**	Federalist	132	기록 없음	**John Adams**
	John Adams	Federalist	77		
	George Clinton	Anti-Federalist	50		
	Thomas Jefferson	Anti-Federalist	4		
	Aaron Burr	Anti-Federalist	1		
1796	**John Adams(2대)**	Federalist	71	기록 없음	**Thomas Jefferson**
	Thomas Jefferson	Dem.-Rep.	68		
	Thomas Pinckney	Federalist	59		
	Aaron Burr	Dem.-Rep.	30		
	Samuel Adams	Dem.-Rep.	15		
	O. Ellsworth	Federalist	11		
	George Clinton	Dem.-Rep.	7		
	John Jay	Federalist	5		
	James Iredell	Federalist	3		
	S. Johnston	Independent	2		
	George Washington	Dem.-Rep.	2		
	John Henry	Federalist	2		
	Charles C. Pinckney	Federalist	1		

연도	대통령 후보 (진한 글씨는 당선자)	정당	선거인단 득표수	유권자 투표 득표수와 득표율(상위 2인)	부통령 후보
1800	**Thomas Jefferson(3대)**	Dem.-Rep.	73*	기록 없음	**Aaron Burr**
	Aaron Burr	Dem.-Rep.	73		
	John Adams	Federalist	65		
	Charles C. Pinckney	Federalist	64		
	John Jay	Federalist	1		

* 같은 당의 제퍼슨과 버 후보가 동수의 선거인단 표를 획득했기 때문에 헌법에 따라 하원의 투표로 토머스 제퍼슨이 대통령에 당선되었다. 위와 같이 의도되지 않은 경우를 방지하기 위해 1804년 헌법 수정안(수정헌법 제12조)이 비준되었다.

연도	대통령 후보 (진한 글씨는 당선자)	정당	선거인단 득표수	유권자 투표 득표수와 득표율(상위 2인)	부통령 후보
1804	**Thomas Jefferson(3대)**	Dem.-Rep.	162	기록 없음	**George Clinton(162)**
	Charles C. Pinckney	Federalist	14		Rufus King(14)
1808	**James Madison(4대)**	Dem.-Rep.	122	기록 없음	**George Clinton(113)**
	Charles C. Pinckney	Federalist	47		Rufus King(47)
	George Clinton	Dem.-Rep.	6		John Langdon(9)
					James Monroe(3)
					James Madison(3)
1812	**James Madison(4대)**	Dem.-Rep.	128	기록 없음	**Elbridge Gerry(131)**
	De Witt Clinton	Federalist	89		Jared Ingersoll(86)
1816	**James Monroe(5대)**	Dem.-Rep.	183	기록 없음	**Daniel Tompkins(183)**
	Rufus King	Federalist	34		John E. Howard(22)
					James Ross(5)
					John Marshall(4)
					Robert G. Harper(3)
1820	**James Monroe(5대)**	Dem.-Rep.	231	기록 없음	**Daniel Tompkins(218)**
	John Quincy Adams	Republican	1		Richard Stockton(8)
					Daniel Rodney(4)
					Robert G. Harper(1)
					Richard Rush(1)

연도	대통령 후보 (진한 글씨는 당선자)	정당	선거인단 득표수	유권자 투표 득표수와 득표율(상위 2인)		부통령 후보
1824	**John Quincy Adams(6대)****	Dem.-Rep.	84*	113,122	30.9%*	**John Calhoun(182)**
	Andrew Jackson	Dem.-Rep.	91	151,271	41.4%	Nathan Sanford(30)
	William H. Crawford	Dem.-Rep.	41	41,032		Nathaniel Macon(24)
	Henry Clay	Dem.-Rep.	37	47,545		Andrew Jackson(13)
						Martin Van Buren(9)
						Henry Clay(2)

* 애덤스는 유권자 투표와 선거인단 투표에서 잭슨에게 패했지만 헌법 제2조 3항에 의하여 하원에서 선출되었다.
** 존 퀸시 애덤스는 2대 대통령인 존 애덤스의 아들이다.

연도	대통령 후보	정당	선거인단 득표수	유권자 투표 득표수와 득표율		부통령 후보
1828	**Andrew Jackson(7대)**	Democratic	178	642,553	56.0%	**John Calhoun(171)**
	John Quincy Adams	Nat'l Republican	83	500,897	43.6%	Richard Rush(83)
						William Smith(7)
1832	**Andrew Jackson(7대)**	Democratic	219	701,780	54.2%	**Martin Van Buren(189)**
	Henry Clay	Nat'l Republican	49	484,205	37.4%	John Sergeant(49)
	John Floyd	Ind. Democrat	11	0		William Wilkens(30)
	William Wirt	Anti-Masonic	7	99,817		Henry Lee(30)
						Amos Ellmaker
1836	**Martin Van Buren(8대)**	Democratic	170	764,176	56.0%	**Richard Johnson(147)**
	William H. Harrison	Whig	73	550,816	36.6%	Francis Granger(77)
	Hugh L. White	Whig	26	146,107		John Tyler(47)
	Daniel Webster	Whig	14	41,201		William Smith(23)
	William P. Mangum	Whig	11	0		
1840	**William H. Harrison(9대)**	Whig	234	1,275,390	52.9%	**John Tyler(234)**
	Martin Van Buren	Democratic	60	1,128,854	46.8%	Richard Johnson(48)
						L. W. Tazewell(11)
						James K. Polk(1)
	John Tyler*(10대)	Whig	없음	없음		공석**

* 해리슨이 1841년 4월 4일 폐렴으로 사망해 존 타일러가 대통령직을 계승했다. 존 타일러는 대통령의 사망으로 인해 부통령으로서 대통령직에 오른 첫 사례이다.
** 이 같은 경우 부통령직이 공석이 되는데 1967년 수정헌법 제25조에 의해 대통령이 부통령을 임명할 수 있을 때까지 부통령직은 공석으로 남아 있었다.

연도	대통령 후보	정당	선거인단 득표수	유권자 투표 득표수와 득표율		부통령 후보
1844	**James K. Polk(11대)**	Democratic	170	1,339,494	49.5%	**George M. Dallas**
	Henry Clay	Whig	105	1,300,004	48.1%	Theodore Frelinghuysen

연도	대통령 후보 (진한 글씨는 당선자)	정당	선거인단 득표수	유권자 투표 득표수와 득표율(상위 2인)		부통령 후보
1848	**Zachary Taylor(12대)**	Whig	163	1,361,393	47,3%	**Millard Fillmore**
	Lewis Cass	Democratic	127	1,223,460	42.5%	William O. Butler
	Martin Van Buren	Free Soil	0	291,47		Charles F. Adams
	Millard Fillmore*(13대)	Whig	없음	없음		공석

* 테일러는 1850년 독립기념일 행사 직후인 7월 9일 사망하여 부통령인 밀라드 필모어가 대통령직을 승계하였다.

연도	대통령 후보	정당	선거인단 득표수	유권자 투표		부통령 후보
1852	**Franklin Pierce(14대)**	Democratic	254	1,607,510	50.8%	**William King**
	Winfield Scott	Whig	42	1,386,942	43.9%	William Graham
	John Hale	Free Soil	0	155,799		George Julian
1856	**James Buchanan(15대)**	Democratic	174	1,836,072	45.3%	**John Breckenridge**
	John Frémont	Republican	114	1,342,345	33.1%	William Dayton
	Millard Fillmore	Whig-American	8	872,703		Andrew Donelson
1860	**Abraham Lincoln(16대)**	Republican	180	1,865,908	39.8%	**Hannibal Hamlin**
	John C. Breckinridge	Southern Democrat	72	848,019	18.1%	Joseph Lane
	John Bell	Constitutional Union	39	590,946		Edward Everett
	Stephen Douglas	Democratic	12	1,381,944		Herschel Johnson
1864	**Abraham Lincoln(16대)**	Republican	212	2,218,388	55.0%	**Andrew Johnson**
	George B. McClellan	Democratic	21	1,812,807	45.0%	George Pendleton
	Andrew Johnson*(17대)	Republican	없음	없음		공석

* 링컨은 1865년 4월 14일 암살당해 앤드루 존슨이 그의 대통령직을 승계하였다.

연도	대통령 후보	정당	선거인단 득표수	유권자 투표		부통령 후보
1868	**Ulysses S. Grant(18대)**	Republican	214	3,013,650	52.7%	**Schuyler Colfax**
	Horatio Seymour	Democratic	80	2,708,744	47.3%	Francis Blair, Jr.
1872	**Ulysses S. Grant(18대)**	Republican	286	3,598,235	55.6%	**Henry Wilson**
	Horace Greeley	Democratic	0*	2,834,761	43.8%	B. Gratz Brown
	B. Gratz Brown	Democratic	18	--		--
	Thomas Hendricks	Democratic	42	--		--
	Charles Jenkins	Democratic	2	--		--
	David Davis	Liberal Republican	1	--		--

* 유권자 투표가 끝난 후 선거인단 투표가 실시되기 전에 그릴리 후보가 사망해 그에게 투표하기로 서약한 선거인들
은 선거인단 투표에서 그랜트 후보를 제외한 다른 4명의 후보에게 투표했다. 1872년 선거는 지금까지 미국 대통령
선거 역사에서 주요 정당 후보가 선거 도중에 사망한 유일한 선거이다.

연도	대통령 후보 (진한 글씨는 당선자)	정당	선거인단 득표수	유권자 투표 득표수와 득표율(상위 2인)		부통령 후보
1876	**Rutherford B. Hayes(19대)**	Republican	185	4,034,311	47.9%	**William Wheeler**
	Samuel Tilden	Democratic	184	4,288,546	50.9%*	Thomas Hendricks

* 틸든 후보가 일반 유권자 투표에서 승리했으나 헤이스 후보가 선거인단 투표에서 승리해 대통령에 당선되었다.

연도	대통령 후보	정당	선거인단	유권자 투표		부통령 후보
1880	**James Garfield(20대)**	Republican	214	4,446,158	48.3%	**Chester Arthur**
	Winfield S. Hancock	Democratic	155	4,444,260	48.3%	William English
	James Baird Weaver	Greenback	0	306,135		Benjamin Chambers
	Chester Arthur*(21대)	Republican	없음	없음		공석

* 가필드는 1881년 7월 2일 암살당해 부통령인 체스터 아서가 대통령직을 승계하였다.

연도	대통령 후보	정당	선거인단	유권자 투표		부통령 후보
1884	**Grover Cleveland(22대)**	Democratic	219	4,874,621	48.9%	**Thomas Hendricks**
	James G. Blaine	Republican	182	4,848,936	48.3%	John Logan
	John St. John	Prohibition	0	150,890		William Daniel
	Benjamin Butler	Greenback	0	134,294		Absolom West
1888	**Benjamin Harrison(23대)****	Republican	233	5,443,892	47.8%	**Levi Morton**
	Grover Cleveland	Democratic	168	5,534,488	48.6%*	Allen Thurman
	Clinton Fisk	Prohibition	0	250,017		John Brooks
	Alson Streeter	Union Labor	0	149,115		Charles Cunningham

* 클리블랜드 후보가 일반 유권자 투표에서 승리했으나 해리슨 후보가 선거인단 투표에서 승리해 대통령에 당선되었다.
** 벤저민 해리슨은 9대 대통령인 윌리엄 헨리 해리슨의 손자이다.

연도	대통령 후보	정당	선거인단	유권자 투표		부통령 후보
1892	**Grover Cleveland(24대)**	Democratic	277	5,551,883	46.0%	**Adlai Stevenson**
	Benjamin Harrison	Republican	145	5,179,244	43.0%	Whitelaw Reid
	James Baird Weaver	Populist	22	1,027,329		James Field
	John Bidwell	Prohibition	0	270,889		James Cranfill
1896	**William McKinley(25대)**	Republican	271	7,108,480	50.8%	**Garret Hobart**
	William Bryan	Dem./Populist	176	6,511,495	46.7%	Arthur Sewall(149)
	John Palmer	Nat'l Democrat	0	133,537		Thomas Watson(27)
	Joshua Levering	Prohibition	0	124,896		Simon Buckner
						Hale Johnson
1900	**William McKinley(25대)**	Republican	292	7,218,039	51.6%	Theodore Roosevelt
	William Bryan	Democratic	155	6,358,345	45.5%	Adlai Stevenson
	John Woolley	Prohibition	0	210,867		Henry Metcalf

연도	대통령 후보 (진한 글씨는 당선자)	정당	선거인단 득표수	유권자 투표 득표수와 득표율(상위 2인)		부통령 후보
	Theodore Roosevelt*(26대)	Republican	없음	없음		공석

* 매킨리는 1901년 9월 6일의 암살 기도로 중상을 입은 후 9월 14일 사망하고 부통령인 시어도어 루즈벨트가 대통령 직직을 승계했다.

연도	대통령 후보 (진한 글씨는 당선자)	정당	선거인단 득표수	유권자 투표 득표수와 득표율(상위 2인)		부통령 후보
1904	**Theodore Roosevelt(26대)**	Republican	336	7,626,593	56.4%	**Charles Fairbanks**
	Alton Parker	Democratic	140	5,082,898	37.6%	Henry Davis
	Eugene Debs	Socialist	0	402,810		Benjamin Hanford
	Silas Swallow	Prohibition	0	259,103		George Carroll
	Thomas Watson	Populist	0	114,062		Thomas Tibbles
1908	**William Taft(27대)**	Republican	321	7,676,258	51.6%	**James Sherman**
	William Bryan	Democratic	162	6,406,801	43.0%	John Kern
	Eugene Debs	Socialist	0	420,852		Benjamin Hanford
	Eugene Chafin	Prohibition	0	254,087		Aaron Watkins
1912	**Woodrow Wilson(28대)**	Democratic	435	6,293,152	41.8%	**Thomas Marshall**
	Theodore Roosevelt	Progressive	88	4,119,207	27.0%	Hiram Johnson
	William Taft	Republican	8	3,483,922		Nicholas Butler
	Eugene Debs	Socialist	0	901,551		Emil Seidel
	Eugene Chafin	Prohibition	0	208,156		Aaron Watkins
1916	**Woodrow Wilson(28대)**	Democratic	277	9,126,300	49.2%	**Thomas Marshall**
	Charles Hughes	Republican	254	8,546,789	46.1%	Charles Fairbanks
	Allan Benson	Socialist	0	590,524		George Kirkpatrick
	James Hanly	Prohibition	0	221,302		Ira Landrith
1920	**Warren G. Harding(29대)**	Republican	404	16,153,115	61.0%	**Calvin Coolidge**
	James Cox	Democratic	127	9,133,092	34.2%	Franklin D. Roosevelt
	Eugene Debs	Socialist	0	913,693		Seymour Stedman
	Parley Christiansen	Farmer-Labor	0	265,398		Maximilian Hayes
	Aaron Watkins	Prohibition	0	188,787		David Colvin
	Calvin Coolidge*(30대)	Republican	없음	없음		공석

* 하딩이 1923년 8월 12일 심장마비로 사망해 부통령인 캘빈 쿨리지가 그의 대통령직을 승계하였다.

연도	대통령 후보 (진한 글씨는 당선자)	정당	선거인단 득표수	유권자 투표 득표수와 득표율(상위 2인)		부통령 후보
1924	**Calvin Coolidge(30대)**	Republican	382	15,719,921	54.0%	**Charles Dawes**
	John Davis	Democratic	136	8,386,704	28.8%	Charles Bryan
	Robert LaFollette	Progressive	13	4,822,856		Burton Wheeler

연도	대통령 후보 (진한 글씨는 당선자)	정당	선거인단 득표수	유권자 투표 득표수와 득표율(상위 2인)		부통령 후보
1928	**Herbert C. Hoover(31대)**	Republican	444	21,437,277	58.2%	**Charles Curtis**
	Alfred E. Smith	Democratic	87	15,007,698	40.8%	Joseph Robinson
	Norman Thomas	Socialist	0	267,478		James Maurer
1932	**Franklin D. Roosevelt(32대)**	Democratic	472	22,829,501	57.4%	**John Garner**
	Herbert C. Hoover	Republican	59	15,760,684	39.7%	Charles Curtis
	Norman Thomas	Socialist	0	884,781		James Maurer
	William Foster	Communist	0	103,307		James Ford
1936	**Franklin D. Roosevelt(32대)**	Democratic	523	27,757,333	60.8%	**John Garner**
	Alfred Landon	Republican	8	16,684,231	36.5%	Frank Knox
	William Lemke	Union	0	892,378		Thomas O'Brian
	Norman Thomas	Socialist	0	187,910		George Nelson
1940	**Franklin D. Roosevelt(32대)**	Democratic	449	27,313,041	54.7%	**Henry Wallace**
	Wendell Willkie	Republican	82	22,348,480	44.8%	Charles McNary
	Norman Thomas	Socialist	0	116,599		Maynard Krueger
1944	**Franklin D. Roosevelt(32대)**	Democratic	432	25,612,610	53.4%	**Harry S. Truman**
	Thomas Dewey	Republican	99	22,117,617	45.9%	John Bricker
	Harry S. Truman*(33대)	Democratic	없음	없음		공석

* 루즈벨트는 1945년 4월 12일 뇌출혈로 사망해 부통령인 해리 트루먼이 대통령직을 승계하였다.

연도	대통령 후보	정당	선거인단 득표수	유권자 투표 득표수와 득표율		부통령 후보
1948	**Harry S. Truman(33대)**	Democratic	303	24,179,345	49.6%	**Alben Barkley**
	Thomas Dewey	Republican	189	21,991,291	45.1%	Earl Warren
	Strom Thurmond	State's Rights	39*	1,169,021		Fielding Wright
	Henry Wallace	Progressive	0	1,157,172		Glen Taylor
	Norman Thomas	Socialist	0	139,569		Tucker Smith
	Claude A. Watson	Prohibition	0	103,708		Dale Learn

* 테네시주의 트루먼(Truman) 선거인이 스트롬 서몬드(Strom Thurmond)에게 투표했다.

연도	대통령 후보	정당	선거인단 득표수	유권자 투표 득표수와 득표율		부통령 후보
1952	**Dwight Eisenhower(34대)**	Republican	442	33,936,234	55.2%	**Richard Nixon**
	Adlai Stevenson	Democratic	89	27,314,992	44.3%	John Sparkman
	Vincent Hallinan	Progressive	0	140,746		Charlotta Bass

연도	대통령 후보 (진한 글씨는 당선자)	정당	선거인단 득표수	유권자 투표 득표수와 득표율(상위 2인)		부통령 후보
1956	**Dwight Eisenhower(34대)**	Republican	457	35,590,472	57.4%	**Richard Nixon**
	Adlai Stevenson	Democratic	73	26,022,752	42.0%	Estes Kefauver
	Walter Jones	Democratic	1*	none		Herman Talmadge
	T. Coleman Andrews	State's Rights	0	107,929		Thomas Werdel

    * 앨라배마주의 스티븐슨(Adlai Stevenson) 선거인이 월터 존스(Walter Jones)에게 투표했다.

1960	**John F. Kennedy(35대)**	Democratic	303	34,226,731	49.7%	**Lyndon B. Johnson**
	Richard Nixon	Republican	219	34,108,157	49.6%	Henry Lodge
	Harry F. Byrd	Independent	15*	none		Strom Thurmond

    * 오클라호마주의 닉슨(Richard Nixon) 선거인이 해리 버드(Harry Byrd)에게 투표했다.

	Lyndon B. Johnson*(36대)	Democratic	없음	없음		공석

*케네디(John F. Kennedy)가 1963년 11월 22일 암살당해 부통령인 린든 B. 존슨이 대통령직을 승계했다.

1964	**Lyndon B. Johnson(36대)**	Democratic	486	43,129,566	61.0%	**Hubert Humphrey**
	Barry Goldwater	Republican	52	27,178,188	38.5%	William Miller

1968	**Richard Nixon(37대)**	Republican	301	31,785,480	43.4%	**Spiro Agnew**
	Hubert Humphrey	Democratic	191	31,275,166	42.7%	Edmund Muskie
	George Wallace	Amer.-Independent	46	9,906,473		Curtis LeMay

1972	**Richard Nixon(37대)**	Republican	520	47,169,911	60.7%	**Spiro Agnew***
	George McGovern	Democratic	17	29,170,383	37.5%	Sargent Shriver
	John Hospers	Libertarian	1**	3,674		Theodora Nathan
	John Schmitz	American	0	1,100,868		Thomas J. Anderson

    * 스피로 애그뉴는 1973년 10월 10일 뇌물 스캔들로 인해 사임하고 닉슨 대통령에 의해 제럴드 포드가 부통령직에 임명되었다.

    ** 닉슨에게 투표하기로 되어있던 버지니아주의 선거인이 존 호스퍼스(John Hospers)에게 투표했다.

	Gerald Ford*(38대)	Republican	없음	없음		Nelson Rockefeller**

    * 닉슨은 1974년 8월 9일 워터게이트 스캔들로 인해 사임하고 부통령인 제럴드 포드가 대통령직을 승계하였다.

    ** 공석이 된 부통령직에는 넬슨 록펠러(Nelson Rockefeller)가 포드 대통령에 의해 임명되어 미국 역사상 처음으로 선거에 의해 선출되지 않은 사람들이 대통령과 부통령직을 맡게 되었다.

연도	대통령 후보 (진한 글씨는 당선자)	정당	선거인단 득표수	유권자 투표 득표수와 득표율(상위 2인)		부통령 후보
1976	**Jimmy Carter(39대)**	Democratic	297	40,830,763	50.1%	**Walter Mondale**
	Gerald R. Ford	Republican	240	39,147,793	48.0%	Bob Dole
	Ronald Reagan	Republican	1*	-		Bob Dole
	Eugene J. McCarthy	Independent	0	756,631		-
	Roger MacBride	Libertarian	0	172,553		David Bergland
	Lester Maddox	Amer.-Independent	0	170,274		William Dyke
	Thomas J. Anderson	American	0	158,271		Rufus Shackelford

* 워싱턴주의 포드(Gerald Ford) 선거인이 대통령 선거에 출마하지도 않은 레이건에게 투표했다.

연도	대통령 후보	정당	선거인단 득표수	유권자 투표 득표수와 득표율(상위 2인)		부통령 후보
1980	**Ronald Reagan(40대)**	Republican	489	43,904,153	50.7%	**George H. W. Bush**
	Jimmy Carter	Democratic	49	35,483,883	41.0%	Walter Mondale
	John Anderson	Independent	0	5,719,437		Patrick Lucey
	Edward Clark	Libertarian	0	920,049		David Koch
	Barry Commoner	Citizens	0	232,538		LaDonna Harris

연도	대통령 후보	정당	선거인단 득표수	유권자 투표 득표수와 득표율(상위 2인)		부통령 후보
1984	**Ronald Reagan(40대)**	Republican	525	54,455,075	58.8%	**George H. W. Bush**
	Walter Mondale	Democratic	13	37,577,185	40.6%	Geraldine Ferraro
	David Bergland	Libertarian	0	228,111		Jim Lewis

연도	대통령 후보	정당	선거인단 득표수	유권자 투표 득표수와 득표율(상위 2인)		부통령 후보
1988	**George H. W. Bush(41대)**	Republican	426	48,886,597	53.4%	**Dan Quayle**
	Michael Dukakis	Democratic	111	41,809,476	45.6%	Lloyd M. Bentsen
	Lloyd Bentsen*	Libertarian	1	-		Michael S. Dukakis*
	Ron Paul	New Alliance	0	431,750*		Andre V. Marrou
	Lenora Fulani	Democratic	0	217,221		Joyce Dattner

* 대통령으로 두카키스 후보에게, 부통령으로 벤슨 후보에게 투표하기로 되어 있던 웨스트버지니아주의 한 선거인이 대통령으로 벤슨에게 투표하고 부통령으로 두카키스에게 투표했다.

연도	대통령 후보	정당	선거인단 득표수	유권자 투표 득표수와 득표율(상위 2인)		부통령 후보
1992	**Bill Clinton(42대)**	Democratic	370	44,909,326	43.0%	**Al Gore**
	George H. W. Bush	Republican	168	39,103,882	37.4%	Dan Quayle
	Ross Perot	Independent	0	19,741,657		James Stockdale
	Andre Marrou	Libertarian	0	291,627		Nancy Lord
	James "Bo" Gritz	Populist	0	107,014		Cy Minett

연도	대통령 후보	정당	선거인단 득표수	유권자 투표 득표수와 득표율(상위 2인)		부통령 후보
1996	**Bill Clinton(42대)**	Democratic	379	45,590,703	49.2%	**Al Gore**
	Bob Dole	Republican	159	37,816,307	40.7%	Jack Kemp
	Ross Perot	Reform	0	7,866,284		Pat Choate
	Ralph Nader	Green	0	685,128		Winona LaDuke
	Harry Browne	Libertarian	0	485,798		Jo Jorgensen
	Howard Phillips	Taxpayers	0	184,820		Herbert Titus

연도	대통령 후보 (진한 글씨는 당선자)	정당	선거인단 득표수	유권자 투표 득표수와 득표율(상위 2인)		부통령 후보
2000	**George W. Bush(43대)*****	Republican	271	50,456,002	47.9%	**Dick Cheney**
	Al Gore	Democratic	266*	50,999,897	48.4%**	Joe Lieberman
	Ralph Nader	Green	0	2,882,955		Winona LaDuke
	Pat Buchanan	Reform	0	448,895		Ezola B. Foster
	Harry Browne	Libertarian	0	384,431		Art Olivier

* 고어에게 투표하기로 되어 있던 워싱턴 D.C.의 한 선거인이 투표용지에 아무 이름도 기입하지 않아 기권표가 되었다.
** 고어 후보가 일반 유권자 투표에서 승리했으나 조지 W. 부시 후보가 선거인단 투표에서 승리해 대통령에 당선되었다.
*** 조지 W. 부시는 41대 대통령 조지 H. W. 부시의 아들이다.

연도	대통령 후보	정당	선거인단 득표수	유권자 투표 득표수와 득표율		부통령 후보
2004	**George W. Bush(43대)**	Republican	**286**	62,040,610	50.7%	**Dick Cheney**
	John Kerry	Democratic	**251***	59,028,439	48.3%	John Edwards
	Ralph Nader	Independent	**0**	463,655		Peter Camejo
	Michael Badnarik	Libertarian	**0**	397,265		Richard Campagna
	Michael Peroutka	Constitution	**0**	144,499		Charles Baldwin
	David Cobb	Green	**0**	119,859		Pat LaMarche

* 미네소타주의 한 선거인이 민주당 대통령 후보인 케리에게 투표하지 않고 민주당 부통령 후보인 에드워즈(John Edwards)에 투표했다.

연도	대통령 후보	정당	선거인단 득표수	유권자 투표 득표수와 득표율		부통령 후보
2008	**Barack Obama(44대)**	Democratic	365	69,456,897	52.9%	**Joe Biden**
	John McCain	Republican	173	59,934,814	45.7%	Sarah Palin
	Ralph Nader	Independent	0	738,475		Matt Gonzalez
	Bob Barr	Libertarian	0	523,686		Wayne Root
	Chuck Baldwin	Constitution	0	199,314		Darrell Castle
	Cynthia McKinney	Green	0	161,603		Rosa Clemente

연도	대통령 후보	정당	선거인단 득표수	유권자 투표 득표수와 득표율		부통령 후보
2012	**Barack Obama(44대)**	Democratic	332	65,899,660	51.1%	**Joe Biden**
	Mitt Romney	Republican	206	60,932,152	47.2%	Paul Ryan
	Virgil Goode	Constitution	0	122,001		Jim Clymer
	Gary Johnson	Libertarian	0	1,275,804		James P. Gray
	Jill Stein	Green	0	469,501		Cheri Honkala

연도	대통령 후보	정당	선거인단 득표수	유권자 투표 득표수와 득표율		부통령 후보
2016	**Donald Trump(45대)**	Republican	304**	62,984,824	46.4%	**Michael Pence**
	Hillary Clinton	Democratic	227**	65,853,516	48.5%*	Tim Kaine
	Gary Johnson	Libertarian	0	4,199,859		William Weld
	Jill Stein	Green	0	1,343,408		Ajamu Baraka
	Evan McMullin	Independent	0	838,628		Mindy Finn

* 클린턴 후보가 일반 유권자 투표에서 승리했으나 트럼프 후보가 선거인단 투표에서 승리해 대통령에 당선되었다.
** 2016년 선거인단 투표수의 합이 531명인 이유는 신뢰를 저버린 7명의 대통령 선거인들이 그들이 투표해야 할 후보 대신 다른 사람의 이름을 적어냈기 때문이다(213쪽 참고).

연도	대통령 후보 (진한 글씨는 당선자)	정당	선거인단 득표수	유권자 투표 득표수와 득표율(상위 2인)		부통령 후보
2020	**Jo Biden(46대)**	Democratic	306	81,269,313	51.3%	**Kamala Harris**
	Donald Trump	Republican	232	74,216,241	46.9%	Mike Pence
	Jo Jorgenn	Libertarian	0	1,810,686		Spike Cohen
	Howie Hawkins	Green	0	375,767		Angela Walker

* 대통령 선거의 유권자 투표에 대한 정보는 각 주별로 집계되므로 연방정부 차원에서의 공식 기록은 없다. 따라서 유권자 투표수의 총계는 출처에 따라 조금씩 차이가 있을 수 있다. 이 부록에서는 가능한 경우 국립문서기록관리청(National Archives and Records Administration)에서 제공한 데이터를 사용했으며 이는 New York Times, CNN 및 PresidentElect.org를 포함한 다른 출처를 통해 확증된 데이터이다.

참고문헌

Bartels, Larry M. *Presidential Primaries and the Dynamics of Public Choice*. Princeton, New Jersey: Princeton University Press, 1988.

Berns, Walter, ed. *After the People Vote: Steps in Choosing the President*. Washington, D.C.: American Enterprise Institute for Public Policy Research, 1983.

Best, Judith. *The Case Against Direct Election of the President: A Defense of the Electoral College*. Ithaca, New York: Cornell University Press, 1971.

Bickel, Alexander. *Reform & Continuity: The Electoral College, The Constitution and the Party System*. New York: Harper and Row Publishers, 1971.

Breckenridge, Adam C. *Electing the President*. Washington, D.C.: University Press of America, 1982.

Davis, James W. *U.S. Presidential Primaries and The Caucus-Convention System*. Westport, Connecticut: Greenwood Press, 1997.

Heale, M. J. *The Presidential Quest: Candidate and Images in American Political Culture*, 1787-1852. London: Longman, 1982.

Kamarck, Elaine C. *Primary Politics*. 2nd ed. Washington, D.C.: Brookings Institution, 2016.

Katyal, Neal and Clement, Paul. "On the Meaning of Natural Born Citizen." *Harvard Law Review*, 128(March 2015): pp. 161-164.

Longley, Lawrence D. and Braun, Alan G. *The Politics of Electoral College Reform*. New Haven: Yale University Press, 1975.

Matthews, Donald R., ed. *Perspectives on Presidential Selection*. Washington, D.C.: The Brookings Institution, 1973.

Michener, James A. *Presidential Lottery: The Reckless Gamble in our Electoral System*. New York: Random House, 1969.

Moxley, Warden. "Electoral College System has potential for surprises." *Congressional Quarterly Weekly Review*, pp. 3183-3187, October 25, 1980.

Nicgorski, Walter, "The New Federalism and Direct Popular Election." *The Review of Politics*, volume 34, no. 1, pp. 3-15, January 1972.

Peirce, Neal R. and Longley, Lawrence D. T*he People's President, the Electoral College and the Direct Vote Alternative*. New Haven: Yale University Press, 1981.

Perkins, Paul M. "What's Good about the Electoral College." *Washington Monthly*, volume 9, pp. 40-41, April 1977.

Polsby, Nelson and Wildavsky, Aaron. *Presidential Elections: Strategies of American Electoral Politics*. New York: Charles Scribner's & Sons, 1984.

Sayre, Wallace S. and Parris Judith H. *Voting for President, the Electoral College and the American Political System*. Washington, D.C.: The Brookings Institution, 1970.

Scala, Dante J. *Stormy Weather: The New Hampshire Primary and Presidential Politics*. New York: Palgrave Macmillan, 2003.

Uslaner, Eric M. "The Electoral College's Alma Mater should be a swan song." *Presidential Studies Quarterly*, volume X, no 3, pp. 483-487, Summer, 1980.

Watson, Richard A. *The Presidential Contest*. New York: John Wiley and Sons, 1980.

Zeidenstein, Harvey. *Direct Election of the President*. Lexington, Massachusetts: Lexington Books, 1973.

▨ 김동영

▨ 울산대학교 사회과학대학 국제관계학과 교수를 역임하고 현재 명예교수이다. 한국외국어대학교 영어과를 졸업한 후 미국 펜실베이니아 대학교University of Pennsylvania에서 미국정치 전공으로 정치학 석사학위를, 미국 조지타운 대학교Georgetown University에서 역시 미국정치 전공으로 정치학 박사학위를 취득했다. 1998년에는 미국 공보원The United States Information Agency 초청 'American Federal Democracy' 연수과정을 수료하였으며, 2005년에는 미국 UCLA 대학교University of California, Los Angeles에서 교환 교수를 지냈다.

주요 논문에는 「미국의 인종차별 폐지 정책에 있어서 연방대법원의 역할」(1995), 「미국의 분할된 정부의 원인에 대한 재고찰」(1998), 「미국 연방선거에서 후보무관련 선거운동의 실태와 미래」(2000), 「미국 남부에서의 정당지지도 변화의 의미」(2000), 「미국 카톨릭교도의 정당지지구조 재편」(2003), 「남부와 비남부의 공화당 지지에 대한 투표행태 비교: 1988~2000 미국 대통령선거」(2004), 「2008년 미국 대통령선거: 최초의 흑인 후보에 대한 백인 유권자 투표행태 분석」(2012) 등이 있다.

주요 역서는 『페더랄리스트 페이퍼』(1995)이며, 2005년 서울대학교 권장도서 100선에 선정되었다. 주요 저서로는 『On the Interest Group Connection』(공저, 2005), 『미국 백인사회의 민족과 종교의 갈등』(2016), 『미국 대통령선거의 단계별 정리』(2016)가 있다. 2024년에는 1995년 출판된 『페더랄리스트 페이퍼』를 새로 번역해 『페더럴리스트 페이퍼스』라는 이름으로 개정판을 출판했다. 주요 관심 분야는 미국 정치와 국제관계이다.

한울아카데미 2520

미국은 대통령을 어떻게 선출하는가?
예비선거에서 선거인단 투표까지

ⓒ 김동영, 2024

지은이 **김동영** ｜ 펴낸이 **김종수** ｜ 펴낸곳 **한울엠플러스(주)** ｜ 편집책임 **조수임**

초판 1쇄 인쇄 **2024년 5월 30일** ｜ 초판 1쇄 발행 **2024년 6월 25일**

주소 **10881 경기도 파주시 광인사길 153 한울시소빌딩 3층** ｜ 전화 **031-955-0655** ｜ 팩스 **031-955-0656**
홈페이지 **www.hanulmplus.kr** ｜ 등록번호 **제406-2015-000143호**

Printed in Korea.
ISBN 978-89-460-7520-7 93340

* 책값은 겉표지에 표시되어 있습니다.